| 第六辑 |

找寻遗失在西方的中国史

西洋镜

一个美国女记者眼中的民国名流

[美] 格蕾丝·汤普森·西登 著 李晓宇 译

台海出版社

图书在版编目（CIP）数据

一个美国女记者眼中的民国名流 /（美）格蕾丝·汤普森·西登著；

李晓宇译 . —北京：台海出版社，2016.12（2024.3重印）

（西洋镜）

ISBN 978-7-5168-1238-9

Ⅰ . ①一… Ⅱ . ①格…②李… Ⅲ . ①中国历史—史

料—民国 Ⅳ . ① K258.06

中国版本图书馆 CIP 数据核字（2016）第 291364 号

西洋镜：一个美国女记者眼中的民国名流

著　　者：［美］格蕾丝·汤普森·西登　　　　译　者：李晓宇

出 版 人：蔡　旭　　　　　　　　　　　责任编辑：俞滟荣

出版发行：台海出版社

地　　址：北京市东城区景山东街 20 号　　　邮政编码：100009

电　　话：010-64041652（发行，邮购）

传　　真：010-84045799（总编室）

网　　址：www.taimeng.org.cn/thcbs/default.htm

E — mail：thcbs@126.com

经　　销：全国各地新华书店

印　　刷：盛大（天津）印刷有限公司

本书如有破损、缺页、装订错误，请与本社联系调换

开　　本：787mm×1092mm　　　1/16

字　　数：250 千字　　　　　　印　张：14.5

版　　次：2017 年 2 月第 1 版　　　印　次：2024年3月第3次印刷

书　　号：ISBN 978-7-5168-1238-9

定　　价：68.00 元

丝质或纸糊的灯笼在每位旅行者手中翩翩起舞；邝银腾的「慈悲之灯」，光芒四射，随处可见。
——路易丝·乔丹·米尔恩
《吴先生》

丰富多彩的东方世界给我留下深刻印象的，除了东方人，便是这黑夜中摇曳的光明使者。在中国、日本，上至紫禁城的大殿，下至穷人棚屋，都少不了灯笼的影子。

在中国，一切材料都可以用来制作灯笼，如纸、竹子、动物角、瓷、青铜、木材、石头、丝绸、漆等。更让人惊奇的是工艺，有的手绘，有的刺绣，有的雕刻，还有的镶嵌珠宝，这些融合在一起，成为东方人在不同场合表达民族表情的重要方式。在各种场合灯笼以各种形式出现，不论是婚庆、丧葬、节日、祭祀、游行等重要活动，还是寺庙、祠堂、店铺、住宅等建筑，如果少了灯笼的衬托，似乎总缺点什么。

在中国的音乐、绘画和诗歌中，灯笼具有国家精神和物质需求的象征意义。因此，中国人专门设立了灯节，使得中国的新年从大年初一一直欢庆到正月十五。为了突出这一象征意义，在东方世界天的概念里，甚至还有了天灯的说法。

灯笼制作的目的是帮助夜间的行人照明。这就赋予了灯笼吉祥的意义。不管用什么粗劣的材料制作的灯笼，它都代表了幸福和友善，它都可以为行人照明，它都可以对参加晚宴的宾客表示热烈欢迎。

装在宅院门口台阶之上的迎宾之灯，不仅照明，更表达欢迎和主人的待客之道。这些低悬的滚圆的东西正向来宾致以亲切的问候，以迎接主人的握手和微笑。

中国灯被给予了如此美妙的意义，让我们撷取一盏，展望下中国的未来。现在的中国，风雨飘摇，就如同一个丧失了意志力和想象力的人，可能向东，可能向西，也可能原地徘徊。有着四千年历史的中国，固有理念受到了冲击，这不是这个国家本身的错。如今，再次被列强征服，遭受各种利益吞食，她也只能接受胜利者的所有条件。现在对中国的统治者来说，一场迟到很久的竞赛必须要参加了。与此同时，正在中国不断积聚发酵的民主观念的力量，将最终促使人们起来抵抗。

现在的中国，盗贼四起，饥荒、洪水、火灾随时都可能发生，一场政变片刻就可把现在的一切摧毁。但是这个民族依然靠着那股不可抗拒的力量，抵挡着风雨的侵蚀。

最让西方世界震惊的就是中国对文化的传承。在西方眼里，中华民族是一个文明的民族，唐代被称为中国的伯利克里（618—906年）时代，宋代类似于奥古斯都（960—1281年）时代。唐代那些华丽无比的音乐、雕塑、绘画，不仅满足了贵族们的生活，也渗透进了社会底层人们的骨髓。不仅如此，只有那些有教养的民族，才会把学问当作二大美德之一。

当欧洲人的祖先尚且茹毛饮血，手拿棍棒和敌人搏斗的时候，中国人已经满怀敬意认真聆听那些诗人、哲人和伟大思想家的教诲了。孔子并不是儒家理论的创始人，但是凭借自己的智慧和努力，他将古人的经验和学问汇集到一起，著书立说，传授给自己的弟子和后人。孟子延续了孔子的工作，并在生命、爱与死亡方面建立了自己的理论体系。杨朱则认为一个人无论在精神还是肉体上都一定会有个"对手"。杨朱的话记载在《列子·杨朱篇》中，2200年前他提出的无视死亡的哲学观与现代心理学家不谋而合。他认为："理无不死。""理无久生。""五情好恶，古犹今也；四体安危，古犹今也；世事苦乐，古犹今也；变易治乱，古犹今也。既闻之矣，既见之矣，既更之矣，百年犹厌其多，况久生之苦也乎？""将死，则废而任也，究其所之，以放于尽。"

杨朱的思索和嘲笑，体现了现代人的智慧。亚历山大·大卫"否定神圣"的思想否定了有神论，强调尊崇自然。杨朱则认为每个人都有自己选择幸福的权利，每个人的人生没有固定的程式。"一个人的食物，可能是另一个人的毒药。"道家的创始人老子认为，个性是无价之宝，是人最宝贵的财富，社会公认的美德会妨碍人个性的发展，每个人要从自身出发，充分发展自己的个性。让快乐传递，让每个人都去找寻自己的快乐！

焚书坑儒（公元前213年）并没有改变中国古代思想家们对学问的尊重。每一个志向远大的年轻人都努力掌握更多的知识。学而优则仕，一个人只有做好学问，才能做官。若干世纪以来，古老而智慧的东方古国沿着她熟悉的道路缓慢前行；而她的邻居，在西方新文明的影响下国家日益强盛，野心勃勃地开始了对外侵略。相信如果中国有充分时间接受新的文明观，她必将会摆脱当前面临的政治和文明困境，重新焕发勃勃的生机。

中国是个美丽的国度，在无数的美好面前，我只能攫取几盏灯笼讲给大家听。目的是为了更好地介绍中国的一切，特别是新时期中国的女性，她们还躲在一个黑暗的角落里不为人知。如果我的这本书，能够表达出我对中国人的同情与礼貌，能够展现出我在旅途中遇到的所有美好，那么也一定能得到评论家和出版商们的欢迎，也可以为人类知识宝库增添一粒米。

在中国人名及术语方面，梅杰·亚瑟·德·布莱斯给了我很大帮助，在此表示感谢。

本书中引用的诗歌的翻译，源自弗洛伦斯·埃斯库弗和艾米·洛威尔的《松花笺》等，这其中也包括L.克兰默的作品，他向我们解释了中国诗歌中包含的思想。通过本书，我希望能够帮助读者了解中国的美丽和伟大，以及中国的文化与文明，让他们理解和尊重中国，对中国更加友善。我希望通过相互了解，不管是在东方还是西方，都能像中国诗人李白所说的那样"再得论心胸"。

目录

第一编 婚礼之灯

帝国的黄灯笼

第一章

事件的缘起

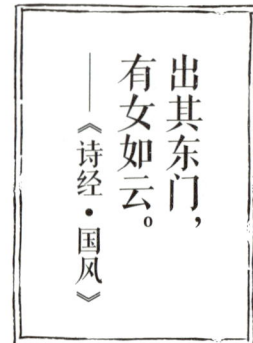

出其东门，
有女如云。
——《诗经·国风》

　　1922 年 11 月，一天早上，正在陌生的远东天堂闲逛的我，被早报上一条新闻震惊了：中国小皇帝定于 12 月 1 日举行婚礼。我把早餐扔到一旁，开始不停地打电话，订火车票、船票、旅馆及搬运工。很快，一切搞定。

　　我到东方旅游的三个目的中最为重要的一个就是观看中国皇帝的婚礼。现在我的梦想终于要实现了。这一天的黎明，已经失去实权的中国小皇帝，将在紫禁城迎来他未曾谋面的皇后。婚礼沿袭了满族传统的程序和仪式。虽然满洲皇族已经失去了权势，但是他们依然居住在外国人看来神圣的皇城。所以我非常渴望到外国人几乎没有染指的内城，去亲眼瞧瞧他们的真实生活。要知道，在我们使用的字母还没发明之前，他们的文明就已经达到非常高的程度。

　　火车又冷、又脏、又挤，还没有供给。37 个小时的旅程让人很不舒服。我不由感慨，在冬季的中国旅行，必须要有足够的耐性和体力，但窗外那些冰封的、灰蒙蒙的土地、山丘，以及有着坚固城墙的城市，却深深吸引着我。

　　火车站离城市很远，外国工程师在进行铁路检测勘测、伐木、铺轨、竖杆时，遭到了当地人的强烈反对。尤其是架设电线杆和电线，当地人认为这些东西严重破坏了风水，穿越了龙脉，损坏了龙穴。这带来了一系列可怕的后果，一些当地的农妇甚至向工程师一桶桶地扔粪便，同时拒绝在铁路工地继续工作。多亏了一些思想开明的中国人，在他们的积极争取下，铁路得以完工。只是因为害怕再次遭到报复，最终完工的铁路不得不远离城镇。但事实上，因为车站离官员府邸很远，很多王公大臣不得不顶着太阳和风雨奔波四五里，他们开始后悔当初做出的决定。铁路后来也成为中国革命爆发的诱因，随着占主导地位意见的变化，尽管遭到很多从铁路中受益的省份的强烈反对，清政府还是决定将铁路的收入收归国有。

　　11 月底一个清冷的夜晚，11 点钟，火车终于到达北京。我走进阴冷的车站，突然觉得自己就像亚历山大·塞尔柯克①一样，孤独无助，不知命运之船将驶往何方。

一位帅气官员朋友的出现改变了眼前凄凉的境况。他帮我把行李放到舒适的汽车上，送我到宾馆。宾馆宽敞明亮，设施齐全，是我这次旅行中最满意的宾馆。透过宾馆的窗子可以看到整个紫禁城，宫殿在月光的照射下像一个个幽灵，像极了中国这个充满了矛盾的国度，清瘦却透着高贵，简单却演化出繁琐。凌晨两点，我关上窗户第一次准备睡觉时，街上却传来了叫卖声。每天晚上都能听到这种奇怪的叫卖声，算是北京这座神奇城市的一大特色，它让人误把夜晚当成了白天，害得我每天晚上只能睡不到五个小时。即使如此，我仍感到很幸福，并没觉得这有什么不好。好客，是北京这座城市的魅力所在，在任何时候，这里的人们对陌生人都非常友好，他们把你介绍给每一个朋友。北京的生活丰富多彩，让人感到新鲜，在这里，不论是中国人还是外国人，都是兴致勃勃的，没有空虚，也不会有隔阂。

距离这场婚礼开始还有五天的时间，我已经在忙着做参加婚礼的准备，却突然听说外国人不能参加这场婚礼，这让我大失所望。

但是到了第二天，似乎有了转机，毓朗贝勒福晋——当今皇后的外祖母——和她的长女恒慧格格答应在美国驻京使臣午餐会上接见我。想到梦想马上就能实现，我非常兴奋。中国富人不仅妻妾成群，而且子孙众多，和外国人相比，彼此间的人际关系非常复杂，出于礼貌的原因，人们并不喜欢谈论这类话题。我也是通过多方打听，才终于知道了福晋与皇后的亲戚关系。皇后的父亲荣源，与前任夫人生下了当今皇后，夫人去世后，荣源又娶了毓朗贝勒的次女，她成了皇后的新母亲，毓朗贝勒福晋自然成了皇后的外祖母。虽然她和皇后之间没有血缘关系，但是毓朗贝勒福晋却作为一个意志强硬的实权女人，实际上掌管着整个家族。

午餐会上，毓朗贝勒福晋用异样的眼光反复打量我，对于我的请求她只淡淡地说"看看吧"，这仍让我感到了些许的希望。

在满族的贵族家庭里，女性并没有什么地位，而毓朗贝勒福晋却是我在中国见到的最出色的人之一，她令我着迷。她协助丈夫把家庭管理得井井有条，她的强势还延续到了后代。虽然她不懂外语，但是她清楚地知道自己的家庭、民族所处的状况，对时局有着非常清醒的认识，她力所能及地接触她这个层次能够接触和应该接触的新思想，面对满族动荡的统治，皇家的日益衰败，她表现得无所畏惧。

毓朗贝勒福晋给了我一份内部公文，公文显示了她与新娘的亲属关系，文中还有她的另外一个称呼。我请外交部的一个学生帮我翻译了出来，内容如下：

赫舍里氏是陕西巡抚崇领的女儿、前大学士英桂的孙女。她"聪明贤惠，一方面辅佐她的丈夫，

①亚历山大·塞尔柯克(1676—1721年)，苏格兰水手，曾被同伴遗弃在一座荒岛之上，独自生活达4年之久。丹尼尔·笛福以他为原型，创作著名小说《鲁滨孙漂流记》。——译注

另一方面管理着家族的财务。她善于谋事，嫁给贝勒之后，贝勒事事都依靠她。她善于用人，总能把事情交给合适的人，并且都办得很好。她精通象棋和绘画。虽然她已经 62 岁，但为人处事还像年轻人一样果敢。

正是由于毓朗贝勒福晋的果敢独立，我得到了参加这个神圣册封礼的机会。福晋告诉我，虽然她没有权力带我去皇宫，但可以邀请我去皇后家做客。紫禁城的光彩已然不在，但是他们却依然以国家与皇上为傲。并且他们也在努力地适应新的政权，虽然民国搞得一团糟。她很疑惑为什么大家都不相信呢。

在这一点上，福晋和我的看法一致：从本质上来说，政治在全世界都一样。政治人物都是自私自利之辈，他们对其他人和群体缺乏信任，只关注自身的利益和发展。

毓朗贝勒福晋还告诉了我，我能够参加册封礼的原因。

"不管怎么说，中国已经向世界打开了大门。现在，中国的孩子们，不管男孩女孩，都开始学习外来的东西。皇上的婚礼，与其让不了解的人在外面胡吹海说，不如让大家都清楚。但是一般人没法进入皇宫内庭，也就无法知道实情。我觉得你冰雪聪明，懂得礼仪，一定不会说假话，是再合适不过的人选。欢迎你能够亲眼见证一个格格到皇后的转变。只是我们的房子简陋了点，我外孙女只有 12 名丫鬟，整个府上现在也只有不到 30 个太监，希望你能谅解，不过我们是真心欢迎你来。"

最终，除我之外，另外一位女人也被邀请参加这次神秘的册封礼。她有着美国外交官的背景，在我之前就已经和福晋结下了深厚的友谊，这次作为翻译，一同受邀参加。

福晋身穿一件浅紫色的锦缎旗袍，上面绣着漂亮的深紫色立绒的希腊回纹。她梳着满族传统发式，以黑色绸缎的旗头为底，左侧绣有一朵菊花，其上镶嵌有许多珠宝，头发从头顶至耳后梳成两分。这样的发型发饰使她显得智慧又威严。她的脸比照片上的要圆一些，保养得很好，没有什么皱纹，眉毛和脸颊做了稍许修饰，看上去很年轻。她的手很小，但看上去很丰满，上面戴着镶有宝石的戒指和长长的指甲套。

福晋和她的女儿恒慧格格都是温文尔雅、谦和有礼之人，我很荣幸能够这么快和她们建立友谊。遗憾的是，在皇帝婚礼结束后两周，福晋因病离世了。这让整个家族都陷入了悲痛，我也错失了继续向她学习的机会。福晋是位伟大的女性，在她身上体现出了对古老文化的传承，对现代知识的主动学习，以及非凡的管理才能。

福晋不是传统意义上的傀儡女性，她有思想，向我们展示了中国女性的力量。在后面《太太之灯》一章中我将详细介绍。

能够与像福晋这样的女性接触是段难忘的经历。她们穿着华丽，外表谦和，但做事稳重，办事有力，处处体现着一种尊严。从小所受的教育，使得她们的内心与外在很好地融合在一起，令人敬佩。来中国之前，我对中国人的了解主要来自人们对加利福尼亚中国劳工们的描述，现在看来，这存在很大的偏差，中国人并不都是那些所谓观察家嘴里低等的洗衣工和"中国佬"。

毓朗贝勒福晋
帝国皇后的外祖母

上·中国的交通方式　　下·杭州　一家灯笼店
　　　　　　　　　　　　照片近处是店主的长子

午餐会一结束，她们留下名片（长 8 英寸、宽 4 英寸的红纸，印有姓名和头衔），在表达了感谢之后，便被护送上一辆中式马车离开了。这辆中式马车，内部装饰着红色的绸布，车夫打扮得很随意，拉车的马毛发蓬松，个头矮小，套着的马具也显得有些简陋。目送着这两位气质高贵的女人离去，我明白，虽然她们还在坚守着她们的礼仪，但是曾经的皇家荣耀在残酷的现实面前，只能在她们的心中增添伤痕，新的时代，皇家的所有特权都已经无处安放了。

皇帝婚礼会在紫禁城内举行，只有在那里，我才可能有机会见到中国的皇帝。虽然得到了毓朗贝勒福晋的垂青，但是她的权势并不能抵达内廷。于是，我用最快的速度联络了一位在北京赋闲、手握实权的官员。在他看了我的介绍信后，我获得了难得的被接见的机会。天很冷，我放弃了人力车，问朋友借了一辆汽车，司机比较熟悉北京的胡同，这能使我尽快到达官员的家。北京那些两侧起有围墙的狭窄的胡同，对一个外国人来说，先是惊奇，随后它们的坑坑洼洼和无法预测的走向又让人感到绝望。胡同的尽头是人家，窄得只能容下人力车通过，汽车在胡同里困难地前行着。

经过一个小时的弯弯绕绕，又走了错路，快到官员家门口时，一辆汽车堵住了路，司机无法继续前行了，我只好下车步行。道路很泥泞，途中我遇到了一条脏兮兮的狗、一只山羊和两个正在吵架的孩子，绕过他们，转个弯，突然两个民国士兵的刺刀顶在了我的后背上，我感到了刺痛。我被告知无权继续前行。

这时，门人及时出现，传我进去，我昂首挺胸，从两个士兵面前走过。在门人的引导下，在穿过了一道门和几进庭院之后，我绕过一座影壁，进入了内院。一路上，很多人用好奇的眼光打量着我。我见到的这位高官，本来有机会成为中国这个国家的救世主，但是疾病拖垮了他。房子里放着一些西式的桌椅和一个火炉，摆放着精美的瓷器，铺着漂亮的地毯。屋里很热，这出乎我的意料。让我更意外的是，屋里这么热，这位官员还穿着一个带着毛边的长袍，他的一位客人也穿着皮外套，这让人有点无法理解。要知道，在一个没有取暖设施的普通中国人家里，我现在穿着两件毛衣和一件鼹鼠毛皮外套都已经热得窒息了。

主人非常有礼貌，恭维了我一番，称赞西方的女性都很聪明。

他说："你应该知道，中国和外国对女性方面有着不同的观点。我们不希望女人抛头露面，显露她们的聪明。比如我的夫人很愚钝，她就很怕和你见面。"

主人的话让我觉得他非常保守，不想他的家庭受到西方开放思想的影响，在中国，这是我遇到的唯一的一例。

我表达了我的反对意见，他耸耸肩，没有继续这个话题，然后问我，他能帮我什么。

"中国有句古话：'不在其位，不谋其政。'像你这样的要求虽然很少见，但我可以向你保证，你一定可以接到婚礼请柬，至少也是迎亲仪式的请柬。"

主人和我讨论了中医，从谈吐看得出主人是一位有学识的人。主人又讲到院子里的影壁："在古人看来，妖魔鬼怪只会直着走，影壁正好挡在外面，遇到影壁的阻挡，它们只好走到旁边，这样它们就无法进到居住的院子里来了。现在的人都受过教育，没有人再相信这些，但是在中国，这些传统的东西一时还是很难改变的。"主人表情和善、目光犀利，给我留下了深刻的印象。他现在依然保有这权势，在我对拿到邀请感到绝望的时候，一名士兵却送来了对我来说非常重要的一封信。信封里有一张红色的方纸，上面写着我的名字和编号，刻着龙凤和双喜图案的金色徽章，背面是编号 1313。这就是我的参加中国皇帝婚礼的请柬！时间是 1922 年 12 月 1 日黎明。除了皇亲国戚，只有 1000 名忠诚的官员和 30 名左右的外国人收到了请柬。一切都进行得这么顺利，外交和仪式方面的事情都已经确定下来，就剩下婚礼第五天的受贺礼还没定下来，那天皇帝和皇后将会共同参加。想象着那天站在皇帝面前的情景，我非常满足。俗话说"自助者，天助之"，对皇家而言，即使在他们眼里很高贵的外国人，必要的礼节同样是不能省的。

原本是否邀请外国使团观礼并没有定下来，因为皇室害怕遭到拒绝。当然，如果收不到邀请，外国使团自然也不会前来。当一切陷入僵局时，我这样一个小小女子，动用了我能够动用的所有中外关系，不经意间打破了这个僵局。在得到外国使团如果接到非官方邀请，他们会以非官方身份参加这一承诺的 11 个小时后，皇室便向他们发出来请柬，这其中当然也包括了我！

我相信读者一定能够感受到，我怀着异常强烈的愿望，想目睹这场皇家婚礼。我从遥远的地方来到这里，就是要体验不同的异国文化，去亲身体悟东西方的异同。这场盛大的皇家婚礼就要登场了，代表了上天之子的皇帝，将迎娶上天为他选定的新娘。多年来，东方人形成了这样的想象：皇帝的婚礼，不仅仅是男人与女人的普通结合，更是肉体、灵魂、精神的融合为一，这既是自然法则，更是王朝得以延续的保证。

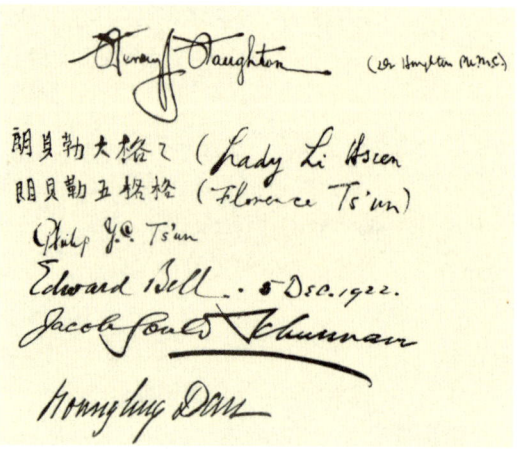

上面是美国驻华公使举行的晚宴上一些宾客们的签名。倒数第二个是主人的签名，他的上面是美国外事主管，再上面是毓朗贝勒的女儿和女婿。

第二章

紫禁城的皇后

云想衣裳花想容，
春风拂槛露华浓。
若非群玉山头见，
会向瑶台月下逢。
——李白《清平调·其一》

关于皇后的事情其实我了解得很少，其他人也一样。下面我只写一些我听到的关于皇后的奇闻逸事。

像皇后这样的女子，自然少不了仙气萦绕。中国神话中远古的神鸟凤凰是她在皇家的标志，她的礼服上绣满了牡丹花。她像荷花，亭亭玉立、一尘不染；又像花蕊，闪着金光；她像庭院里盛开的红梅；她又像盛开的百合，高挑、纤细。她玉手纤纤，玉足盈握，面颊吹弹可破。在中国和日本的传统文化中，鸳鸯象征着夫妻忠贞不二，皇帝和皇后就像一对鸳鸯，如同诗人李白说的那样："宁同万死碎绮翼，不肯云间两分张。"

皇后的名字很复杂。她有个英文名字，叫伊丽莎白，而她作为皇后的尊号，只有在册封礼上才会宣布。在那张方形的红色请柬上，她的名字则是用她曾祖父的姓氏来称呼的。她的曾祖父郭布罗·长顺将军因战功卓著而被封为一等将军，特赐戴三眼花翎官帽。他的朝服补子上面为麒麟图案；他的腰带上镶嵌着四颗玛瑙及红宝石作为装饰。

请柬上这样描述皇后："皇后体性纯良，面容姣好，知书达理，秀外慧中，擅长书画。"

皇后出身于贵族家庭。她的祖父锡林布曾是一品荫生大内侍卫，她的父亲荣源也曾官至一等轻车都尉。

与父亲相比，皇后母亲的地位更为显赫。皇后的母亲爱新觉罗氏，是定郡王溥煦的孙女、多罗贝勒的侄女。皇后的继母是她的堂姨，毓朗贝勒的次女。在中国人的宗教生活中，祖先崇拜起着重要的作用。由于这个缘故，在中国，无论是长子继承制还是其他的继承方式，个人在家族谱系中确切的位置至关重要。所以，当我见到毓朗贝勒福晋的时候，她很正式地告诉我她和皇后的亲戚关系，即她是皇后的继外祖母，也可以称作堂外祖母。皇后的父族同样也有着满清贵族血统，除了曾祖父长顺将军，她的父亲荣源来自满族传统的居住地黑龙江，由于对皇室世代忠心耿耿，世袭爵位。

即便姓氏和亲属关系如此复杂，但是皇后在日常生活中使用了 16 年的名字，还是被皇后这个新的称呼彻底代替，她的名字已经被遗忘了。皇后有一位英文教师，美国人任萨姆女士，她称呼皇后为郭莎氏，事实上这个名字也并不像我们口中的玛丽·简这样完全属于皇后自己。

1922 年 3 月，郭莎氏被选为皇后，从那天起，直到大婚之日，她一直深居简出。婚礼的日子也一再变动，从最初定的 10 月 10 日，改为 11 月 6 日，直到最后才定为 12 月 1 日。这天是阴历的十月十三，钦天监通过观测演算，认为所有征兆和星象预示着这天是难得的吉日。日期的难定也许还有现实的原因，比如国库空虚，北京政府没有履行承诺，等等。但是不管过程多么曲折，经过占卜，在得到祖先和神灵的认可后，婚礼日子终于定了。

事实上，早在 3 月，在通过审查之后，皇后就已经完成了订婚仪式，正式取得了皇家的尊荣。毓朗贝勒福晋给我的一份文件记载了订婚仪式的内容，我请外交部的一名官员帮我翻译成了英文。英文翻译得很棒，如实地反映了中文的原貌，除了一些括号里的标注，无可挑剔。

订婚仪式

当天，内务府得准备配好马鞍的马 2 匹，羊 29 只、缎 40 匹、布 80 匹，等等。

仪式在凌晨举行。主礼官与众礼官立于乾清宫（紫禁城中最重要的宫殿）中门，宣读圣旨："封一等轻车都尉荣源之女为皇后。"宣读完毕，主礼官带领众礼官经宫门前往荣府，卫队及马羊等物品跟随其后。承恩公携其子嗣府外跪迎，护卫将马停在院内。此时，承恩公方能起身；在正厅外，跪着接受众礼官三跪九叩（皇家叩头礼仪），然后再跪送众礼官离去。皇后的父母在接收糕点、酒、羊等彩礼时，父亲要三跪，母亲要三跪六拜，谢主隆恩。

凌晨寅时，是中国人举办仪式的最佳时辰。

皇帝通过仔细审视照片来挑选未来的新娘，他不知道郭莎氏是个什么样的人，有着什么样的想法和感受，也不知道她们怎样穿衣，怎样吃饭。照片中郭莎氏宁静的眼神和秀美的头发，以及像玉一样的肌肤超越了其他女子，她的命运也因此而改变。皇帝以照片的方式来挑选皇后，这是守旧对现代观念的一种让步。同样，郭莎氏也可以通过照片去一睹至尊的面貌，不必为此羞涩脸红。

从订婚到举行结婚仪式这段时间，皇后不能外出，但对她的管教比以往要相对自由，她可以做一些她喜欢的事情。她可以弹风琴，花大量的时间在绘画上。皇后很有绘画天赋，慈禧是她的榜样。也许她曾经幻想过有一天玉皇大帝、原始天尊或者守护战神会出现在她的面前，就像它曾经在中国最著名的女皇帝——唐朝武则天——面前显灵一样。

荣源的夫人　皇后的继母
册封礼当天作者拍摄于她的府邸

每天上午是皇后学习的时间，她有多位老师。在古典文学课方面她下的功夫最多，她必须熟练掌握读和写。她还要上宫廷礼仪课，以便熟悉皇宫中的礼节和习惯。在中国，熟读诗书的人说话总要引经据典，加上"古人云"三个字，满嘴的历史典故和名言警句。其实皇后很害羞，她说："在外人面前，我想像河蚌一样把嘴闭得紧紧的！"皇后最喜欢英文课，也许是因为她的英文老师，年轻高贵的任萨姆女士，和她有很多共同语言的缘故。任萨姆女士甚至还和皇后一起画过素描。皇后没有办法上街，但是听说她对衣着的品味要求很高，她会让人把布料呈给她看，从中亲自挑选布料来做衣服，这样虽然耗时，却令她感到快乐。

皇后婚前婚后梳的发式不同。婚前，她喜欢戴一块由玉石和珍珠制成的半圆形发饰，正中是一只同样镶满珠宝、薄如蝉翼的金凤凰，两旁装饰着牡丹或者百合图案。婚后的一天上午，因为新的头饰过于沉重，皇后不得不暂停英文课。课堂上，皇后常常把这些美丽而又沉重的头饰拿下来，好让自己不堪重负的头歇一歇。她经常抱怨说："让我戴着凤冠的头歇一歇怎么这么难。"

皇后会骑自行车，喜欢跟哥哥下棋，陪弟弟打乒乓球，但她绝不是一个轻佻的人。她最疼爱她最小的弟弟，她结婚这年，弟弟11岁。我见到皇后弟弟的时候，他端坐在那里让人画肖像，我手里现在有一份复制品。画上他穿着四品的官服，头戴花翎官帽。这是他享有的至高荣誉。

皇后生活的荣府地处城北，距离皇宫的后门很近。荣府是典型的中式建筑布局和装饰，但是也有一些外国的物件，如电话、电灯及取暖设施等。地面铺砖，很多间平房构成了一个迷宫一样的庭院，内院的门口会有一个木制影壁，上面雕着花，被装饰成黄绿相间的颜色。据说荣府还有摩托车，但是皇后是不能骑的，她的身份太高贵了。

如今，她就要离开这里，彻底脱离父亲的庇护，开始在紫禁城里的生活，从此听命于皇帝。韦应物的一首诗《送杨氏女》[①]，描写了一位对女儿宠爱有加的父亲面对分离时的感受：

送杨氏女

永日方戚戚，出行复悠悠。

女子今有行，大江溯轻舟。

尔辈苦无恃，抚念益慈柔。

幼为长所育，两别泣不休。

对此结中肠，义往难复留！

自小阙内训，事姑贻我忧。

赖兹托令门，仁恤庶无尤。

贫俭诚所尚，资从岂待周？

① 引自《松花笺》。

> 孝恭遵妇道，容止顺其猷。
> 别离在今晨，见尔当何秋。
> 居闲始自遣，临感忽难收。
> 归来视幼女，零泪缘缨流。

　　皇室已经愈发没落，这从皇后身边的侍从就可以看出来。现在，皇后身边只有 2 位嬷嬷、10 名丫鬟和 12 名太监供她使唤。这些丫鬟 10—14 岁，身穿蓝色长袍，每班 5 人。人监和丫鬟一样轮流值班，每次有 3—4 个人。

　　有一个重要的细节我们不能忽视。皇后入宫之前，皇帝已经有了一位比她早一天入宫的淑妃。淑妃地位比皇后要低，但是却可能成为皇后潜在的竞争对手。如果皇后不能生育皇子，一举成为皇位继承人的母亲，那么她的地位就会受到其他嫔妃的威胁。

　　在中国这样的国家，出身往往决定了一切。对于皇后这样的正妻，如果能够培养出一个优秀的儿子，使得家族后继有人，让高贵的血统能够延续，那么这将成为女人对家族最大的贡献。

　　紫禁城里有许多太监，他们有的身份特殊，可以想象，那里因此也就成为孕育阴谋的温床。特别是慈禧太后与慈安太后争夺统治权的那段时光，整个宫廷里明争暗斗。风水轮流转，有谁能知道慈禧太后留下的所有珍宝如今又会落到谁的手里？现在后宫的珍宝需要经过瑾太妃同意才能赐予那些刚入宫的“新皇后”们。谁能知道那件镶嵌 3500 颗珍珠的披肩，那些精美的莲花、菊花、牡丹花头饰，最终会出现在谁的身上？如果上天保佑，象征太后身份的玉凤也许哪天有可能戴在现在皇后的头上。但是还有那么多戒指、宝玉、珍珠等无价之宝，谁又知道它们藏在哪里呢？也许依然藏在义和团都找不到的地方。也许这些珍宝已经被卖掉用来满足皇宫的日常使用，或者被大太监一点点偷出宫去变卖，毕竟宫里那么多张嘴等着吃饭。1912 年，经费拮据的民国北京政府承诺为皇帝提供必要的生活经费，但是他们已经三年没有履行自己的承诺了。皇宫没有经费来源，但是那些依附皇帝的人，还得靠皇家的俸禄和赏赐生活。我向毓朗贝勒福晋打听过这些问题，她只是说：“皇后会有一些。”为了避免难堪，我就没有继续问下去。

　　紫禁城内完全像是另外一个国度，皇帝的权力虽然已经不复存在，活动的范围也被局限在围墙之内，但是对如今的皇后而言，这里还是一个玫瑰花四处盛开的地方。最让她高兴的是，经过多次的争论，她终于得以从家里带走一件儿时的物品——她最喜欢的小白猫。小白猫跟着出嫁的队伍，一起来到了它的新家。

　　对皇后而言，皇宫内的生活如同“玉箸落春镜”，不管是做工精细的华丽服装、绫罗绸缎，还是金银首饰、珠宝玉器，甚至皇帝本人，都不能阻止她的眼泪。只有这只毛茸茸的可爱小白猫让她感到开心，她把无限的宠爱都倾注给了它。如今，民国已经建立，新的力量已经将皇后所代表的旧王朝的基础连根拔起，皇后的命运将向何处？是逐渐枯萎凋谢，还是同她的长辈一样，在逆境中再次绽放女权之花？现在都还无法预知答案。

第三章

册封礼

名花倾国两相欢，
常得君王带笑看。
——李白《清平调·其三》

　　11月30日是美国的感恩节。这天上午，承毓朗贝勒福晋之恩，我来到皇后父亲的府邸，参加册封礼。这是整个婚礼中最重要的环节。经过反复讨论，典礼的时间最终定在9点。对于来接皇后的侍从而言，这个时间点并不重要，但是出于礼貌，我还是准时出现在了荣府的正门。门外摆满了红色和黄色的鲜花，挤满了看热闹的人。他们从皇宫一直排到安定门北皇后的家门口，观礼的人们很多都穿着紫色或者淡紫色的衣服，头上戴满了首饰，整个人群中洋溢着欢乐。士兵则将附近的街道和入口严密地封锁了起来。

　　除了受邀的客人、满族大员和仪式工作人员，其他任何人都不能进入荣府。府邸的大门内摆了两张专为皇后侍从准备的黄布椅，他们将在那里一直等到晚上，直到皇后乘坐"凤舆"离开自己的家，沿着指定的线路，一步一步来到紫禁城，并在这里度过她的余生。

　　10名太监引导着我们进入府邸。为首的大太监穿着一件紫红色的礼服，边上装饰了一圈白狐狸毛，里面则是一件长袍，长袍的底边绣有七彩的斜花纹。他头戴一顶黑缎礼帽，帽纬是红色，帽顶是一颗宝石，帽子黑绒宽檐显得格外醒目。皇后11岁的弟弟，也戴了一顶相似的帽子，帽子上镶嵌了一块3寸大小的宝玉，帽后面是小珊瑚和马鬃制成的穗。他的礼服是紫红色的毛边锦缎罩衫，后背的正中绣着一个很大的长寿标识。中国和日本把这当作至高的祝福。

　　穿过几进庭院之后，我们被带到了一座院子里。院子里有一处席屋，墙壁和顶棚都是草席，柱子用红布包裹着，上面挂满了无数红色或金色的圆形装饰。象征新娘新郎的双喜装饰到处可见，参加仪式的每一位福晋的发饰右侧都戴上了这个标识。羊角灯笼垂着长长的流苏，上面写着"寿"字。到场的每一位达官贵人都是经过席屋到达皇后的房屋前。三叩九拜之后，退下。除了庆亲王可以进屋宣读皇帝的旨意外，没有人能再向前一步。

　　册文封面的中央是一个"囍"符号，代表了幸福美满，周边则写满了"寿"字。在中国，寿字有一百种写法，册文上端的圆形符号和下端的三个像钟一样的符号就是寿字。

　　上端圆形符号之间的四个汉字，是"福"字。福字在中国同样有很多种写法。

左侧也有圆形符号，下面的题字为"富贵长春"，右侧则是"天官赐福"。

册文封面下部还有几个符号，从左到右分别是：一支笔、一锭墨、一柄如意王权杖，以其谐音暗喻："必（笔）定（锭）如意"。符号中的月宫玉兔，象征长寿；艾叶，象征好兆头；蝙蝠，因为其中的"蝠"字跟"福"同音，在中国象征好福气。

现场参加册封礼的都是皇后的直系亲属，此外，还有 12 名宫女，6 名太监，几个穿着粉色丝袍和浅蓝色罩衣的丫鬟，当然还有包括我在内的几个被特别邀请的美国女人。任萨姆女士甚至带来了她的母亲和妹妹。只有这些人目睹了一个格格如何成为一个皇后。这是数百年来，第一次允许外国女子参加皇后的册封礼，这也许说明了旧的秩序已经衰败了。护送皇后玺印的 40 名官员，现在也都在皇后屋外等候，也不能见到皇后。等着皇后的玺印被请出，带回宫交还给皇上。皇后的玺印方形，金质，大约 6 寸见方，厚 3 寸，纯金玺钮，印文为"皇后之宝"。婚礼的权杖也是纯金的，长度大约 16 寸，如意头为"心"形，杖身刻有象征皇帝的龙纹，杖中部一面为双喜，另一面为象征皇后的凤纹。玺印和权杖相当于我们结婚习俗中的订婚和结婚戒指。第二天早上 3 点，这两样信物将登上凤舆，由皇后带着一起入宫。

册封仪式极富东方魅力，让我如痴如醉。我在距离皇后本人不到三尺的地方，欣赏到了仪式的所有细节。在如此极致的场景面前，我们西方世界一直引以为傲的流水化、标准化的工业新文明黯然失色。超凡的想象创造出如此美妙的仪式，让人如在仙境，当想象和意志相冲突时，毫无疑问，最后的赢家是想象。

午时过半，皇后恭敬地跪在内房台阶前的黄色垫子上，只见庆亲王一人手捧着黄色绸布包裹的皇后玺印，穿过垂花门，进入内室。此时的内室，供桌上已经摆好用来盛放玺印的神龛，神龛两旁装饰着金质的花朵。庆亲王将玺印放于正中位置。皇后随庆亲王进入内室，跪在供桌前，接过金册。金册上刻着："郭布罗氏，荣源之女，以册宝立尔为皇后。"

整个仪式延续着满族的传统。庆亲王用了 15 分钟宣读完皇帝的册封诏书，随后他将金册交给皇后，从此刻起，她有了"宝皇后"的徽号。庆亲王又呈上象征皇家权力的如意，每呈上一件，皇后就必须在太监的搀扶下起身去接受，然后再跪下，再起身。因为头戴着跟宝塔一样的吉帽，所以她不能叩头，也无法弯腰行礼。皇后的吉帽同样令人赞叹。吉帽的底座是一个餐盘大小的金板，底部是黑色的绸缎，上面有一圈红色的羽毛；中部为三层金色宝塔，顶端为一个小宝顶。吉帽从后部向下垂下 5 串珍珠，一直到腰，珍珠串中间用一圈透明的蓝色珐琅束着。吉帽整个高约 11 寸，重量大概有几磅。

皇后在仪式上所穿的吉服由宫中特制，用黄色的绸缎制成，绣满了蓝色的凤纹和金色的龙纹。吉服下端装饰着传统的水波纹和七彩的斜线纹，四边镶着貂毛。外罩是一件无袖的披风，蓝色绣金，肩部还有一个小披肩。整套服装设计精巧，雍容华贵。

仪式结束，宫女们纷纷退下，我们等到皇后脱掉吉服之后才离开。这是一场隆重的典礼，能够近距离见到皇后，令我兴奋不已。我还有幸参看了皇后居住的房间。这是一间中等规格的房屋，屋里有一个用砖或木头做成的很大的炕，是可供坐、卧的中式用具，长 8 尺，宽 6 尺，上面铺着红的绿的锦缎。炕上还摆放了一张用来喝茶的矮桌，床头摆放着一个美国制造的汉白玉时钟——放在

婚礼上的灯笼

这样一个纯中式风格的房间里，显得非常突兀。

　　毓朗贝勒福晋带我参观了皇后的嫁妆，有的用黄绳绑在红漆桌子上，有的放在木质的大箱子里，堆满了院落。嫁妆种类繁多，各式各样的金银器具、金银首饰，有的上面还盖着丝绸。还有成捆成捆的绸缎、织锦、绉纱、刺绣，薄的夏天用，毛边的冬天穿。玉石、碧玺、翡翠等戴在头上的、脖子上的、手上的，不计其数。瓷器、象牙、漆器，大大小小。鞋子各式各样，与衣服相配的手帕一摞一摞。此外，还有龟甲、麝香、香料，等等，真是数不胜数，令人眼花缭乱。

　　在中国，嫁妆非常重要，而嫁妆的包装和嫁妆一样重要，摆放还要依据特定的星象。为此，皇后的亲属们前前后后忙碌了好几个月。

　　准备嫁妆的过程要非常地小心谨慎，每一个步骤都需要星象相合的家族成员来做。每一件物品都要精心包装好之后，放进箱子里。皇后入宫之时，陪嫁队伍将走在队伍的前面。皇后的姨母恒慧格格告诉我，头一天晚上，她为了给皇后准备梳妆用品，一直忙碌到凌晨2点。皇后的所有梳妆用品，每一瓶胭脂，每一包香粉，每一罐眉黛，都要在星象合适的时候分别包起来，装进金漆大箱子。

　　现在，清朝皇帝的权势已经衰落了，宣统皇帝赐给皇后的物品的价值只有4000银元，和以往的5万、10万银元相比，真是不值一提。即便如此，这场婚礼还是花费了50万银元，这些钱大部分来自保皇派、政府官员以及前清大臣。

册封典礼当日的荣府，庭院内摆满了来自皇帝的彩礼
从左到右，依次为：皇后的继母、二格格恒馨，皇后的姨母、大格格恒慧，皇后的弟弟润麒

一份公文记载了彩礼的数量：

婚礼当日，内务府要备齐 100 两黄金，10000 元银元，1 个金茶杯，2 个银茶杯，2 把银壶，100 匹丝绸，2 匹马并配马鞍，赐予皇后家族。

赐予皇后双亲 40 两黄金，4000 元银元，1 个金茶杯，1 个银茶杯，40 匹丝绸，100 匹布，2 匹马并配马鞍，2 套官服，2 件冬衣，1 条腰带。

赐予皇后兄弟每人 8 匹丝绸，16 匹布，1 套文房四宝，打赏下人银元 400 元。

毓朗贝勒福晋却对我说："皇后的彩礼简单得像是打发乞丐。"在中国，嫁女儿就相当于卖女儿，所以，新娘的家庭都要得到应有的补偿。即便是在西方社会，男女在婚姻中的地位也是不平等的。新娘的家庭认为，婚礼的排场必须和家庭的地位和财富相适应，否则就很丢脸。为了维护脸面，很多家庭可以说是倾其所有。

仪式之后，我们回到房间等着皇后。闲谈中，毓朗贝勒福晋在谈到民国政府如何对待皇室的时候，展示了她敏锐的才思。她说："皇上选择退位，不是被迫的，而是心甘情愿。他觉得这样做对百姓有利。可是如今的民国政府不把我们当朋友。还有以前和我关系密切的美国、英国、比利时、法国的客人，现在也不再和我们联系，好像我们成了中国的罪人。哎，怎么变成这样了呢？不过，我很荣幸能在家里接待您，希望您不要觉得我们已经穷得揭不开锅了。"

年轻的皇后轻声步入房间，引起了一阵小的骚动。皇后戴着满族传统的旗头，正中间是洁白的百合花，两旁是很多美丽的珠子，头发向后梳紧，在脑后用镶有珠宝的卡子固定在黑缎架上，再配上用来装点的宝玉、碧玺等宝石，无比华丽。我对皇后的旗头大加赞赏，她却微笑对我说："你肯定不喜欢，戴着太沉了。"

按照中国的算法，皇后今年 17 岁，她身段婀娜，像风信子一样风姿绰约。她走过来，伸出消瘦冰冷的手，用英语跟我打招呼："很高兴认识您。"

皇后身穿丝袍，淡紫色的袍子上绣着蓝色的牡丹，衬托着她修长的身材。她微笑地看着我，气质端庄大方。说实话，皇后很漂亮，可以说是倾国倾城，精致的鹰钩鼻，圆圆的脸蛋，光滑的皮肤，配合着恰如其分的胭脂和口红，显得楚楚动人。皇后英语不太好，没有跟我说太多话，只是跟我握了三次手，十分的温文尔雅。在那些衣着华丽的福晋们中间，人很难认出她。

这时，大太监进屋，请她移驾到席屋接受太监们的跪拜。皇后结束了和大家的寒暄，坐到门前专门为她准备好的椅子上。20 名太监在离她 60 尺远的地方，整齐地磕了 9 个头，然后退下。

皇后坐在那里，雍容高贵，曲线优美，像极了中国古画中的女神。跪拜结束后，她又回到屋里，我得以为她一家人和摆在供桌上的信物、陪嫁品拍了几张照片。虽然我还想多为皇后个人拍几张照片，但已经不可能了，对我而言，能见到皇后已经算是破天荒的事了。今晚之后，皇后就将从这个家庭的精致小百合，变成皇宫里的玫瑰。

第四章

大婚之礼

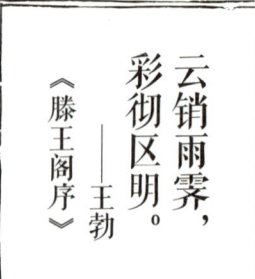

云销雨霁，
彩彻区明。
——王勃
《滕王阁序》

月亮如灯笼，高悬空中，照亮了北京，照亮了使馆区，也照亮了整个紫禁城。皎白的月光，为冬日黎明前清冷、孤寂的紫禁城带来了些许幽静的气氛。天上的星星，路上的街灯，没有丝毫懈怠，都睁大了眼，想要看看这已经上演了千百年，现在却要做最后谢幕演出的皇家婚礼。迎亲的队伍载着皇后，从她生活的家一步步走进皇宫，她将离开父亲的管教，从此听命于她的丈夫——宣统皇帝。紫禁城，小皇帝的最后居所，如同蚌壳里的珍珠一样，成为民国最为引人注目的地方。小皇帝今天所迎娶的美丽皇后，在不久的将来，也许要肩负起皇室延续的重大使命。

下午，在喧天的锣鼓声中，运送皇后嫁妆的长长队伍将成堆的丝绸、毛皮、锦缎、金银礼品，装进雕花红柚木箱、樟木箱，连同一盘盘黄布包裹的物品，声势浩大地送进了宫。而最贵重的礼物——皇后，则在一切准备好后，乘坐金光灿灿的凤舆，经过东华门，沿着皇室专用的、铺满黄沙的街道进入皇宫。

我一个外国人，能够目睹婚礼中的一个环节，深感荣幸。仪式之浩大，令我终生难忘。1922年12月1日凌晨，仪式正式开始。

为了看凤舆出宫、入宫，子夜时分，我便离开了饭店。

我径直来到神武门，这是紫禁城的北门，为皇帝专用。1900年8月15日凌晨，慈禧太后和光绪皇帝就是从这里，化装成苦力出逃，躲避八国联军进攻的。我的车沿着狭窄的道路慢慢向前行进，此时的北门到处都是官员的马车、人力车、牛车，以及高官和外国人的汽车。人们都在找地方停车，闪烁的车灯映照，勾勒出一幅色彩流动的画面。现场一片混乱，但是却异常安静。

皇宫就是个迷宫。我感觉自己像条蛆虫，爬行在那30尺厚的拱道上。道上的巨石经历了岁月的洗礼，留下了深深的足印。虽然艰难，但终于来到镶有铁边的木质大门前。过了这道城墙，就没有人引路了，前方一道更宏伟的大门紧闭着，旁边的条石上写着"云根"。我猜想，这道门后面就应该是御花园。

一个人提着灯笼向我走过来，他指了指外墙旁边的一个狭窄通道，小声对我说了句话，就走开了。没有人引路，我沿着通道，凭着直觉向前走。通道两边的墙很高，如同走在隧道里，路面坑坑洼洼，路灯昏昏暗暗，我跌跌撞撞地向前走。路过一道宏伟的门廊，两名太监把守在那里。这个门道应该是通向慈禧太后生前的住所。墙后面是皇极殿，晚年她常在这里接见使臣，死后她的遗体在这里停放了将近一年，直到黄道吉日选定才下葬。皇极殿的后面是宁寿宫，义和团运动时"老佛爷"

就住在这里。慈禧太后将她所有的珠宝、瓷器、青铜器、漆器、绣品、公文、钱财等都藏在宁寿宫的地下密室里。密室隔音避光，进出通过暗门。除了财宝，这里或许掩藏了更多不为人知的秘密。如果这些秘密哪天能够公之于众，一定会震惊世界。路灯忽明忽暗，借助微弱的灯光，我看到了守卫太监那独特的表情。墙上冰冷的水珠落在我的背上，我打了个激灵。多亏一同前来的美国记者帮我壮了胆。仪式本来禁止记者进入，不过我帮助他拿到了梦寐以求的通行证。中华民国成立之后，皇帝的婚礼也许是中国最让人感兴趣的事情了。

我们在这条阴冷的通道里走了很久，踩到了趴在沟里睡觉的狗，还被一位肥头大耳的官员的坐骑撞到，甚至差点被路中央没有井盖的窨井绊折了腿。一路坎坷，我们还是找到了婚礼卫队。在我们的右手是景运门，挂满了婚庆灯笼。两排立杆圆纱灯一直延伸到内院。一会儿，皇后的凤舆将从这里穿过乾清门，到达乾清宫。皇帝将在这里迎娶她美丽动人的皇后。此时，灯光和月光融合在一起，保和殿大殿前雕刻精美的汉白玉台阶如同瀑布一样倾泻而下。

我们原本打算继续往前走，却被仪仗队的统领拦了下来。外来的客人，只能到这了。

没等多久，只听音乐响起，仪仗队从守卫森严的乾清宫出来了。最前面的是绣着龙凤纹饰的黑、红、黄三色旗帜，紧跟着的是巨大的皇伞，后面还有人举着仪仗扇，接下来是象征皇帝的金柄黄穗伞，之后是骑在马上的大婚正使庆亲王。所有的信物放在一台轿子里，由四位皇亲国戚护送着。16 名身穿红黄长袍的轿夫，抬着皇后的凤舆。虽然有严实的帘子遮挡，但我知道此时里面是空的，黎明时候皇后才会乘着它来到宫里。队伍的最后是两支乐队、四队士兵和一队满洲的贵族。

北京的冬夜实在太冷了，我们按要求返回箭亭后，没法休息。宫殿前新建的规模宏大的棚屋又一次震撼了我。棚屋的装饰非常传统，立柱上是盘旋的巨大黄龙，玻璃上则画着红色的双喜。

棚屋之内，有大约 200 位清朝官员，三五成群地聊着天。他们都穿着整齐的朝服，外面套着毛边长袍，衣服的式样完全一样，只是在细节上稍有区别。他们的官帽上面嵌着长孔雀翎。官帽上的顶珠由宝石制成，代表了不同的品级，皇族的顶珠为大的珊瑚珠，按照从上到下的品级颜色依次为亮蓝、暗蓝、黄色、绿色、透明的白色、不透明的白色。棚屋内的椅子罩着红色的丝绸，椅子旁边摆着大理石面的雕花黑木桌，桌上面盛放着茶叶等一些物品。正中设有餐台，正对着开放式的厨房间。厨房内的火焰和婚庆灯笼的光交织在一起，光影落在官员们的脸上，落在他们的衣服上，落在他们胸前背后的补子上，落在朝珠上，让人迷离，如在画中。官员衣服上的补子，也是用来区分品级的方式之一。朝珠则由珊瑚、琥珀、玉石等制成，很端正地戴在官员胸前，左侧有两串小珠，右侧有一串小珠，中央还有一个小坠，垂在背后。

清朝几百年来都在不断重复着今天这样的场景，这对于 20 世纪的西方，同样具有借鉴价值。我本想在棚屋里多待一会儿，却被礼貌地请回了箭亭。箭亭的殿内摆放着西式的宴会桌，与古老的中式风格非常地不协调。西式餐点是专门为身穿西式礼服的民国官员、身穿制服的海军将领和卫兵，以及受邀请来观摩婚礼的近 50 位外国人准备的，供应 2 个小时。在场的女人大概有 12 个，全是外国人。在大殿的一端，立着一方藏文碑，上面记载着弓箭有关的事迹。他们用玻璃屏把这里隔了出

濟東大夫　惠存

毓朗贝勒　皇后的外祖父

来以供外国人休息，里面放了一张很大的炕、几张中式桌椅，以及一个小小的西式火炉。火炉里没有生火，当地人在天冷的时候一般不生火，他们喜欢穿很多有毛边的衣服，天越冷穿得越多。我们只能把漂亮的晚礼服藏在外套里面，把毛衣、套鞋、毛大衣、围巾全部穿戴上，然后紧紧地裹住衣服，抵御这黎明前漫长的寒冷。天虽冷，但我们的内心却是一团火热，这么盛大的场合能允许女人到场，已经是空前绝后了。

所有人就这样默默地等着。3 点 45 分，月亮已经隐去，太阳还没有升起来。随着时间临近，人们渐渐骚动起来，越来越多的人走到外面，去抢占观看的最佳位置。当院子里的漏壶指向 4 点的时候，东华门外一片嘈杂，随即被人们的欢呼声掩盖了。慢慢地，音乐声不断传来，可以分辨出来有长笛、喇叭、大鼓和号。音乐声越来越近，最初演奏的是美国军歌《当约翰尼迈步回家时》，接下来演奏的是《今夜老城将充满欢乐》《基督精兵歌》《约翰尼拿起你的枪》《前进，前进，前进，男儿们向前进》《自由的呐喊》[①]，给人们留下了深刻的印象。这些乐曲由中国的乐队演奏出来，给人一种不伦不类的感觉。

婚礼仪仗队从我的面前快速地经过，这时，乐队也暂时安静了下来。随着欢呼声的远去，皇后在一群身着东方传统服饰的人的簇拥下，终于来到了皇帝的面前。

走在队伍最前面的还是原来的仪仗，后面象征皇帝的金柄黄穗伞被高高地举起，盛放在黄缎金顶的黄亭里的金册、如意、圣旨、凤冠霞帔紧随其后，接下来是庆亲王，最后是在一群太监簇拥下的凤舆。皇后此刻就坐在里面，帘子紧闭，轿夫比原来增加了一倍。

此刻，小皇后藏在黄缎轿帘的后面，被强壮的太监抬着。凤舆的轿顶也是黄色的，正中是一只巨大的金凤凰，四角则各有一只宝蓝色的银冠小凤凰。小凤凰由翠鸟羽毛制成，纤细精巧。凤凰与象征夫妻的鸳鸯，和皇后手拿的象征平安的苹果一起，共同表达了人们对美好夫妻生活的期盼。

凤舆后面的人和物我都没有注意，我的注意力一直都在轿帘背后、红盖头下面的那个女子身上。在所有围观的人当中，也许只有我这样一个外国人曾经见过她，见到过她那瞪大的眼睛，和眼睛后面畏惧与期待并存的矛盾心情，陌生的丈夫、未知的生活在等待着她。错了，任萨姆女士整日游走在皇室贵族之间，也认识皇后。红盖头掀起的那一刹那，皇后第一次见到新郎——皇帝，虽然表情没有什么变化，但是她的心一定紧张地跳个不停。虽然没有明文规定，但是皇后依然不能直视皇帝，只能谦卑地看着下方。

很快，皇后穿过了最后一道门，顺着两排羊角灯笼走过宏大的广场，走进了大殿。大殿的左右两侧都是汉白玉的台阶，右侧台阶旁还摆满了皇家御用的精美的漆器和青铜器。

皇后进入"大内"，接受福晋们和宫中几位高等女官的拜见。三天之内，她将不能见家里的任何人。根据两位福晋及庄士敦先生的描述，我大致了解到了婚礼最后阶段的一些情况。婚礼延续了传统的形式，除了皇帝皇后见面的地点不同，其他环节与以往并无二致。通常，新郎会去迎接花轿，

---

① 以上歌曲流行于 19—20 世纪的英、美两国。——译注

┃ 盛装的隆裕太后　凯瑟琳·卡尔女士绘

请下新娘，再迈过父亲的门槛，去拜见母亲。新娘被认可，也就获得了婚姻的合法性。因为皇帝是在洞房坤宁宫等待的，所以这些过程就被省略了，拜见母亲的仪式由光绪皇帝的妃子瑾太妃主持。

凤舆沿着灯笼组成的通道一直来到乾清宫门前。轿夫们放下轿子，然后转过身退去，避免看到皇后。光绪皇帝的妃子和一些女官此时都站在龙椅下面恭迎皇后。一名大太监将轿子固定好后，一位福晋上前将轿帘掀起，恭请皇后下轿。

皇后下轿后第一件事是接过一个宝瓶，象征着"保平"。接着，在打着灯笼的六位福晋和女官的簇拥下，皇后走过象征中国女子住所的垂花门。在她之前，皇帝刚刚走过这道门。走过这道门时，一位女官大声命令："男退。"

皇后就这样离开了乾清宫，独自走过交泰殿，来到坤宁宫前。在这里，一些陪伴她走到这里的人向她叩头后退下，后面的仪式将只有女人和太监在场。

宫门前放了一个马鞍，上面放着两个苹果，皇后要跨过这个马鞍。苹果寓意平平安安，两个新人都要平安，所以放两个苹果。

婚礼的最后一道程序是饮合卺酒。一旁的佣人接过皇后手中的宝瓶和苹果，下面将是由她的主人、丈夫，当今的皇帝来揭开她的盖头。根据《五日皇史》的记载，在揭开盖头的那一刻，新娘将第一次见到她的新郎，此时一定是心潮澎湃。揭开盖头，皇帝能够看到新娘白皙的皮肤、燕子羽毛般黑色的秀发、红润的小嘴和娇嫩的下巴，只是看不到她的眼睛。此刻，时间仿佛凝固了，皇后低垂的目光，又长又黑的睫毛，红润的脸庞，是让皇帝失望还是欣喜？皇后心情复杂，狂跳的心藏在那淡紫色丝质长袍里面。

眼前的新娘，身姿婀娜，玉手纤纤，肌肤光润，下巴俏丽，还有那盘进凤冠乌黑发亮的秀发，这一切怎能不让已经成年的小皇帝心潮澎湃？美丽聪慧的新娘，一定会是延续皇家血脉的最佳人选。

皇帝轻柔地将皇后引到床边坐下，男在左，女在右，进入喜宴。

第一步是饮合卺酒。两位新人坐在喜床上，皇帝家族中年龄最大、地位最高的尊者为两位新人呈上一对系着红黄丝带的金色酒杯，皇后家族中身份最为荣耀的亲属则为两人斟上象征婚姻美满幸福的米酒，这代表了双方的长辈对新人美满安康、子孙满堂的期盼。

饮酒时，两人交换酒杯，一同饮下杯中酒，杯子间的丝带不能解开，酒也不能洒。饮酒结束，两人一起通过洒酒的方式来祭奠祖先。在殿外，一对忠贞的模范夫妻共同唱着一首有着四千年历史的"福寿绵长，子孙满堂"的交祝歌。

中国式婚姻的主要目的是为了传宗接代。所以，之后的环节都与上面类似，杯子里的东西换成了长寿面、鸡肉、鸡蛋、饺子，还有"子孙饽饽"，这些都寓意着尊敬祖先和多子多福。

喜宴有菊花汤、燕窝汤、肉、松花蛋、糖，还有各种口味的鱼、坚果、葡萄等30多道菜肴，非常丰盛。整场喜宴还伴随着中国传统的民乐，时而高亢，时而轻柔。太阳下山之时，所有仪式才真正结束，宣统皇帝终于可以拥抱他的皇后了。

第五章
昨日帝国的皇帝

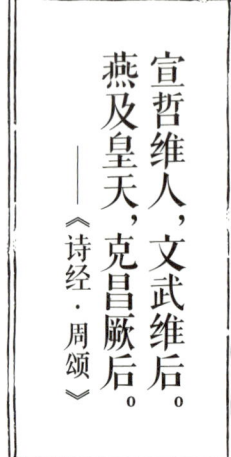

宣哲维人，文武维后。
燕及皇天，克昌厥后。
——《诗经·周颂》

在刺骨的寒风中，一路蹒跚走到北门，我几乎冻僵了。好在尽责的司机还坐在小福特车里等我。正如我的朋友之前告诉我的一样，他们会随时听从我的安排。我快速地躲进汽车，裹上一条灰色的毛毯。

太感谢我的朋友了，他的慷慨与无私，为我的旅途增添了很多温暖。不过很快，还是个孩子的小皇帝的命运又让我陷入了沉思。上帝用一种离奇的方式赐给他这虚无的名誉。

为了给宣统皇帝举办这么一个盛大婚礼，满族皇室已经倾其所有。关于小皇帝，我知道的并不多。我花费了很大的心思去搜集他的资料，这一章的叙述并不是很完善。

一路上，我一直在思索小皇帝谜一样的人生。到宾馆后，罗姓服务生的服务非常体贴，马上给我端来了热茶，他微笑着说："小姐喝点茶吧，今晚你没休息，一定又冷又累，趁热喝完会舒服一点。"

我收到了皇室颁发的金色徽章[1]，能够前去向皇帝皇后当面贺喜。因此我很兴奋，记录下了我知道的关于皇帝的一切，也算是为了和他见面，提前做好功课。

小皇帝的遭遇激起了我的热血。之前，我见过奥匈帝国的皇帝卡尔一世，和中国的皇帝一样，他也被抛弃了。在他去世前的三个星期，我在马德拉岛上见到了他。他很有教养，举止文雅，虽然他在位的时候国家动荡，但是他还是不能理解为什么人们会如此疯狂地要让他下台。他的困惑与失望全写在脸上。

与卡尔一世不同，中国的这位小皇帝从来没有获得过真正的权力，甚至他对于国家结构的理解都是错误的。溥仪，醇亲王载沣的儿子，在3岁不到的时候，就被慈禧太后选定为皇位的继承人，但他一直被"瞒在梦中"。慈禧太后不仅任命他的父亲为"监国摄政王"，同时也让他将同治和光

---

① 这种金色徽章盛行于北方游牧民族，用于表彰部落中的勇士。满族入关后，皇帝也把它赐予有功之臣，以示褒奖。

绪这两位傀儡皇帝认作父亲。慈禧太后政治手腕高超，虽然她曾经幽禁和杀害了自己的儿子同治皇帝、外甥光绪皇帝，但是她这次选择皇位继承人的行为，却令那些认为她之前的做法违背皇宫礼节和继承规则、丧葬仪式的派别深感满意。她的懿旨如下：

同治无子，光绪入继。光绪继承大统，亦无子。兹下此懿旨，"监国摄政王"载沣之子溥仪入继同治，兼祧光绪。

这样的安排让小皇帝整日为祭祀忙碌。他不仅仅是光绪的侄子，而光绪与同治又是堂兄弟，不管对谁，都需要九叩头。为了让两位先帝不至于在阎王殿里孤单，无人祭拜，宣统这个"养子"就必须为他们立牌位，庆祝生日，祭扫陵墓。

《时报》的一篇报道有助于我们理解如此安排的用意。根据这篇报道，慈禧太后的牌位从清东陵迁到紫禁城里的太庙，和9位清朝先祖及35位皇后嫔妃放在一起。所有的祭拜"礼节由小皇帝的摄政王代行。依辈分次序，太庙中的每个牌位都要叩头9次，合起来大约400次"。

宣统皇帝是慈禧太后册立的第三位名义上的执政者。在她死后，她的拿破仑式的手段依然发挥着作用，像一团乌云笼罩着宣统皇帝。

宣统皇帝的政治生涯发生过两件大事。第一件是他的退位。光绪皇帝的遗孀隆裕太后如同她的姑母一样，延续着叶赫那拉家族的强势，从醇亲王那里抢过权力，并以他的名义决定了宣统的退位。1912年2月10日，清帝下诏退位，进入中华民国。第二件是袁世凯的复辟，到张勋政变，再到宣统退位的闹剧。1917年7月1日凌晨3点，睡梦中的宣统小皇帝被人从床上拽起，重新成为皇帝。但是他的支持者不够强大，一周后，他再次退位，为此向人民道歉，并表示整个复辟事件都不在他的掌控之内。

有两件事对宣统皇帝人格的塑造影响极大。其一是她母亲的自杀，让他看清了礼教的残忍后果。另一件是他有了一位英语老师庄士敦，为他了解外部世界打开了大门。

要想深入地了解中国式家族的生活，就必须对家族中"老一辈"的权威和影响有足够深刻的认识。在中国，基于对祖先的崇拜，最终形成了以年龄大小为基础的家族统治基础。具体的细节，我将在后面的《太太之灯》一章中进行详细介绍。在这里提一下，是为了让大家理解，在宣统皇帝成年之前，先皇的遗孀在宫中拥有绝对的权力。

瑾太妃在隆裕太后去世之后，掌握了独裁大权，为了维护她的地位，她和上两代皇帝的妃子们结成了联盟。皇后正位之后，她不得不把权力还回去，不过在皇后没有生儿子并被立为储君之前，还保有一定权力。皇后一旦成为未来皇帝的母亲，那么她也就拥有了后宫中至高无上的地位和权力，到了这个时候，皇帝皇后夫妻二人才真正拥有了全权管理国家和后宫事务的权力。要实现完全自主，同西方相比，东方的夫妇要实现这个过程是艰难而又漫长的。在这个过程中，摄政王、叔伯、姑婶、太妃等的存在随时会让事情变得复杂。皇帝对瑾太妃一直言听计从，但据说，有两次他还是违背了她的旨意。第一次发生在他的生母去世之时。大概是在为小皇帝选未来新娘这个问题上，她与瑾太妃发生了分歧并受到斥责，一气之下于当晚服食过量的鸦片自杀了。小皇帝溥仪知道之后，乘坐汽车，不顾一切地冲出紫禁城，来到正在举行悼念仪式的寺院，祭奠他的母亲和祖先。这也是他 1908 年 3 岁进宫后第一次离开那里。

第二次是发生在两年之前。这次是因为宣统皇帝剪掉了自己的辫子。三位"皇太妃"和他的中文老师们表示强烈反对。皇帝的中文老师可能已经忘记了留辫子的历史，他们保留自己的辫子，以示无声的抗议。17 世纪初，作为臣服的标志，刚刚建立清朝的满族人把辫子强加给了汉族人，很快，辫子成为满汉两族人荣誉的象征。300 多年过去了，如今风气大变。1912 年，中华民国政府下令废除发辫，面对一些人的抵制，官员们只能通过强制的方式推行。宣统皇帝，作为这一古老传统的继承者，用足够的勇气去面对那些反对者，主动剪去了自己的辫子，这一行为，也体现了他所具有的一些现代精神。

我们可以感受到皇帝英文老师的教育对他产生了多么大的影响，小皇帝通过他认识了外面的世界。小皇帝 11 岁那年，庄士敦先生成为他的英文老师，这也在后宫引发了一场风波。大部分贵族表示反对，忧虑外来事物的影响。不过，上任皇帝改革积累的成果发挥了作用，论战最终以更开放一方的获胜而告终。小皇帝不仅很快掌握了英语，而且沉迷于各类外国文学，以及时下最流行的报纸、杂志。对每一件新鲜事物的好奇心，驱使他去阅读更多的英文原著，在这方面他比光绪帝更有优势。光绪皇帝也非常爱读书，管理政务之余，他每天都要阅读一本书，时常凌晨 2 点起来看书。藏书阁的官员们为此忙得不可开交，只有这样才能尽快把最新的书籍翻译出来，满足皇帝的阅读需求。

宣统皇帝对很多新发明非常感兴趣，搜罗了很多堆放在房间里。他喜欢体育运动，想学网球，学划船，但这些都没法实现，所以骑马成了他唯一可以去做的户外运动。不过所谓骑马，也就只是由一位侍从拉着马在宫里遛圈，跟囚徒一样。直到有一天，他的一位叔叔坐着一辆新车进宫拜见，这种无聊状况才有所改观。宣统皇帝非常喜爱车，但是他不明说。他坐在车的前座上，让司机演示如何操作。他的计谋成功了，他知道只要他对某一事物表露出一点丁儿的兴趣，东西就非他莫属了。车主虔诚地希望皇帝接受这辆全新的八缸豪华轿车。可惜这辆车再也不能充分发挥它的功用了，皇帝只能在这小小的紫禁城内开开这辆车，车子再精美，也毫无乐趣可言了。

皇帝的好奇心和不懈努力使得一件件外来的新发明不断进入紫禁城，甚至，美国 50 年前的一些革命性发明也进到了皇宫。为了庆祝皇帝的生日，民国总统黎元洪询问皇帝想要什么。得到的答复是：皇帝只想要一台手提式打字机。很快收到礼物的中国皇帝，用了打电话这么一种现代的方式向总统表示感谢。如今的紫禁城里，皇帝成为了回忆，总统才代表着未来的希望。总统占据了皇帝的先祖传承了数百年的宫殿，皇帝却要打电话向总统致谢，这一行为明显违背了传统的礼节。有时，皇帝还会模仿太监的声音打电话给他的老师。皇帝的这些行为不仅是对礼节的反抗，更表明他对现代发明充满了好奇，这样做让他跟外界建立起了更多更直接的联系。

　　皇帝的行为看上去有点恶作剧的意思，作为一个健康有活力的年轻人，他的行为也透露出被限制在这么一个狭小的空间里的凄凉。几年前，皇帝还小的时候，他的恶作剧经常上演。他时常在下雨天躲进花园，从侍从的慌乱和寻找中寻求快乐，完全没有了往日的矜持与稳重。

　　下面我要讲一个关于皇帝和"小猫"的故事。溥仪继承皇位的时候还很小，那天清早，他在轰隆的鼓声、清脆的铃声和儒家乐声中，迈着蹒跚小步，一步一步走上他的龙椅。他表现得出人意料地镇定，没有像别的孩子一样被音乐声吓住，坐在那里顺利地接受了所有人的跪拜之礼。但是到了第二天，就因为想家开始哭闹起来。不论王公大臣如何想方设法拿出各种玩具去讨好他，都无法阻止他的哭闹。他哭喊着要他的"小猫"："我就要我的小猫。"人们找来了各式各样的小猫，依然没有办法阻止皇帝的哭闹。在一片慌乱中，有人突然想到了皇帝的生父摄政王，小猫的难题才终于得到了解决。

　　面对着皇宫派来的手足无措的老侍从，摄政王讲："我家屋外有一个小乞丐，经常在垃圾堆里捡垃圾，他的外号叫小猫，皇帝经常跟他一起玩。皇帝一定是在宫里很孤单，也许想找他玩。"事情就是这么简单，可爱而又可怜的小皇帝只是渴望有一个玩伴。

　　老侍从找到了这个浑身脏兮兮的小乞丐，给他洗澡，理发，熏香，换上干净衣服。一番打扮之后，小乞丐被带到了小皇帝面前。小皇帝见到了他，立即破涕为笑，他总算找到他最喜爱的"小猫"了。

　　这也许只是报纸上刊载的八卦故事。尽管溥仪是皇帝，所有的人们都在努力维持着传统的体制。事实也许正如这个故事一样，小皇帝总是通过各种方式表达着他的抗争。

　　把一个情感脆弱的普通人培养成为皇帝，方法事实上很简单。第一是把他与世人隔绝，把他周边的人严格地按照等级排列，让他感觉自己处于王权的中心。第二就是在这样的封闭环境中，把他捧成半神仙一样的人物。最后是处处用各种象征着无上权势的标志环绕着他。

　　金銮殿，也就是紫禁城里的太和殿，是这完整培养体系的见证。宫殿高耸的围墙隔断了世人的眼光，端坐在正中的人，时刻都能感受到令人敬畏的威严和无与伦比的华丽。对于天子，这样的背景再适合他的身份不过了。宫殿的整体设计匠心独具：它的空间广阔，一直延伸至墙边；它的藻井华美，金色、蓝色、绿色相间的装饰和雕刻显露着富贵，而作为皇帝身份和权力象征的龙纹，随处可见，缠绕在漆柱上的龙纹，俨然成为藻井纹饰的主体，还出现在龙椅之上。大殿里一层层的台阶，将龙椅抬高，皇帝坐在上面，让每个人都能清楚地看到他。龙椅的后面是9扇"雕龙屏风"，约11尺高，20尺宽。龙椅上还雕刻着云纹，象征着皇帝上天之子的身份。龙椅是无与伦比的东方艺术臻品，它通体漆金，只有最能干的匠师才能凭借高超的技艺做到这一切。美都是要付出代价的，漆毒害了劳作者的身体，也成就了最终产品的美。圣彼得宝座[①]上的天使记录了那些为了创作这个宝座而逝去的生命。

　　龙椅的两侧摆放着精美绝伦的青铜器。巨大的灯笼成排悬挂，雕梁画栋的藻井广阔，意境深远。

───────────────

① 圣彼得宝座，梵蒂冈圣彼得大教堂的三大镇馆之宝之一。传说这把木椅是圣彼得的真正御座。——译注

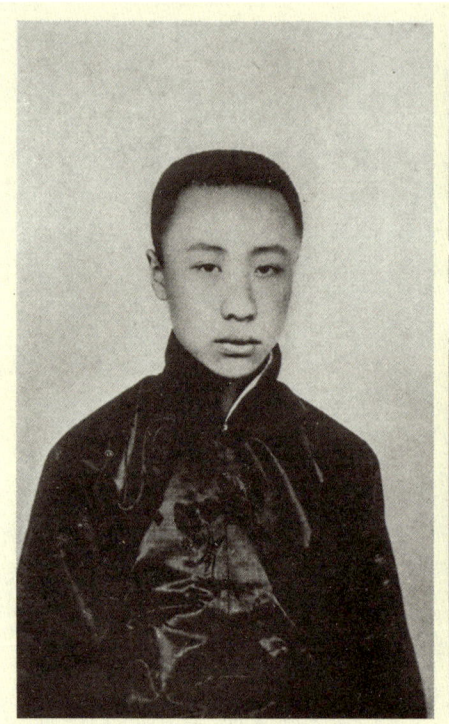

左·前清宣统帝 ｜ 右·醇亲王与小皇帝（右侧站立者）

民国政府占据了太和殿，并改名为礼堂。1913 年，在外国使节的注视下，袁世凯在这里就任中华民国大总统。在这个大殿里，宣统皇帝曾经经历了他皇权最巅峰的时刻，如今，乾清宫里那个小一号的龙椅才是他的位置。

清朝政府并不是龙的形象的创造者。在中国古老的尧舜时期，"神龙"就已经在中国人的想象和艺术作品中出现了。龙在中国存在了数千年，设计国旗的时候，自然成为整个国家的标志和象征。

中国人都相信龙是存在的。但是那些接受过现代教育的中国人，认为龙和希腊神话里的半人马、人身牛头怪一样，都只是传说。中国有三亿六千万人，他们都相信有龙，即便我们说"思想即物质"，可是从来没有人真正见到过它。

龙已经深深扎根在宣统皇帝的思想里。我曾经试图在他身上找到他对龙的怀疑，最终却发现这一切都是徒劳。对他来说，他的衣服上有龙，椅子上有龙，吃饭用的金银瓷器上有龙，休息的炕上有龙，身边到处都是龙的影子。不仅如此，他的手也被称为"龙爪"，眼睛被称为"龙目"。此外，时间里有辰时、辰日、辰月、辰年，这也代表了龙。皇帝走的每一条路上，也都雕刻上了象征八大物种之首的神龙。除了生活，皇帝的办公同样都是龙。椅子叫"龙椅"，笔叫"龙笔"，甚至代表皇帝爱情的图案也有龙。龙的标志画在屋顶之下，与银色的凤凰缠绕在一起，象征着夫妇二人永不分离。龙凤作为中国婚姻的标志，在"十八省"的所有订婚仪式上都可以看到。

龙柱被用来为皇帝祈福，它寓意"吾皇万岁，万岁，万万岁"。于是，全国的佛寺、道观，甚至清真寺都建了龙柱。

龙事实上也关系到了中国人的先祖和死亡，尽管人们总说皇帝不会死。大约 4600 年之前的中国五帝时期，黄帝轩辕在位 111 年，一天，天空中出现了一条巨龙，他骑在龙背上升天而去。从此，人们把皇帝的离世都称为乘龙升天。清东陵，距离北京城 90 里地，宣统皇帝先祖的陵墓就坐落在这龙形山峦之间。墓前的一座座宫殿向天边延伸，直达高大的宝顶，宝顶之下就是规模宏大的地宫。

在中国宗教中，龙是一个非常重要的神灵，掌管着世间的雨水和所有的江河湖海。在中国，随处可以见到龙王庙。每逢初一和十五，宣统皇帝也会以跪拜的方式，向他的龙兄弟们行礼。

小皇帝孤独地成长起来，尽管他生活的环境是如此壮观辉煌，他却逐渐失去了普通少年该有的朝气。他诵读过的《诗经·周颂》中周成王的祝祷也许能表达他的心境。

闵予小子，遭家不造，嬛嬛在疚。于乎皇考，永世克孝。念兹皇祖，陟降庭止。维予小子，夙夜敬止。于乎皇王，继序思不忘。

小皇帝在古典文学和历史方面表现出了很高的水准，这得益于他热爱读书。在绘画方面，虽然没有学过，却也显露出了几分艺术天分，或许是遗传自他的"皇祖母"慈禧太后。慈禧太后的绘画水平很高，庆亲王四儿子的一位夫人曾送我一幅慈禧画的《牡丹图》。如今，这幅画已经成为我最宝贵的藏品。

皇帝写字用的是龙香墨[1]，擅长写诗歌，曾经用笔名在报纸上公开发表过作品。报社编辑应该不知道作者就是皇帝吧。

按照中国的历法计算，小皇帝快到 18 岁了，到了可以结婚的年龄。后宫掌权的瑾太妃通过钦天监颁布旨令，从满族贵族家庭中挑选了 20 位适龄姑娘。皇帝通过照片从中选定他的新娘。小皇帝曾经试图通过多种方式去了解他的新娘，了解她的爱好和习惯，甚至还想在订婚时亲自去见见她。当然，传统的礼节不允许他这么做，他们这些举动很快就被制止了。

宣统皇帝的淑妃，地位要低于皇后，按照习俗，她要比皇后早一天进宫，也没有举行什么仪式。在见到皇帝之前，她首先要做的是拜见瑾太妃。在完成这些礼仪之后，就要回到住所，做好准备，迎接皇后的到来。淑妃入宫时 15 岁，通过同样的方式被选入宫中，不过因为她的父亲端恭官位较低，整个家族的地位不如皇后一家。

宣统皇帝想要有一个属于自己的称呼，他特意下旨，给自己起了个英文名字叫"亨利"，同时也为皇后起名叫"伊丽莎白"。他起英文名字这一举动，体现了他对西方思想的喜爱。这两个名字应该是来自他所看过的关于欧洲皇室的一些记载。至于为什么起这样的名字不得而知，也许是因为同名的亨利八世[2]和中国的皇帝一样有众多的嫔妃？或者是被纳瓦拉的亨利[3]的传奇所感染？小皇后与英国女王不论在性格还是行为举止都存在巨大的差异，伊丽莎白这个名字，不管从传统还是从现实出发，都不太适合她，她叫贝丝应该更恰当。不管怎样，皇帝毕竟已经为自己起好英文名。这位"亨利皇帝"做的出格事也许就只有这些，我觉得这非常可以理解。毕竟君权神授，他的命运还要靠神来主宰，他不容许钦天监对他的行为说不。如果这样，他可能就再也不能用朱笔发号施令，更没有机会实现中国宋代一位贤人提出的十项仁政：

1. 敬天　2. 爱民　3. 美德　4. 敏学　5. 积善
6. 纳谏　7. 减税　8. 宽刑　9. 戒奢　10. 禁逸

与日本动荡 400 年后依然保留帝制不同，中国在和它昔日辉煌的封建帝制说再见。现在几乎没有满族贵族在民国政府担任官员。虽然社会依然动荡，不同的政府你方唱罢我登场，就如同希腊新政权先服从帝国，帝国又服从神话一样。君主制度和民主制度不断地轮回，历史却在这种轮回中实现螺旋式的上升。大清朝，也在这样的国际大环境中不断地耗尽它的天数。不管怎样，这些对眼下的宣统皇帝影响还不大，我依然期望在这个辉煌的东方大舞台上举行的受贺礼上见到他。

---

[1] 我曾听过一个和唐玄宗有关的故事：唐玄宗有一种龙香墨。有一天，他看到一些如苍蝇一般大小的道士在桌上走来走去。道士们大声喊道："吾皇万岁万万岁！我辈黑衣使者乃是墨之精华，世间高才之士均可见我等于笔端。"

[2] 亨利八世（1491—1547 年），英格兰亨利七世次子，都铎王朝第二任国王，曾经有六次婚姻，其中有两个妻子被其下令斩首。——译注

[3] 纳瓦拉的亨利，即法王亨利四世（1553—1610 年），法国波旁王朝的创建者。他是胡格诺派信徒，为了保全性命曾被迫改信天主教。后来，他从监禁他的卢浮宫中逃出，重新改信新教，获得了王位继承权。经历了多年的浴血奋战，亨利四世重新统一了法国。在亨利四世之后的百余年里，法国几乎称霸欧洲大陆。——译注

第六章

受贺礼

九天阊阖开宫殿，
万国衣冠拜冕旒。
日色才临仙掌动，
香烟欲傍衮龙浮。
朝罢须裁五色诏，
佩声归到凤池头。
——王维《和贾至舍人
早朝大明宫之作》
引自《松花笺》

　　婚礼后的第二天，也就是 12 月 2 日，皇后将跟随皇帝一同去拜祭祖先。接下来的时光她将坐在炕上，接受众多皇室成员的祝贺。这个仪式中的一项环节，将会令新娘非常难堪。新娘不盖盖头，坐在炕上，接受新郎家属的打量和评论，这对新娘是一次艰难的测试。特别是新郎的堂表兄弟、叔伯、兄弟等男性亲属，他们的行为和言论很难让新娘保持镇静。在这个测试中，不管多么艰难，新娘都必须面不改色心不跳，只有这样才能成功通过测试，否则她的缺点将被人们无限放大。如果新娘用语言去回击，或者用苍白的表情、红肿的眼神表露出委屈，那么人们会说她脆弱，没有自控能力。

　　关于测试的度，我无法知道瑾太妃能够容忍的限度。当我和毓朗贝勒福晋谈起这个测试的时候，她耸耸肩，表示这个环节不能少。当福晋耸肩的时候，我想起了沃尔特·佩特[1]对莱昂纳多·达·芬奇《蒙娜丽莎》的评论："她的面容倾倒了众生，但她却有些厌倦。"

　　婚礼后的第三天，也就是 12 月 3 日，午时，皇宫里将会举行一场仪式。满族所有的皇亲国戚、朝廷重臣、高层官员，以及 96 名外国使节将被邀请，并获得皇帝皇后的接见。

　　皇家婚礼的四天盛况，似乎与当下的时代格格不入。不过，对皇帝来说，接见外国使节是婚礼上一个重要的环节。虽然皇帝已经退位，但是这场盛大的婚礼依然是按照在位皇帝婚礼的仪式进行的。而这些外国使节在北京城里代表了他们各自的国家是无法认可一个已退位的皇帝的。

　　皇帝走下龙椅，中华民国正式成立，对大多数人来说，变化是辫子不复存在，心情也更加轻松愉快；不变的是皇帝的尊号，所有的礼遇也得到了保留，民国政府每年要付出 400 万两的岁费。

---

① 沃尔特·佩特（1839—1894 年），英国著名文艺批评家、作家。他是 19 世纪末提倡"为艺术而艺术"的英国唯美主义运动的理论家和代表人物，文风精练、准确且华丽。代表作品有《享乐主义者马利乌斯》等。——译注

整场仪式最有趣的事情莫过于中华民国代表团的到访。大约 20 名代表团成员，为了向皇帝表达他们的敬意，飞快地通过紫禁城里的大理石铺就的庭院。而此时，我们的这位皇帝站在黄色丝质皇伞下，正在接受 800 位大臣行"九跪九叩"跪拜之礼，享受着九五之尊的荣耀。这些大臣身穿传统的长袍，戴着插着孔雀毛的官帽。

长长的大理石路的两旁挂满了红色的灯笼，衬托出婚礼的喜庆。清朝原有的大臣们，9 人一排，整整齐齐地跪在路的两旁，前额几乎要挨着地面，他们通过这种隆重的礼节来表达对皇帝的无比敬重。而中华民国的代表，一路飞奔，头脑里满是西方的新式思想，身穿的是西式服装，向皇帝行的是西式的鞠躬礼。

参加这次仪式的不仅有大约 90 位外国使节和他们的妻子，还有极少数的特邀人员。仪式之前，皇帝专门接见了他们，此刻，他们只是观众。在这寒冷的冬日，他们只能把手缩在口袋里，哆哆嗦嗦地跺脚取暖，结果可能是徒劳。现在进行的将是这场具有历史意义的盛大婚礼的最后一场仪式。

这一天我见到了期盼已久的宣统皇帝，他有可能是清朝最后一位皇帝。这一天是我中国之行中最宝贵的一天，希望读者能从我的笔下感受这一天对我的巨大影响：

12 月 3 日早上，我的梦想即将实现，这一刻我期盼了很久。这一天我将探寻紫禁城最神秘的地方，还能见到皇帝，我已经在脑海里无数次想象过他的身材与相貌，说不出为什么如此期待着与这个 18 岁的男孩见面。也许他有比我更为丰富的中国古代文学和历史知识，但是他的阅历与我无意间结识的那些名人相比，差距更大。我的期待心理，也许是因为我的幻想在作祟。在童年读过的书中，一身珠宝的王子公主，有着生杀予夺大权的一代君王，他们无不是驾着金色的马车，碾过奴隶们的身体。他们拥有宏伟的宫殿，数不清的珠宝、钻石，但是，为了满足他们的哪怕很小很小的一个愿望，他们的臣民也必须四处奔波，即使挨饿、送命也在所不惜。

中国古代一位无名的诗人用传神的文字表达出了这种精神，而孔子忠实地记录下来：

我马维骆，六辔沃若。载驰载驱，周爰咨度。
我马维骃，六辔既均。载驰载驱，周爰咨询。①

总之，这个小皇帝的身上笼罩着神秘的光环，他的秘密也许就藏在小屋里。而我，就像传说的法蒂玛②拿到房屋的金钥匙一样，飞进紫禁城，去探究门后的秘密。

10 点半，我乘车到达了东华门，轿子和轿夫已经在那里等候多时了。我坐上轿子，轿夫一路小跑，经过箭亭前的庭院，仪仗队待过的广场，皇后凤舆消失的大门，最后来到太和门前。轿夫把我放下，

---

① 出自《诗经·小雅》。

② 在法国民间传说中，蓝胡子曾经秘密杀害了六个妻子。直到有一天，蓝胡子要外出，他的第七个妻子法蒂玛用金钥匙打开了一直被禁止进入的房间，才发现了蓝胡子杀妻的秘密。——译注

后面的路我只能步行。门口有中华民国的士兵把守，还有军乐队在演奏。此时的乾清门外，站着很多的官员。

现在我的心情突然紧张起来，迈过眼前的门槛，就是皇帝的私人领地了。我跟随着各国的外交使臣，沿着乾清宫前的大理石路一路行走，路两旁的灯杆上悬挂着大红灯笼，地上摆满了为年迈大臣们准备的用来叩首用的草垫，这样可以让他们在行大礼的时候，不至于硌着膝盖。交泰殿前的台阶正中，一整块雕成龙纹和云纹的大理石浮雕是供皇帝行走的。绕过浮雕后，我停下脚步，观察眼前的一切：红漆顶棚装饰一新，显着喜庆；大鼓、铜锣、簧管合奏，透着欢快。

片刻停留之后，我不由得加快步伐，和一同来的那群外国人一起拥向龙椅。皇帝还没有来，龙椅还是空的。它的前面已经摆放了一条长长的宴会桌，桌上摆放着各种食物，每张座椅上都摆了一个镶嵌珐琅的银盒。仪式由皇帝的叔父载涛贝勒主持，一会儿，他会把这些银盒当作纪念品送给在座的女士。我拿到的银盒上画的是一朵鲜红色的牡丹，小心翼翼地把它收了起来。

我仔仔细细地参观了一遍宫殿后，回到了大殿的右侧。在那里，我看到靠着龙椅的五扇雕龙屏风后面放着两个巨大的炭盆。炭盆半掩着，可以看到火苗的跳动和冒出的轻烟。这两个炭盆设计得非常精巧，既能用来烧水，又能给大臣们取暖。

在大殿的西侧，树立了一面大约 8 尺高、8 尺宽的大玻璃镜，镶嵌在木框里。木框是樟木的，上面雕满了龙纹和云纹。

我趁人不注意，悄悄地溜到了大殿的后面，在一个小的黄色房间门口，我终于看到了尊贵的皇帝和皇后，他们离我只有不到 10 尺远，我的心开始狂跳。皇帝皇后此时是在房间里单独接见日本驻华公使小幡酉吉，公使的身后是山东铁路委员会的其他成员。没多久，美国驻华公使雅各布·古尔德·舒尔曼和他的夫人也进入房间，等待皇帝皇后的接见。皇帝向舒尔曼先生微笑致意，并和他握手。舒尔曼夫人和屋内的其他几位公使夫人点头致意。

除了皇帝本人，载涛贝勒、庆亲王、庄士敦先生及其他两位满清大臣也协同接见。皇后的身后，则站着两位侍女。

轮到我与皇帝、皇后见面时，我向皇帝深深鞠了一躬，然后向皇后致敬。在这个简短的过程中，皇后已经认出了我，我们互相微笑致意，她显得很高兴，还对我说了句"你好"。

皇后的记忆力真不错，三天前的婚礼上，她见过我一次，也许是因为在那个庄严的时刻，一张外国人的脸孔比较引人注目吧。

今天，皇后站在皇帝的旁边，依然穿着册封礼那天的黄色缎袍，只是宝塔状黑缎旗头中间的装饰换成了红玫瑰，右翼是一朵黄玫瑰，左翼是一朵粉牡丹，这些花都象征着她皇后的身份。尤其是红玫瑰，在东方世界，红玫瑰就代表着新娘。

"发现头脑，失去奴隶。"民主思想的出现，武装了人们的头脑，也让大清朝走到了尽头。宣统皇帝现在对这句话应该有了深刻的理解。他站在皇后的身旁，举手投足都显示着君王的气魄。他个头中等，眼睛炯炯有神，下巴干干净净，头发整整齐齐，打扮得让人觉得很清爽。今天的场合，

1922 年 12 月 3 日　乾清宫
受贺礼举行的场所

他没有戴皇冠，而是戴了一顶中式的黑色缎帽，帽子上有一颗夺目的珍珠。他身穿一件紫色镶白狐毛边的长缎袍，肩、胸、背以及下摆上都绣着团龙图案。

在一一接待完外国客人之后，所有人都又回到了金銮殿。根据主持人载涛贝勒的英语解说，下面的环节将是皇帝致贺词。

皇帝并没有坐在龙椅上，而是站在放着龙椅的台座，面带微笑地进行着他的讲演，眼光不时地瞟下他手中的讲稿。他用英语说：

"欢迎各位朋友和各国代表的到来，祝大家幸福安康。"讲完，一名太监用银盘端上一杯香槟，皇帝拿起香槟，向大家致敬，提议为大家的健康干杯。之后他离开大殿，庆亲王起身又讲了一遍欢迎词。从其他的宫殿传来了茶点，享用完之后，大殿里的所有外国人起身离开。皇帝重新回到大殿，坐到龙椅之上，接受大臣们的叩拜礼和民国政府代表的鞠躬礼。龙椅上方的黄伞打开着，800 名参加典礼的贵族可以遥望着黄伞，看到他们的皇帝。

典礼在孔子时期流传下来的礼乐声中开始，先是喇叭声，接着是鼓声，随后簧管和钟声加入，声音响彻寰宇。

人们从四面八方汇集到殿前，向皇帝的大婚表示祝贺。他们 9 人一排，整齐地走到御路和丹陛前跪下，向皇帝九叩头，每次头部都直接接触到大理石地面，只有这样才能表达他们对皇帝的崇高敬意。大臣们清一色地穿着华丽的官服，戴着官帽，蓝色、紫色、金色的长袍，配着帽子上的孔雀羽毛、珠宝，都在阳光的照射下闪闪发光。尽管民国已经成立，但是在他们心里和嘴里，溥仪依然是中国的皇帝。

在中国的古代，诸侯会以进贡玉米和大豆的方式向君王表达敬意，这样的行为至今未变，只是细节发生了一些改动。《诗经》中对这些场景有过详细的描述：玄衮及黼。

《诗经·小雅》中一位无名诗人唱道：

觱沸槛泉，言采其芹。君子来朝，言观其旂。其旂淠淠，鸾声嘒嘒。载骖载驷，君子所届。
赤芾在股，邪幅在下。彼交匪纾，天子所予。乐只君子，天子命之。乐只君子，福禄申之。
维柞之枝，其叶蓬蓬。乐只君子，殿天子之邦。乐只君子，万福攸同。平平左右，亦是率从。
汎汎杨舟，绋纚维之。乐只君子，天子葵之。乐只君子，福禄膍之。优哉游哉，亦是戾矣。

一个外国女人，能一睹龙颜，这是多么神奇的一件事情呀！在这样的仪式下，在威严的皇帝面前，人类所有的尊严都崩塌了，此刻，只剩下对君王的崇敬之心！

按照习俗，宫里将会演三天戏来进行庆祝。仪式主持载涛贝勒对我们说，为皇帝大婚唱戏，是件又苦又长的差事。他的说法太对了。

年轻、单纯的宣统皇帝和他的皇后一起，在最后容身的小朝廷里接见了外国客人，显得非常民主。这场表面上辉煌而又传统的婚礼，留给我的却只有同情和怜悯。他们现在所有光鲜的一面，都必须依赖于民国政府的容忍和拨款，说穿了他们只是那些满族贵族手中的抵押品。在民国政府的许可下，这些贵族们花费了 50 多万美金将这场婚礼办得如此铺张，虽然同以往皇帝结婚几百万两的花销相比明显少了，但是毕竟时过境迁。他们更愿意走出去，去看看外面广阔的世界，去结识更多的朋友，通过自己的行为，引导普通人的生活方式。作为受过现代教育的人，只能待在紫禁城里回忆，他们为此付出的代价太大了。除了民国政府的人看管着他们，那些系着黄色和红色腰带的满清贵族和王公大臣们也在盯着他们。这些人还在梦想着有朝一日，一场新的变革，把满族重新推上统治者的舞台。

典礼终于结束了，所有的演员和来宾都嗖地一下消失了。象征喜庆的礼宾灯笼和"双喜"灯笼慢慢地暗下来，最后挣扎着闪了几下，便彻底熄灭了。紫禁城的大门再次关上，里外又是两个世界。

第七章
上海的迎亲队伍

于论鼓钟，于乐辟雍。
鼍鼓逢逢。矇瞍奏公。
——《诗经·大雅》

　　一个星期后，我来到了上海，又观赏了一场中式的婚礼。现在我对中国的婚礼有了更深入的了解。中国现在很多的东西，越来越中西融合，要了解新事物，就必须先去了解旧的传统。于是，知道了皇帝大婚的关键环节之后，我现在更想了解下中国的"白事"。可以说我是抓住一切机会去认识和了解从出生到结婚，再到葬礼的一系列风俗习惯。

　　《哭诉》歌，几百年前，一个厌世的女子，向观音菩萨表露她的心声：

　　大慈大悲的观世音，请您听取小女子我的悲吟：
　　生死轮回无穷无尽，世间万物也无法打动我的心，甘露无处寻。
　　身世漂浮，孤苦伶仃，我已无法容忍。
　　因果循环，我愿重归九泉之下。
　　但求得甘露一滴，安眠于您慈悲的莲花宝座之下。①

　　如今，这个女子的愿望实现了，带着她的祝祷，沉睡在浮丘山顶之上。
　　在上海的第一天，让我感到惊诧。在这里观光，我仿佛置身于旧金山或者纽约。一个在中国

———————————

① 引自《灯笼节》，克兰默·宾译。

已经生活了近 20 年的朋友邀请我去"唐人街"。如果说北京还保留了中国城市的风貌的话，那么，上海一定是所有通商口岸中最西化的。中西方资本汇集于此，建设街道、居民区和商业街，中国味道不得不让位于国际大都市的风貌。在上海旅行，你可以游遍全世界。当然，香港和上海一样，非常地西化，但毕竟香港现在属于英国人管辖。

我来到中国人集中的区域，在这里，我四处闲逛，这里才是我此行想要看的地方。为了来到中国，我从大西洋岸边出发，一路上经过了平原、荒漠、山峦，来到了太平洋。夏天的太平洋表面上风平浪静，但是说变就变，猛烈的台风不期而至。台风那两天，我找不到牢固的东西抓，差点被风暴卷走，最后多亏了上帝保佑。

大多数中国商铺的门都直接对着道路，我正在一家流苏店里欣赏着这些令人陶醉的物品时，一个小乞丐突然用力拽了拽我的裙子，吓坏了我。这个小乞丐好可怜，满身尘土，仅靠腰间的一片布御寒。他盘腿坐在冰冷的石头路上，身体不停地颤抖，表情痛苦。他半睁着眼看着我，期盼着能打动我，讨得一点赏钱。和我同来的朋友是个中国通，他严厉地告诉我："不要给他钱，在唐人街财不可外露，他们都是骗子。你看，旁边那个健全人就是他的同伙。他们人很多，属于一个帮会，叫丐帮，一般两人一组行动，就像美国的工会抢劫一样。"

我拽出裙子，摆脱小乞丐，快步走进一家象牙店。象牙雕刻得非常精美，我欣赏着这些雕刻着龙纹、花鸟的象牙制品，在图案中仔细辨别哪个是大象，哪个是其他动物。卖家满脸堆笑，你却要小心，如果你不识货，卖家会把骨头当象牙卖给你。当我正看着的时候，外面传来了尖叫声和敲击声，一支中国的乐队正向我走来。不一会儿，透过人力车和毛驴的缝隙，我在熙熙攘攘的街道中看到了挥舞的旗帜和彩车。

我问我的朋友，这是什么仪式。

他一边探头看一边对我说："不是婚礼就是葬礼。"

"没有区别吗？婚礼和葬礼应该是有区别的，最起码基本的部分是不同的。难道你也分不出来吗？"我有些疑惑不解。

我的朋友没有惊讶于我这么个"世界级旅行家"的孤陋寡闻，他告诉我说："不，在没有看到抬的是棺材还是花轿之前是没办法区分的。仪式所有的旗帜和装饰都是相同的。除非是一些富贵人家的葬礼，会在棺材前找人捧着死者的肖像，以及用纸扎的死者生前的各种喜爱之物，比如小狗、小鸟、小妾什么的，还有马车，甚至房子。这些东西最后将烧掉，供他黄泉下享用。几天前我在葬礼上见到一个新式的房子，只有 6 尺见方，房子不仅分隔出单独的书房，还装上了电话、鸟笼，浴室里还装上了水管。总之，什么都有。不过，今天应该是一场婚礼，你看，花轿。"

花轿非常漂亮，红色的绸布包裹，上面绣满了玫瑰，四个轿夫，两前两后。花轿的帘子拉得紧紧的，我踮起脚尖，妄想能看看新娘的样子，结果是徒劳的。

我们紧紧地跟在迎亲队伍的后面，全然不顾可能发生的生命或者身体上的危险。突然一辆汽车猛地开了过来，坐在车里的应该是一位政府要员，他的司机拼命按着喇叭，在人群中开得飞快，冲散了

花轿 |

整齐的迎亲队伍。本就热闹的迎亲队伍，这下更热闹了。一个装着嫁妆的黑色木箱掉下来，锁扣被摔坏了，里面装着的"新娘饼"掉了出来，撒了一地。新娘饼是一种用肥肉做馅的食品，个头不大，颜色发灰。捡起放好之后，队伍继续缓慢前进，最终停到了一栋院墙高大的房子前。院墙上贴着一张长方形的红纸，上面写着"囍"字。透过大门，我看到院子里到处都是红色的纸花、红色的旗子、红色的灯笼，很是喜庆。可惜的是，新娘的轿子进去之后，门关上了。我只能往回走，完全靠想象来勾画院内此刻的欢庆景象。这样的欢庆场景，在中国年复一年、日复一日地上演，经历了千百年没有大的改变。

当花轿在队伍的簇拥下来到院子的时候，等候多时的宾客开始大声地送上祝福："新娘万福！""好运常在！""春意永驻！""祥光永照！"

紧接着，各种各样迎亲的鞭炮一起点燃，乒乒乓乓的响声，震耳欲聋，它们将所有藏在隐蔽角落的灾祸都赶到千里之外。

大红花轿终于在大理石台阶前落定。此时，老夫人会从后院中走出来，点头向所有的客人致意。她是婚礼最重要的见证人，只有她在场并认可的婚姻才会是合法有效的。老太爷则跟在新郎身后走下台阶，在即将掀开轿帘前，他会停住，向所有的来宾请求："各位长辈、学者、贤达，请您为我们家见证。现在是西年吉日午时，新娘子已经来了，这里将会是她的新家。"

来宾一般都会齐声回答："我们作证！""婚礼完满！""和和美美！""永远幸福！"

新娘通常会身穿一身红纱，她款步从轿中走出时，老太爷会大声地向所有人宣布："我以列祖列宗的名义请我的夫人及在座的各位见证，新娘已经到了，今天我将准许我的儿子、她的丈夫带她就座。"

欢庆的人们载歌载舞，他们用这种形式驱散各种邪恶，祈求着好运。

院子里，小提琴、大吉他、长笛、陶笛、长喇叭及其他管乐，再加上两排磬、青铜镲、小圆钟和钹构成了婚礼的乐队。在红色灯笼的包围中，在乐队领队的指挥下，他们开始演奏。身穿红色长袍的领队，用一根棍子在一个木制老虎的背上摩擦出响亮的声音，也开始了他的演唱。他吟唱的的是古老的婚礼歌曲，低沉而又悠扬：

神圣的婚姻啊，
合乎天道。
结合意味着新生命。
愿新人如常青树，
爱情永驻，子孙和睦。

神圣的祖先啊，
我们此刻载歌载舞向您祈祷，

希望你们可以看到。
请倾听我们的祈求，
庇佑这对新人，
使得邪魔远遁。

伴随着歌声，身穿橙色长袍、手持彩旗和木盾的舞者进入舞池，开始了他们的舞蹈。彩旗和盾牌在碰撞中发出来铿锵的声响，舞者通过特定的方式演绎着恶魔到来被赶走，又来又被赶走的过程，最终他们会取得这场决斗的胜利。然后所有的舞者如同看到听到了先祖的召唤，整齐地跪下，虔诚地表达着他们的敬意。乐队的领队继续着他的演唱：

当夜幕降临，
笼罩在我们头上的黑影
神秘莫测。
雄鸡唱晓呼唤光明，
福佑这对新人，
祛除他们前路的绊脚石。
愿你在他们的睡梦中显灵，
警示他们未来的疾苦，保佑他们现在的幸福永存。

接着一群穿着紫色裙子的女子，手捧着鲜花，加入了舞蹈者的队伍。她们迈着轻快的脚步来到新人面前，把花献给他们。此时，音乐突然停下，舞者站立不动，所有的观众也安静下来。在一片肃静中，乐队领队开始了他的《祝祷》：

伟大的神灵啊，
风神和雨神，
凡人的得与失、成与败
尽在你们的掌握之中！
幸运之神啊，若没有您的帮助，
一个人再强健、再聪慧也终究白费。
请保佑新人永远有今天的幸运，
我们向你祈祷，我们为你歌唱。

领队唱到这里，数百人俯下身子，向幸运之神祈祷，向幸运之神歌唱，她有着那神秘莫测的统治力量。当音乐、舞蹈和祝祷结束时，整个院子又恢复了安静。老太爷起身宣布："时辰已到。根据习俗，下面请各位来宾一同来见证新人，认可他们的婚姻。新娘将暂时放下平日的端庄，揭下罩纱，一展芳容。"

当摘下长长的红色罩纱时，新郎第一次看到了他的新娘。新娘一身传统中式的新娘装，红色的衣裙映衬着她红扑扑的脸庞，她的眼睛谦恭地注视着地面。

老太爷一声令下，宴会正式开始。仆人们为客人斟满了美酒，端上了佳肴。"很多人身后都站着贴身随从，为他们递上'银筷'。他们随意地低声交谈，儒家认为，庄重的礼节必须遵守。诗人们交换他们即兴而作的诗（大部分是事先准备好的），互相赞美彼此的才华，他们的赞美同他们的诗一样感情充沛。有些人'划拳'，每两个比赛的人同时伸出一只手，喊出他认为对方的手所代表的数字；输了的人必须喝完杯子里的酒，说：'干杯。'从第一进和第二进庭院里传来无数陪客的笑声和说话声，他们正尽可能地多吃、多喝。所有来宾都越来越欢乐，自在而有礼。正可谓一场'喧闹'的盛宴。"①

新娘最不愿意经历的时刻终于要来了。祝祷和仪式一结束，她将不得不走进洞房去接受测试。测试的内容在前面一章我已经进行了介绍，对新娘来说，男方家属见证下这种不受限制的考验，有时甚至会给她带来屈辱。测试只是对新娘婚庆考验的顶点，对她的考验其实从她离开父母家那刻就已经开始了。根据传统的规定，尤其是在中国的南方地区，因为马上要离开家的原因，订婚的女子都要痛哭一场。毋庸置疑，面对即将到来的考验，不管是来自陌生的老公，还是来自陌生的婆婆，伤心在所难免。当然，来到新的环境，新娘也可能会因此而兴奋。不管是伤心还是兴奋，当她被关进屋子里后，都必须痛哭，哭得越伤心，说明她的德行越好，就越会受到人们的称赞。以上是我根据上周在北京参加的皇家婚礼，推测想象出来的场景。

除了仪式，我能想到的还有婚礼礼品，为了两个新人的顺利结合，两个家庭要花费大量的钱财，甚至所有的收入。皇帝的婚礼也是如此，内务府为了皇帝的婚礼顺利进行，列出了详细的礼品清单。婚礼礼品让我联想到了原始社会的物物交换，所有的行为都带有母系社会的影子，这与女性在中国家庭中的现实地位形成了鲜明的对比。

我们选择了一条曲折的小路往租界走，路的两旁都是大门朝向街道的商铺，我浏览着店里的商品，不由得想到了刚才的新娘，不知道她在新家生活得怎么样？我在心里为她祈祷，希望她能有一个和善的婆婆，能够尽快为这个家庭生个男孩。这样在公婆掌权的家里，她便能够得到足够的尊严。当公婆离世，她就能够自然而然地以光荣母亲的身份，成为这个家族实际的掌管者。

---

① 引自《龙爪》，乔治·苏利埃·德·莫朗著。作品中有很多关于古典婚礼仪式细节的描写。

第八章

现代婚礼

陈小姐与王先生①

维鹊有巢，维鸠居之。
之子于归，百两御之。
维鹊有巢，维鸠方之。
之子于归，百两将之。
维鹊有巢，维鸠盈之。
之子于归，百两成之。

——《诗经·国风》

　　我第一次见到陈小姐是在美国轮船公司的一艘豪华客船上。那天下午，船从上海出发，一路上风平浪静，晚饭后很多人都聚在一起跳舞，一对年轻的中国夫妇的狐步舞跳得非常好，一下子吸引了我的目光。男士留着黑色的短发，向后梳成"军人发型"，英式晚宴上衣，灰色丝制马甲，外加打褶亚麻衬衫，一身考究的西式装束，加上洒脱的舞姿，显得格外潇洒。女士则梳着时髦的发型，丝袜、尖头高跟鞋、圆桶裙，外加华丽的亮蓝色锦缎中式上衣，一身典型的民国女子套装，显得那么青春可人。她身上的小装饰也非常精致，手上一枚闪耀的大钻戒，耳垂两颗圆润的珍珠，上衣一个漂亮的胸针，右胳膊下一方绣花的手帕。看到我对他们两个人这么有兴趣，船长把他所知道的情况告诉我。

　　"女士姓陈，男士姓王，他们刚刚订婚，这是准备去香港完婚。桌子那边坐的是女方的父母、妹妹和姑姑。男的似乎很有钱，一路上舞会占用特等客舱的费用都是他埋单的。我觉得他应该是一个在香港很成功的年轻商人。现在这样的人很常见。"

　　第二天，我又在甲板上见到了陈小姐。她正和王先生手牵着手坐在一起，王先生不时凑上去亲吻着她。结婚之前就在公共场合亲吻，这彻底颠覆了中国的传统。在众人的目光下保持着如此的

---

① 陈、王两个姓氏在中国极为常见，就如同英语世界里的琼斯和史密斯一样，在此并不代表具体个人。

亲密关系，他们绝对算是具有现代思想的夫妻。因为陈小姐晕船的缘故，我很快就找到了和她亲密接触的机会。中国人不擅长航海，于是他们就祈求神龙保佑，并把农历十二月十二日定为它的节日，这一天，所有的舵手和船员都会通过舞龙的方式庆祝节日的到来。今天正好是这个日子。晚饭的时候，从我的脚下及船尾，不断传来奇怪的声响。得到船长的准许后，我得以一探究竟。顺着扶梯一路向下，再爬过一道梯子，我终于看到庆祝的队伍，眼前的一幕震惊了我。

眼前，四五十个中国人正坐在由木桶和木板搭起的长凳上观看这次庆典。陈小姐看来确实已经从传统的约束中摆脱出来，她毫无顾忌地和她的妹妹，以及王先生坐在第一排。看到我，王先生非常有礼貌地起身，陈小姐微笑着邀请我坐在她旁边。此时我的注意力完全被舞龙吸引了。舞龙表演正进行得如火如荼。眼前的这条龙，龙头和龙身由蓝色的布做成，电灯成了龙闪闪发光的眼睛，彩画的龙鼻和嘴惟妙惟肖，尖尖龙尾，粉色的龙身，再加上羊毛胡子，使得整条龙既栩栩如生又气势不凡。几个船员抓住龙爪旁的红棉线织边负责操纵着前腿，两个身手敏捷的船员负责操纵后腿。在这些船员的手中，一条巨大的龙在不停地上下翻滚、腾起、落下，简直跟活了一样。三个人组成了简易的乐队，一个拿着锅，一个拿着餐盘，第三个拿着两块木板配合着舞龙，他们敲击着，并用非常尖锐的假声吟唱着。舞台虽然狭小，但是眼前这条飞腾的龙，配合着节奏，不停地享受着人们进献的美食。有芹菜，有卷心菜，还有其他我不认识的东西，但我猜想一定少不了燕子、茶叶、竹叶这三种龙最喜欢的东西。人们把食物放在一根高高举起的长杆顶端，龙来到柱子旁，猛地腾空而起，一口将食物咽下。

陈小姐在一旁羞涩地看着我。

我侧过脸问她："给我讲讲龙的故事？"她耸耸肩，显得非常可爱的样子，目光找到了她未来的丈夫王先生。

"我们不太了解这些。"王先生帮她回答说。

"陈小姐不会英文吗？"

"她会，而且讲得很好。不过中国的女孩子都很害羞，她们很少跟陌生人讲话。"王先生说。

仪式结束，刚才还活灵活现的龙被人们放到了一边，只剩下了躯壳，没了生气。我跑回甲板，去呼吸那新鲜的空气，让自己放松下来。月亮照亮了夜空，美丽的月宫女神嫦娥正凝视着这人世间的所有喜怒哀乐，月圆月亏，她总是静静地待在那里，知晓但不说出你的秘密。陈小姐和王先生也来到甲板上，他们手挽手，靠着栏杆，和我一样抬头望着明月，似乎也在和嫦娥交谈。此刻的陈小姐也许会期盼今天是八月十五，嫦娥女神能够从那辽阔、清冷、洁净、缥缈的天上来到人间，赐福给那些向她祈求的人们。等到"黑夜与黎明相交于灰色的地平线"，我们的女神又要回到那彩虹圆顶的广寒宫。

此情此景，陈小姐也许会联想到很多关于月亮的诗，我想她最想引用的也许是丁尼生[1]，而不是袁枚。趁王先生下去给她取围巾的机会，我对陈小姐有了更深的了解。我发现当未婚夫不在的时

---

[1] 丁尼生（1809—1892 年），英国 19 世纪的著名诗人，诗作题材广泛，想象丰富，形式完美，词藻绮丽，音调铿锵。其 131 首的组诗《悼念》被视为英国文学史上最优秀哀歌之一，因而获"桂冠诗人"称号。——译注

候，陈小姐显得更加自如大方，她曾经在上海的中西女中读书，最喜欢的诗人是华兹华斯[①]，一位在世界范围内与中国的杜甫、李白、白居易齐名的伟大诗人。

我记住了陈小姐介绍的情况。一周之后，她的婚礼会在香港举行。陈小姐和她的亲属，以及王先生都住在宾馆的套房里，来自中国的服务生，热情地为他们提供着西式的服务。在与新郎商量后，陈小姐邀请我和他们住在了同一家宾馆，并期待我能参加他们的婚礼。她告诉我，他们的婚礼会保留一些传统的内容，比如合卺酒、祭拜祖先、王先生继母到场认可等。而我上一章提到的对新娘的测试等内容，两个充满现代思想的年轻人都觉得太麻烦。于是，婚礼仪式之后，两个人希望能够坐船去旧金山，避免去王先生父亲家接受考验。

第二天早上，我看到王先生和陈小姐的妹妹手挽着手在甲板上散步，他们聊得火热，但我却没见到陈小姐。王先生和她妹妹的亲密程度在我看来和陈小姐没什么区别，两个不同家庭的异性在一起这么亲密，不仅中国的传统观念不能接受，即使在西方，未婚妻和她的妹妹，对新郎来说，也应该明确区别。我原本打算跟陈小姐好好谈谈，却看到她已经加入了他们俩的队伍，三个人看上去就好像亲密无间的朋友，正开心地摆出各种姿势照相。他们与传统的中国人完全不同，大多数的东方人的照片被复制下来后看上去都跟丢了魂似的。

那天下午，陈小姐来到我的房间，我们一边喝茶，一边聊天。在没有她未来老公在场的情况下，她放下了她因为谦恭而表现出来的羞涩。她对我的衣服非常感兴趣，不时用手去体会中西服饰不同的手感。最初她还很胆小，后来变得越来越开放，最终她下定决心问我，美国女人如何看待男人，尤其是自己的丈夫？

我简单地向她表达了我的看法，她很容易就明白了我的意思。当我们彼此慢慢习惯之后，我发现她的英文真的很棒，应对今天这样的场合完全没问题。

我不知道我是否应该保守我们此次谈话的秘密。两个女人，一个来自西方，走过很多路，接触过很多人，而另一个来自东方，接受了西方的思想，现在正处在人生的一个重要节点上，对命运熔炉而言，她还是一块有待提炼的金子。在这条通往新的冒险旅途的船上，一个来自历史悠久、文明高度发达的东方国家的年轻姑娘，与一个来自西方新世界的女人，正在为女人要共同面对的事情而袒露心扉。

陈小姐真诚地对我说："现在的中国女人什么都做不了。嫁给王先生我感到非常幸运，他思想进步，没有沿袭过去那些迂腐陈旧的老习俗。"

"那你怎么想？"我问她，"你应该知道，在西方的家庭里，女人和她的丈夫有一样的发言权。"

"是吧，"她有点怀疑，"中国男人忍受不了女人反对他们。"

我想笑，但还是克制住了自己不去想那些思想奇怪的男人。

[①] 华兹华斯（1770—1850年），英国浪漫主义诗人，"湖畔派"代表诗人。他是文艺复兴运动以来最重要的英语诗人之一，其诗句"朴素生活，高尚思考"被作为牛津大学基布尔学院的格言。——译注

我现在最想知道的是，像王先生、陈小姐这样西式装扮下的新式中国人的内心想法。在他们的内心深处，依然保留着一些根深蒂固的东西，但是他们期待着能够和世界一同成长。基于这点出发，我问了陈小姐一个关于王家血脉延续的问题，陈小姐进行了坦诚地解答。她的回答让我对新文化运动所产生的影响有了更深刻的认识，效果超过了几个月的游历。

"是这样，"陈小姐说，"我也想生个儿子，但是现在养一个孩子太贵了，王先生目前不想要。"

太让人吃惊了！西式的教育在王先生身上获得了巨大的成功，他甚至拒绝了理所当然的传宗接代的要求。

也许我们很难理解东方人对子孙延续的重视程度。男方的父亲在孙子即将诞生的时刻，会坚持待在产房，防止孩子被调包，以保证他的血脉不被替换，他太想抱孙子了。

东方人一向沉默寡言，我尝试着激起她说话的欲望："王先生看上去非常喜欢你，他不要孩子，也许是不想让孩子破坏你们美好的二人世界。"

她叹了口气："这个我真的不知道，但是按照习俗，如果他想，他就可以。"听完她的话，我的脑海又浮现出早上的情景，王先生和她的妹妹两个人卿卿我我。必须说，王先生虽然接受过西方新思想的洗礼，但他毕竟是中国人，祖先传承下的血液在他身体里流淌。"东方就是东方，西方就是西方，二者永远不会合一。"

在这场谈话的最后，我给了她一些小小的"建议"。在现在的情况下，她无法拒绝我的好意，我也不知道在前途未知的时候给她提这些建议到底对不对。在她的操纵下，她人生的这条船究竟会驶向大海中生机勃勃的夏日海岛，还是走向暗礁，或者干脆是遭遇一场毁灭性的暴风雨？

我握着她消瘦的手，温情地说："中国的女子，虽然在家里很有地位，但是只有让自己的状态回到更古老的母系氏族社会，才能体会到自己对于一个国家是多么重要。现在民国已经建立了，我们女性也要发挥自己的作用，帮助中国走出当前的苦难。"

我们互相交换了名片，握了握手，结束了这场坦诚而又愉快的对话。当我以后回忆起陈小姐时，她的优雅与可爱，依然让我感到甜蜜，虽然接受过西方思想，但她身上依然散发出东方魅力的光芒。她这样的东方女子，应该是端坐在红漆椅子上，用她柔弱的手指去拨动那动情的琵琶，在花园中低声吟唱着那首月光下骑马情人的歌谣。

> 高山之巅，寒星西坠；
> 幽谷深处，圆月徐升。
> 微风携带着异香，暗枫闪烁着秋露的亮光。
> 寒枝弱，秋梦重，坠落在谁家；
> 琵琶声已绝，为何仍旧难以入梦？
> 琴弦虽无声，内心却来应——"心即琵琶"。[1]

---

[1] 引自《灯笼节》，克兰默·宾译。

对很多在香港的中国人来说，革命使得他们的生活更加丰富多彩。由于我要沿着西河去广州，所以便无法参加王先生和陈小姐的婚礼了。

于是我专程跑到宾馆向他们表示歉意。陈小姐不在，王先生热情接待了我，沏了茶，我边喝边等陈小姐回来。我们在一间兼作画室的私人宴会厅会面。房间是很古旧的西式风格，墙边临时设置有餐桌，铺着白点斑点桌布，上面摆放着老式的银制餐具。两扇窗户前挂着诺丁汉蕾丝窗帘，让人觉得有些奇怪。我详细描写场景的目的，是想说明在当前中西交融的大环境下，这种压抑古怪的所谓的西式风格装修大量存在。王先生家里雕花柚木或大理石桌椅，还有瓷器、青铜器、玉器、象牙、黑檀，以及丝绸灯笼这些中式物品无疑很多，再加上庭院和走廊里摆放的一盆盆花木，共同构成了中式的背景。那些西式风格打破了中式背景，让人觉得格格不入，非常别扭。

王先生虽然很年轻，但却非常熟悉西方社会的礼节、言语和服饰。当女士走近，他会起身让座，并帮她铺好毛毯，取来手帕。他的行为再正常不过，但对中国而言，他向西化更进了一步。我回忆了上次和陈小姐的谈话，他很高兴我能和他的未婚妻交流。王先生显然符合西方人对成功的定义，他也相信有能力挣到大钱才是成功的基础。我在香港打听过王先生，虽然他很年轻，但已经是香港很有名气的成功商人，尽管他的故事带有一点点沃林福德式一夜暴富的意思。他可以说是中国当前一类年轻人的典型代表。这类人在推动国家进步方面很成功，但是对中国传统的文学、艺术、宗教的发展没有任何贡献。欧洲文明也并非完全都是正面和积极的，阴暗面同样存在。欧洲既有文学艺术和发明创造大发展的美好时期，也有生灵涂炭的悲惨时刻。

根据我对王先生的了解，他对中国古代文明所知甚少。无论是中国原生的、崇尚自然的、讲求天地人和谐的道教，还是外来的、推崇怜悯、平和、人性神圣的佛教，他都知之甚少。出于自我拯救的目的，在不暴露他的个人私欲的前提下，即便他接受佛教极简的本质和原则，实质上他崇拜和信仰的对象也不过是财神而已。

他不再讲求生命的平静与自然，不再把他的信仰投向海洋、月亮、星辰，更不再把他的劳作奉献给以博大胸怀包容他的大地母亲，即便这位母亲养育过他，拿鲜花、流水、高山取悦过他，拿严寒和暴雪惩罚过他。用来指导他日常行为的准则不再是孔子的教诲，不再是老子的长生之道，更不再是佛家的无争无斗，所有的祖先传下的古老经典都被所谓的外来进步思想所取代，至于程度有多彻底，没有人能够说清楚。

他的祖先对于国家，追求"协和万邦"，即便朝代更迭也未曾改变；对于个人，追求德行，并把它作为个人的最高成就。然后，在"进步思想"的冲击下，这些传统的东西统统都被他抛弃，他的眼里只有商业场里的名誉、机器的轰鸣、武器的爆炸、新式的发明，一切可以用钱来衡量的东西。一位牧师曾经说过："一个人纵使拥有了全世界，但如果失去了灵魂，那又有什么意义？"

不过，单从功利角度来看，王先生接受西方物质享乐思想和那些提高工作效率的新发明仍有一定的积极意义。可以这样设想，如果接受这些事物能够改变民众对艰辛劳动的漠视，改变他们对冷暖的被动适应，改变他们存在的自我牺牲状态，让他们能够想办法去改变温度，让冬天房间暖和一点，夏天凉爽一点，想办法在经济条件允许的条件下，学会适当放松自己，不再做工作的奴隶，转而去追求实现自我价值，如果是这样，我想除了国家法律和相关官员需要关心这些新的情况，其他人则完全不必在乎这种转变。

必须要讲的是，我对王先生的了解存在片面性，但他绝对是当前中国社会年轻群体的典型代表。王先生应该讲还是一个彻头彻尾的中国人，毕竟他骨子里流的是纯正的中国血脉。正如前面我提到的，虽然他打算带新娘去美国，以摆脱老夫人对他们的管理，体现了他的新思维，但是，正是这个暴露了他的本性。当他的夫人，年轻的陈小姐被问到她的丈夫是否会娶二房的时候，她完全没有办法，只能垂下头，充满了疑虑和忧伤。

祖先留下的箴言，在身边不断上演的实例都曾经反复强化着他的传统思想。如今，王先生放弃了传统的婚礼仪式，这能否说明他的意识基石发生了动摇？这个问题，以及其他问题，也许只有靠时间来解答。王先生相信，当前中国政府的混乱状态根本不能说明任何问题，历史上，这个国家已经一次次平安渡过了数不清的动荡和曲折，就如同他相信太阳神会继续驾着炙热的马车驶过蓝色国度一样。现在的他年轻而有活力，忙碌着推动生活向前飞奔，他不去质疑当前中国社会的飞速发展。不管是男人还是女人，不去管他们是否接受了太多的外来思想，这些新思想能否帮助他们改变他们精神上的错误，提高对物质科学的认识，以及是否能把人们从对金钱的狂热和缺乏精神追求的病态中解救出来。如果上面这么变革都失败了，新中国会像一个被许许多多落后的思想禁锢束缚着的气球，在外来"气体"的不断充涨下，直到某个环节不堪重负，全面崩溃。在他看来，无关紧要。不管结果如何，王先生都有路可走，要么移居国外，与传统隔绝；要么回归传统，当着祖先牌位，断绝与外来事物的一切联系。

中国人对神灵和天子的信仰正在逐渐消弱，但是还不至于完全消失。庙宇、宫殿这些神圣的地方正一天天地逐渐衰败下去。即便如此，每家每户，不管是富裕还是贫穷，都依然在家里供奉着祖先，他们为祖先点着长明灯，供奉着物品，虔诚地祈祷。除了向祖先，人们通常还会为皇帝祈祷，虽然皇帝现在已经失去了往日的风光，但是他们仍然祈祷他能万岁万岁万万岁。上帝，这位至高的统治者，也是人们祈祷的对象。不管用什么方式，人们仍旧还在坚守着信仰，在中国人心中仍保留着对孔子的语录、老子的道、佛祖或者基督的向往。

中国人信仰的宗教，往往倡导和平和美好，这与他们过往的伟大精神领袖的教义是一致的。老子离世隐遁之前，在函谷关创作了永恒经典《道德经》，他提出了清静无为、不争不持、追根溯源而不重结果的思想。孔子对未来具有超凡的预知能力，他提出只有尽自己最大的努力，承受住肉体的磨难和精神的诱惑，才能达到永生。他的观点与加利利①出生的伟大导师给弟子们的教诲异曲同工。而佛教最初的教义主张宁静、平和、领悟，只不过后来它的信徒们把幻想和信条都无限提高了，就像基督教的本义被教堂的教条、赎罪和神迹搅浑是一样的。

---

① 加利利出生的伟大导师，即耶稣。学者认为耶稣生于加利利的拿撒勒。——译注

毫无疑问，王先生从先祖那里可以继承的遗产是无比丰厚的，但是外来思想的洪流能否冲垮他原本的精神家园呢？我们不知道他和那些跟他一样在各国往来穿梭的中国商人，是否能在如今混乱的政治环境下建立起新的秩序来。他们相信古老的传统，这是千百年来他们赖以繁衍生存的基石。不久，王先生就将紧紧牵着妻子的手，向送他们的人微笑着挥手道别。他的世界之旅就此启程，等到归来之时，不知道他能够带回的是日后供人们继承弘扬的成熟思想，还是鼓鼓的钱包，以及"压迫他人，以免被他人压迫"的功利信条？

我和王先生道别后，在去寻找香港最好的西式豪华客厅的路上，我一直在沉思。让我又惊讶又开心的是，在豪华客厅我居然碰到了陈小姐和她的妹妹。没有年长女伴陪着①，她们就跟西方国家的轻佻女子一样，在公众场合自由地走来走去。她们在这里为婚礼做头发，没有选择中国传统式样，而是选择了西式。这种发型的主要特征是头发向后盘起，在颈部结成一个大的圆髻，头发又是做成卷曲的，但是更多的时候还是做成直发。这种发型目前在中国得到普遍认可，很流行。我首先向她表示祝贺，然后对在她起航之前不能再与她相见表示遗憾，最后预祝我们能在美国相遇。陈小姐向我伸出了刚刚修剪好指甲的手，温柔地说："好的，到时候我告诉您我对美国的印象，您也可以告诉我您有多喜欢中国。"

这位充满现代意识的新娘的轿帘就要拉上了。我真心地希望有一天，她能够回到中国，能够拥有自己的小花园。在那里可以有一片长满莲花的小湖，湖面上架着拱桥，岸边是一片松树林，林子中间有一座石塔，上面装上一座精美的大钟。而王家第17代的传人，小小王先生，能够在这样美好的环境里，伴着花香，伴着霞光，伴着已经流传了千百年的传说成长。我希望他能够学习西方的发明，并把它变成自己的财富，在正视西方文明和社会快速发展的同时，能够不以牺牲传统的东方之美和东方哲学为代价。我相信，在中国，这个充满浪漫气息的古老国家，未来是需要他这样融合东西方思维的人。

---

① 过去在英国，单身女子出入社交场所必须有年长的女性陪伴，不然会被认为举止轻佻。——译注

第二编

民主之灯

第九章
四亿人的重负
中华民国总统黎元洪、
他的夫人及她眼中的他

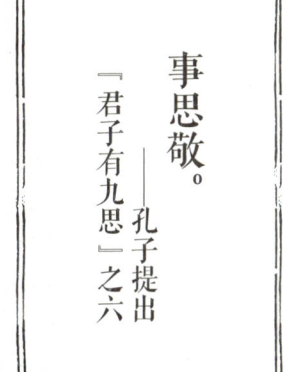

事思敬。
——孔子提出
「君子有九思」之六

北京，既是紫禁城所在，又是中华民国的心脏，我来到这里最大的愿望，原本是能够亲眼观看皇帝的婚礼，然而更让我喜出望外的是，我居然还能得到中华民国总统的接见。那天，我先是接到了感恩节上午9点去荣府参加册封礼的通知，之后，有人带来了另外一个好消息，中华民国的总统将在感恩节上午10点接见我！"还有谁能比他更令我欢欣！"这就是我当时真实的感受。令人高兴的是，我的东方之旅能够有序进行。尽管每一步都得来不易，事情却都是向我希望的方向发展。命运的安排如此奇妙，我长途跋涉2000公里来到这里，去追寻我心目中的两个星，不想却得到他们的同日接见。掌管那天上午的命运女神可能是克罗索，她的生命之线纺织得不错，让我有时间离开满是格格、宫女、大臣、太监、士兵、下人的荣府，去拜访这位执掌整个民国的领袖。一个小时后，我能够再回到荣府去观看那如"天方夜谭"般的册封礼。

在东方世界，没有什么场合比婚礼和葬礼更耗费时间和精力了。在北京参加一场这样的仪式，就如同在旧中国进行了一场轮回。尽管如此，总统和他的夫人接见我那两天，虽然很累，但我内心依然充满了狂热，就像高速转动的胶卷一样，不断记录着新的东西。

虽然属于皇帝的时代已经过去，但是他的婚礼依然光彩炫目。离开了那里，我拜见了民国总统。他身穿黑色外套，礼节很简单，却代表了民国的希望。至少从表面看，与重现中国古老辉煌的昙花一现明显不同，时间越久，民国带给人们的希望就越大。为了去拜见民国总统，我不得不离开高墙围绕

黎元洪
两次当选中华民国总统

黎元洪夫人
民国第一夫人

的皇宫。此时在那里，皇帝大婚前的所有仪式都在按照皇家传统进行，而珠宝、艺术、建筑、女子，以及所有皇家的荣耀，却都早已置身于西式民主背景之下。一个星期后，总统夫人专门抽出一个小时的时间，在她的家中接见了我。我从著名女演员秦秀凤简陋的住所出发，秦是一个 17 岁的聪明漂亮的小姑娘，但没人喜欢她。总统夫人是一位传统的中年人，她的豪华府邸并不好客，几乎不欢迎任何人。这里就是中国，永恒的东方。

黎总统致美国人民的信

中美两国虽然相隔万里，但一向是亲密无间。现今，同为共和政体，进一步加强了双方的友谊。

去年的华盛顿会议上，哈丁总统给了中国很多帮助。中国今日的国际地位以及和列国之间的友好关系，也都得益于华盛顿会议。

中国地大物博，矿产丰富。我国人民一旦投身于矿产的开发，必将能够把中国建设成富强民主的共和国，足以比肩大洋彼岸的美利坚合众国。

教育和工业是国家富强的基础。不普及教育，人民就掌握不了必备的知识；不发展工业，国家就积累不了足够的财富。我国人民将致力于教育普及、工业发展，尽自己的能力维护世界的长久和平。希望友善的美国朋友为中国的发展提供宝贵的经验。

感恩节这天，中华民国总统黎元洪在北京接见了我，我带着对他的明确的印象，带着他一张照片和他所作《致美国人民的信》的承诺满意地离开了。当我请求他写这样一封信的时候，他微笑着对我说，他希望能够多一点的时间来准备这封信。信很快就收到了，还夹着总统机要秘书瞿先生（J. H. Ju）的便条，上面写着他送来了总统的信和信的译文，希望我收到了。

在信中，这位中国总统希望美国能够在民主事业的发展方面帮助中国。中国现在的人口数量已经达到了惊人的 438000000，平均每人拥有十分之一平方公里的土地。她的国土面积之大，相当于整个美国、阿拉斯加、菲律宾、美国的所有属地、关岛和萨摩亚，再加上德国、比利时、法国、西班牙之后，剩下的国土面积仍相当于北卡罗来纳州。

这位民国总统的背景很不简单，他住进了前清"老佛爷"的住所——瀛台。为了 10 点钟的这场会面，我急急忙忙地离开了皇宫，结果却被观看"皇后的嫁妆队伍"的人群堵住了。

两座宫殿之间的路上，到处都飘扬着红色黄色的旗帜，专为皇帝行走铺设的黄色道路沿着大殿的中央一路向下，就像连接新郎新娘心灵的纽带。按照宫廷礼节，12 个小时之后，两位新人才能第一次相见。今天的北京城如一片欢庆的海洋。尽管人潮人海，但是我还是按时到达了总府官邸。红、金、绿三色的新华门前，有两只巨大的大理石"福狗"——狮子。雌狮子爪下是一只小狮子，雄狮子爪下则是一个象征宇宙的圆球，它们微笑着，似乎是在表示欢迎。门口飘扬着民国旗帜，士兵敬礼让我们的车停下，在完成礼节性的检查之后，我的车终于沿着大理石的斜坡路面，通过了这个神圣的大门。

门内是另一番美丽的景象，一汪湖水、东方园林，以及红色和金色构成的恢弘的宫殿。

哨兵在不停地来回巡视，总统的安全不能有半点马虎。我的车沿着湖边行进了差不多一里，在另外一道大门前停了下来。

一名官员有礼貌地带路，不停地在房间和院落间进进出出，终于来到了一片美丽的池塘边。池塘四周环绕着许多中式的建筑，画满金、蓝、绿色中式装饰的开放式回廊将它们连接在一起，在清王朝最辉煌的时期，这里曾是女子们的住所。以往，如果一个外国人能够看到这些，他的脑袋肯定早就保不住了。又走了几分钟，在穿过这片安静的地方之后，我们来到了一扇挂着诺丁汉蕾丝帘子的雕花彩绘门前，这种中西搭配的装饰让人好生奇怪。引导官员停下脚步，示意我进去，门的后面是一间装饰风格非常现代的会客厅。

瞿先生在这里接待了我，之后，他又领着我走过了几个庭院，来到了总统的西式官邸。我脱下身上的披肩，经过最后的几个回廊和房间，终于来到了总统的办公室。这是一间宽敞的房间，除了墙上的几幅旧的刺绣，几张柚木桌椅，屋里几乎什么都没有。

直接进入我眼帘的是他那魁梧的军人身材、黑色的制服大衣和闪亮的皮鞋。黎元洪总统站在房间中央的地毯上以一种非中国式的握手礼迎接了我，他亲切地示意我坐在椅子上，然后他坐在了一旁的沙发里。服务人员送上茶，他静静地坐在那里等我开口。在经过简单的客套寒暄之后，我称赞他是中国十大名人，他向我耸耸肩。因为激烈的权力争斗，两天之前，他的内阁几乎集体辞职了。

1911 年 9 月，四川保路运动爆发，以抵制政府将铁路收归国有；几年前，因为铁路破坏龙脉，人们同样强烈反对过政府修筑铁路。黎元洪正是在这个时候进入了人们的视野。总督疯狂镇压保路运动，激起了一小部分士兵的反抗，人们纷纷加入反抗队伍，反抗很快形成星火燎原之势。短短 24 小时，在黎元洪的领导下，革命军队占领了汉口、武昌、汉阳，总督带着他的随从落荒而逃。受到武昌起义的鼓舞，革命队伍不断壮大，到 11 月，全国已有 14 个省推翻了清政府的统治。这些独立的省份，最后都归附于南京临时政府。

时任都督的黎元洪因为一手促成了上海和谈，并与各方就皇帝退位诏书达成了一致意见，凭此功绩，被推选为新成立的中华民国的副总统。1913 年 10 月，他再次当选副总统。当时的总统袁世凯为了防止他反叛，要求他移居北京。袁世凯的担心并非多余，1916 年 6 月，在他去世之后，黎元洪顺理成章地接任了大总统一职。黎元洪的总统之路充满了荣耀与苦楚。1917 年 7 月 1 日，张勋政变，宣统复位，黎元洪被迫辞去了总统职务。之后很长一段时间，他都拒绝再次担任总统，如今迫于国家的艰难形势，他不得不再次出山。

总统先生讲："中国现在的状况跟美国两百年前一模一样，作为一个新成立的共和国，她的路还很长很长。"

如今的中国，政治前景一片迷茫，没有人可以预言未来会怎样。"铁打的共和，流水的内阁"，我揣测着总统的想法，提出会不会有部分中国人希望恢复帝制。他思考了一会儿，轻轻地摇了摇头。他的观点和我收集到的各个中国群体的意见是一致的，不管人们如何强烈地抨击政府，但是保持共和体制是大家共同的期望。只有少部分守旧派和满清王室的遗老遗少们，他们维持着以小皇帝为核心的小朝廷，幻想着有朝一日能恢复帝制，可惜他们的疆域还只能局限在紫禁城的高墙里。

虽然他头顶着中华民国大总统的巨大光环，但是他的行事简单直接、不拘小节。他每天坚持早上 5 点半起床，7 点吃早饭，12 点吃午饭，下午 6 点吃晚饭，晚上 9 点或 9 点半睡觉。谈起他的生活习惯，他很高兴地告诉我，他 1864 年 10 月 19 日出生在湖北，在农村度过了童年，然后去当兵。他喜欢每天清晨的时光，喜欢运动，会去散步、滑冰、骑车和打网球。他还很喜欢戏剧，主要是经典剧目，看缺乏深意、情节简单的现代戏对他而言简直是浪费时间。

当我问到他认为的中国最有趣的变化时，他告诉我说，随着时间的推移，中国正在进行的社会变革，一定会为中国经济和工业带来翻天覆地的变化。如果政府的管理者能够更加开明，方法更加科学，中国最终一定能够走出当前的困境。

我将话题很自然地引到女性参政的问题上，他则拿出全民教育这个万能仙丹应对。他说："我们必须要注意这一点，女性在参与政治之前，必须要先接受完整的教育。"

关于是否赞成美国女性拥有投票权的时候，他再次强调："这还是教育的问题，每一个人如果具有了投票的资质，那么她就应该有投票权。"

下面的对比非常有趣，谈话中提到两个女子，身份和地位差别很大，但是却恰好代表了总统心中两种同样出色的女性类型。第一位是前总理熊希龄的夫人。熊希龄夫人接受的是最纯正的中式教育，她将精力都奉献于公益慈善事业。黎元洪总统将熊希龄的夫人看作中国新女性的典型代表。第二位是著名女演员秦秀凤。当我提到她时，他眼前一亮，告诉我，他在天津的房子里有个大舞台，经常在那里举办宴会和招待宾客。秦秀凤经常在那里演出，她的演出得到了很多人的好评，她本人也非常可爱聪明。

下面的故事，与我一周后会见总统夫人有关，也与我无意间犯下的社会性错误有关。

道别的时候，总统告诉我，如果我想，典礼局可以安排总统夫人接见我。我给他拍了张照片，他的眼睛炯炯有神。最后我们再次握手告别。

"您是第一位采访我的外国女子，美国的女子都很聪明。"说完，他脚后跟并拢，向我行了一个标准的军礼。我离开了这座宏伟的宫殿。这位孤独的总统，也许还没有意识到，诚恳与善良的他，无法对抗那些自身利益的追逐者；那些狡猾奸诈的政客，正不顾一切地操纵着民主意识还很落后的省份，与正处在混乱当中但具备西方意识的群体相抗争。

为了筹集浙江赈灾基金，几天之后，民国政府举办了总统招待会，我受邀参加。频繁的自然灾害，对这个人口数量庞大的国家来说是一个艰巨的挑战。在会上，总统捐款 12000 美金，他在演讲时说："去年，全国有 12 个省份受灾，政府竭尽全力援助灾民。在这项工作接近尾声时，今年 7、8、9 月份，洪水席卷了浙江省。浙江 72 个地区中，超过 60 个受灾。雨不停地下，河水泛滥，淹没了平原，水深达 20—25 尺。无数人民和牲畜被洪水卷走。土地和房屋洪水遍布。损失无可估量。天灾难以避免。只有慈善才能解救难民。"

唐容龄夫人
满族公主 黎元洪夫人的女官

他的确是个善良的人！他的妻子评价他说："我的丈夫很忙，太忙了。把所有的时间和金钱都奉献给了国家，他只有一个想法就是尽力去帮助国家。"

经过准备，我和总统夫人的见面还是定在了总统府。安排本次会见的是女典礼官、民国将军唐宝潮的夫人。唐夫人很不简单，是满清贵族家的容龄格格，也是总统夫人与外界的联系人，好友都称呼她叫耐莉。她身上融合了西方的高贵、东方的优雅，散发出超乎想象的个人魅力。根据她的介绍，她虽然是满族，在中华文化的熏陶下长大，但是母亲其实是一个美国人，名字叫路易丝·皮尔森，嫁给了当时做外交官的父亲裕庚。1900年义和团运动爆发时，她的父亲正在巴黎担任中国驻法国大使，她当时只有14岁，跟随父亲在国外，接受了广泛的世界性的教育。她和姐姐德龄曾任慈禧太后的御前女官。她们的故事，收录在《清宫二年记》中。但是她真正的魅力并不在于外表，秘密则在于由内而外散发出来的慈爱之心。那些繁琐的礼节仪式并不是她工作的重点，她的毕生精力都奉献给了慈善事业，慈善已经成为她的一种习惯。

我和唐容龄约好一同去总统府见黎夫人，按照约定好的时间来到她的家里。我被带到一个房间，没有一件中国画、中国瓷器、中国织锦。容龄比一般的中国女子要高一点，身穿白缎旗袍，白缎裹脚，身姿绰约，十分温婉。这样的一身装扮，让她就如同一株摇曳生姿又略带忧伤的百合花。

我们到达总统府，顺利通过门卫，一个大腹便便的中年男子接待了我们。唐夫人告诉我，这个人是总统的第一秘书，非常非常有钱，但是他就是喜欢待在这个有趣、尊贵、高薪的岗位上。我们被引到了一个大房间，几乎没有任何摆设，只是在房间的一端放着一面简洁的西式茶桌。黎夫人早已坐在茶桌旁等我们。见到我们，她并没有起身。此时，机智的唐夫人轻轻地用右胳膊肘碰了碰黎夫人，她好像清醒了一样，伸出手，和我完成了这个简单的西式礼节。外交使团的一位夫人曾经告诉我，五年前她的丈夫黎元洪第一次当总统的时候，她作为第一夫人一下子接待了六位外国女士，同她们握手，她几乎因此而崩溃。按照中国的风俗，一个女子只能同亲戚握手，一下子和这么多外国女人以一种陌生的外国礼节进行接触，这完全超出了她心理能够承受的范围。丈夫就任总统之后，她彻底告别了熟悉的深闺生活，不得不去适应原来所不能接受的社交礼仪。

总统夫人其实是个非常精明能干的女子。她穿着白色的棉袜和黑色平跟鞋，脚很小，大约只有五寸长，却承受了很多很多的东西。她身穿灰缎外套和黑缎裙子，黑发都向后梳到脖颈处，盘成发髻，上面插着一些珍珠饰品。因为没有头发的遮挡，耳朵上那两颗大珍珠显得格外醒目。她手上戴着三枚宝石戒指，一个是钻石，一个是红宝石，一个是翡翠，每颗应该都有好几克拉重。

黎夫人非常传统，平日里就是做家务，照顾孩子，照顾丈夫，她也会经常给丈夫提些建议，为他打理衣着和饮食，虽然在像她这样的家庭，这些事都不用她亲自上手，自有仆人去完成。我原本很想了解下总统的家庭生活，但是黎夫人和所有的中国传统女性一样，不轻易地评价自己的丈夫。中国很多的习俗都透露着谨慎，比如透露女子的名字是一件不礼貌的事，即便是子女，通常也不知道母亲的名字。此外，女儿长大后，父亲就不会再碰自己的女儿，更别说亲吻了。总统最喜欢的家在天津，黎夫人多数时间待在那里，除非北京有事，她才会迅速赶过来。这次是因为孙子发烧，她才赶到北京，我也才有机会见到她。

"他爷爷太忙了，没时间照顾孩子，所以只有我过来。"黎夫人轻描淡写地讲着她来北京的原因。在中国这个重视祖先的国度，不管生前还是死后，长辈都受到尊敬。

黎夫人告诉我，她经常回老家祭祖。之后，她问我："你们怎么祭拜祖先呢？"因为新奇，黎夫人对我所描述的美国丧葬风俗和社会礼节表现出了极大的兴趣。黎夫人虽然是名门大家之女，受过良好的传统家教，但是对外部世界没有太多的兴趣和了解，她是常见的旧式中国女人的典型代表。她不会讲英文，也很少读书写字，但是她的四个孩子却都会说英文，她的大女儿明年将被送到美国接受教育。

过去 50 年里，黎夫人的住所要么在老家湖北，要么在上海。当丈夫成为民国总统之后，她就只能选择住在北京或者天津。天津是个繁忙的港口城市，离北京不过几个小时的路程，它和首都北京的关系，就如横滨与东京、亚历山大与开罗一样。

黎夫人和她的丈夫一样，起床很早，一般 5、6 点，最晚不会超过 7 点，为了 8 点准时送孩子到学校，7 点半就必须出发。她不看戏，偶尔看场电影，她不打牌，不打麻将，不骑车，不跳舞，不滑冰，甚至很少散步。现在年轻人的时髦活动，她这样裹脚或者裹过脚的人无法参与。

唐夫人的讲话总是伴着她那甜美的微笑和嗓音。她说："您知道，黎夫人和我都信佛。每个月的 3 号、13 号、23 号，6 号、16 号、26 号，9 号、19 号、29 号这几天我们都不吃肉。前两天在公使馆遇见你，我还吃了猪肉三明治，现在想起来，那天是 9 号。"

"你吃完了？"我问她。

"对，"她微笑着回答我，"我吃完了！"

接下来，我也问了黎夫人女性在中国地位的老问题，她表现出的开明与她的传统教育非常地不相称。但是她的回答对我来说太重要，因为能够让我了解教育和自由的新思想在中国旧阶层中的普及程度。

黎夫人说："中国现在的女子分成了几种不同类型，一种像我这样的旧式女子，一种海归女子。海归的这些女子，特别是年轻一代，她们的思想受到了很多方面的影响，将来会变成什么样，还真不好说。"

"那您是否支持女性同男性一样，拥有包括选举权等在内的权利？"我又问。

"要行使这些权利，我想她们必须足够聪明，否则只能把事情搞糟。"讲完，她又补充了一句，"很多女子自以为聪明，其实她们不了解情况，只会吵闹。"

很显然，现代教育和共和思想对她产生了一定的影响。她的大女儿即将去美国完成学业，去年 11 月她代表丈夫为一项赛事的获奖者颁发大银杯并发表了简短的演讲，以上示例能够说明这一点。

整个谈话过程中，我提的一些问题，可能冒犯了传统的习俗和理解问题，唐夫人在一旁机敏而又礼貌的解释，很好地化解了上面的状况。我的这些问题倘若被那些守旧势力听到，他们一定会站出来强烈指责我。尽管有唐夫人从中斡旋，此时我还是犯了一个严重的社会性错误——让黎夫人为我签名。为了方便地记住对我来说有些稀奇古怪的中国姓名，我专门做了个卷轴，请我在北京遇到的名人签名。

听到我这个要求，黎夫人一脸茫然。一开始我天真地以为她可能不会写字。唐夫人出来打了圆场，她建议说："不如您把卷轴留在这儿，签好后我给您送过去。"当时太大意了，我忘记了卷轴上最后一个签名是秦秀凤小姐的。秦小姐是我在中国遇到的最有趣的人之一，她迷人且才华横溢，才 17 岁就已经成为公司里的台柱子，演出几乎场场爆满。那天下午稍早的时候，我见到了她，并得到了她的签名，这让我开心了好久。

作为一名外国人，我忽略了具有中国传统意识和维多利亚时代中期思想的黎夫人在看到女明星，特别是看到被她丈夫欣赏，并邀请到天津家中表演的明星所持的态度。我应该能想到，按照中国的传统习惯，黎夫人是不会参加家里的这种聚会的，她丈夫的各种社会活动跟她几乎没有关系。

很快，卷轴回到了我的手里，黎夫人没有签名。我后知后觉地意识到发生了什么。卷轴上所有贵族、高官的名字，都无法掩盖女星刺眼的名字。黎夫人是一个典型的中国家庭独裁者，就像现在紫禁城里的小皇帝一样，虽然统辖范围有限，但是在家庭这个小王国里，除了服从丈夫的意志，她是至高无上的权威。

按照中国人的传统观念，黎夫人绝对是一个好母亲、好妻子，在她统治的领域，一切都像星星运行一样，从来不偏离轨道。

现在我已经对黎元洪的官方和家庭背景有了一定的了解。在当前中国的政治环境下，要想真正推动这个国家的民主建设，最具有代表性的机构是国会。

去国会那天，《京畿笔谈》的作者亚历山大·埃塞雷德·格兰瑟姆和我一同在外交部的保护下前往。美国公使馆要求，去见国会的这些立法人士必须有外交部的保护。格兰瑟姆和我一样对新的民主环境下从事立法的中国人都不太了解，她来中国的任务和个人兴趣在于发掘中国地下的文物宝藏。

国会离我的住处大概只有四分之一公里。参议院门前的大广场上停满了人力车、马车、汽车，还有轿子。时间很廉价，这些车夫看上去可以一整天都坐在他们的交通工具旁。当然，劳力更廉价。在北京，一个人力车夫的平均职业生涯只有三年。冬天，他们拼命地拉着车跑很远很远的路，大量寒冷的空气进入他们的肺里，因此得了肺炎，虽然不至于丧命，但是从此之后，他们再也不能这么拼命地拉车了。想到车夫的悲惨经历，我非常难过，但是我突然意识到，使用人力的最大的好处，就是你随时可以对他提要求、下命令。所以，我和我的中国朋友都曾经让自己的人力车夫跑快一点。看上去参议院门口的人力车夫非常地幸运，一整天是在与同伴的聊天、吃饭、吸烟中度过的。在这样的环境里，他们绝对有成为哲学家的潜质。

参议院门前每隔一段距离就有几名士兵。一部分是蒙特将军的宪兵，他们穿着整齐的黑色制服，绑着白色绑腿；一部分是民国政府的士兵，他们穿着厚厚的灰色棉大衣，站在宪兵的旁边。他们的

秦秀凤小姐（17岁），
著名京剧女演员，自己挑班，戏班里全是女演员

枪上插着明晃晃的刺刀，时刻保持着戒备。我们来到紧闭的大门前，把通行证递给他们。

门内是一个空荡荡的院子，同样有士兵在那里严密守卫。在士兵护送下，我们绕过一幢大楼，楼后是一座很大的单层建筑。建筑风格很朴实，砖结构，方形的窗户，墙上画着灰色的战船。参议院就在这座建筑，议事厅外面走廊的墙上，钉着式样简单的衣帽钩。我们被带到专为女性使用的包厢里，这里和媒体，以及其他来办事的人是隔开的。议事厅里的摆设也很简单，朴素的灰泥墙，廉价的电扇，简单的悬绳电灯，课桌样式的仿红木桌子。主席台上摆了五张桌子，后面的墙上挂着一个康涅狄格州安索尼亚式的大木钟，跟美国的教室里挂的一模一样。发言席后面则交叉摆着两面黑、白、蓝、黄、红条纹的国旗。

参议员大约有 350 人，正成群地坐或站在一起，不时地爆发出一阵笑声，他们的表现与国会应有的气氛很不协调。现在进行的是参议院发言人的选举。这里的选举不是常态的，只在需要的时候偶尔进行一下。这些高贵的参议员，大多穿着蓝色、灰色或者棕色的中式长"衫"，外罩黑缎短上衣，有人戴着皮毛帽，有人戴着坚硬的圆缎帽或绒帽，也有的人不戴帽子。他们一个接一个缓步走到投票箱前，投下了神秘的一票。议事厅里有暖气，但是不太热，好在中式冬装都有毛边，很多人也就无所谓有没有取暖设施。所有人中，我只见到了三个穿西式服装的人。眼下的情景就是现在的中国最真实的写照，浮华、功利，而又极不协调。

民国北京参议院议事厅临时、无序、廉价的风格，反映出了当前中国政体的一些特征。与清王朝皇帝王公们的锦衣玉食，古老国度曾经创造的无上艺术和繁缛礼节相比，年轻的共和国的执政者们不关心这些。他们好不容易摆脱了传统的束缚，如今又陷入了西方的机械迷宫，还在忙于探索重塑辉煌的新规则。

众议院的大厅有大约 500 个座位，远远大于参议院议事厅。整个大厅没有一点传统的色彩和装饰，也没有灯笼，天花板是木制的，墙刷成粉色和白色，墙上装着黄铜加玻璃串组合在一起的难看的西式吊灯。这里的议程进行得很快，事项表决以鼓掌的方式表示赞成。和参议院不同，在这里开会的人很多穿的是"瘦腿裤"和长礼服。当天的会上还发了一些小册子，红纸黑字，放在橡木桌上，远远看去，就像纸上滴上了血。

我们悄悄地离开了国会。新中国看来还远远没有消化和吸收民主这块生肉，我和我的同伴还是继续从中国过去的辉煌中寻找灵感吧。中国现在需要一位强有力的领导人来缩短这一进程，寄希望于诚实正直的黎元洪实现这一目标只能是痴人说梦。

第十章

中国式革命中的五天

照亮孙逸仙『中国统一』道路的灯笼

> 六代兴亡国，三杯为尔歌。
> 苑方秦地少，山似洛阳多。
> 古殿吴花草，深宫晋绮罗。
> 并随人事灭，东逝与沧波。
>
> ——《金陵》
> 引自《玉琵琶》

广州，1923 年 1 月 14—19 日

"要让一个人对中国革命失去兴趣，只需让他挡住一颗子弹。"

1923 年 1 月 14 日，周日，在汇丰银行行长、远东"代办"（主管）史蒂芬先生主办的午餐会上，南中国海英国舰队将领说了上面这句话。史蒂芬先生此刻还在努力劝阻我搭乘晚上的轮船去广州，因为此时的广州城内正在酝酿着一场革命，民国总统孙逸仙先生正在发起一场运动去推翻陈炯明将军。为了真实了解中国动荡时期这段非常有趣、也极为重要的历史，我用了六个星期，沿着海岸线终于到达了香港。现在我就想搞清楚，为什么黎元洪是中华民国名义上的总统？为什么中国很多地方都不愿承认北京的中央政府？为什么北京政府的运作会经常停止，短则几天，长则数周？为什么广州还有一个服从孙逸仙领导的立宪政府？他们到底是革命者，还是匪徒？

对于这些问题，我找到了以下的答案，从公众的角度简要地进行介绍。

中国总是会发生一些奇怪的事情，比如孙逸仙就经常向政府发出呼吁。在这里我需要简要介绍下孙先生。1911 年中华民国南京临时政府成立时，孙先生成为第一位通过选举产生的总统。我在南京的时候，曾经路过他的办公楼，那是一幢二层小砖楼，非常低调，既是他的家，也是他的

办公室。1912 年 2 月，清政府发布了退位诏书，袁世凯领导的联合政府在北京成立，掌管了政权。为了推动国家的和平与繁荣，孙逸仙辞去了总统职务，一直追随他的南方地区只能暂时听命于他曾经的对手。

短暂的和平只维持了一段时间，袁世凯暴露了他想当皇帝的野心。为了扫除前进道路上的最大障碍，袁世凯下令解散了北京的国会。

此时，孙逸仙在广州成立了南方政府，许多民选议员来到了这里。孙先生和他领导的国民党不承认南北政府的区分，他们认为，孙逸仙是以合法程序当选为中华民国总统的，他从没有提出过辞职，他现仍是总统。两个政府同时存在，形成了奇怪的权力格局，但那个追逐私利的人并未被驱逐。所谓民主国家的理想，在民众中刚刚开始萌芽，如果你回顾历史，就会非常容易理解形成现在局面的原因。对民众而言，以往的国家政府只是一个家族的工具，无论是公共事业，还是个人发展，都不能指望政府必须为他们做什么，只要在完成应缴纳的税收之后，能平静地过自己的小日子，他们就谢天谢地了。到目前为止，军事力量才是决定领导权的唯一因素。

那些不了解中国的人总是在困惑一个问题，为什么现在中国又出现了军阀混战加外交和谈的局面。根据我对中国的认识，这个答案其实很简单。现在的中国，虽然刚刚接受现代教育和西式训练，侥幸推翻了清政府的统治，但对中国而言，十年磨一剑。当然，我们自己在波士顿倾茶事件之后的几年中，也没有为他们树立好的榜样。和中国有过一面之缘的人都知道，这个国家所有罪恶现状的根源就在于军阀割据。所谓军阀就是大的军事团体的存在，共同特征就是拥有武器装备。其中的很多人跟土匪没什么两样，手中权力越大，越无视国家的法律。事实上，能够决定他们立场和倾向的只有金钱，谁给的钱多，就听谁的，他们就像品尝过鲜血的幼虎，已经不再满足于吃母乳了。那些加入军队的农民们，好不容易摆脱了农耕劳作的辛苦，靠着手持的武器，有了相对的自由，习惯了吃现成的食物，他们再也不想回到"面朝黄土背朝天"的日子了。眼下中国混乱的事实足以说明，这些如古老歌谣里传唱的"衣冠楚楚，不务正业"的军阀，一面吃着国家，一面掠夺着农民、市民和外国人，严重威胁着国家法律和国家秩序。为了维护自身的利益，这些军阀头目们总是试图把革命的"沸点"控制在他们手里，以保证他们的"土匪"活动不受干扰。

两年前，陈炯明将军还被认为是孙逸仙先生手下一个出色的将领，被赞为人正直，遵守道义，为国家摆脱当前的混乱局面做出了很大的贡献。现在，另外一些人却指责他是叛徒，他带领部队占领了广州，差点抓住了孙逸仙。孙先生最终搭上英国军舰幸运逃脱了，他来到上海，重新立足，继续领导着中国的革命。孙先生在广州担任政府首脑的那段时间，为当地的民主建设做出了大量的努力。他的儿子孙科，在美国接受过教育，担任着广州市长的职务，对广州进行了大规模的市政建设。广东省外交部长伍廷芳，也是一位才华横溢的进步人士。他的儿子伍朝枢是孙逸仙强有力的支持者，我在香港和他会过面，具体内容我将在下章进行介绍。

我刻意将我的行程与革命同步，就是为了能够发掘这一国家游戏背后的东西。当告诉别人我去广州的意图时，所有人都很吃惊，以各种方式暗示我这一目标根本无法实现。他们觉得我更应该去的地方是马塔万①或者我美国家乡的其他地方。

代办先生知道我的目的之后，诧异地问："你难道不知道，这几天到处都是从广州逃出来的难民，现在就算是广东省的省长，也因为'健康原因'去了香港？"

因为我曾在法国的前线医院待过两年，如今，战争中的硝烟已经不能动摇我目睹一场革命的愿望了。史蒂芬先生和南中国海英国舰队的将领们都是精明实干的人，意识到试图说服我完全是白费力气之后，转而想方设法为我此行做一些具体有效的事情。他们分别给英国驻广州总领事和一位皇家海军军官写了信。后来的经历证明，这些信大有好处。英国总领事詹姆斯·杰米逊安排我住在"中国最安全的房子"里，此举向人们表明我受他保护。一位很强干的海军上尉亲自担任了我的护卫和翻译，有了他的帮助，我就可以冒险去那些没有女人敢去，甚至男人也很少敢去的各种地方。

广州的五日，就像未知世界的万花筒。

1月15日上午，我到达广州，第一个念头就是要见陈炯明将军。陈将军现在虽然还能平衡各方力量，但是达摩克利斯之剑已经悬在了他的头上。一位为将军提供"军费"的朋友答应帮我安排会面。陈将军的司令部位于城外的白云山脚下，离观音阁很近，那里平时几乎看不到任何人。很快就有了消息，陈将军的得力助手、粤军长官、军火负责人王江（Wong Keong）将军答应在私人办公室等我。12点30分，我赶到办公室，王将军已经忐忑不安地等了我半个多小时，正在计划和陈将军一起逃离广州。三个小时后，他们打算乘坐火车离开，这样6点的时候就能达到石龙。遗憾的是，广九铁路的所有列车都无法运行了，这个计划只能被放弃了。

据称，陈炯明将军选择撤退的原因是经费短缺。如今，革命胜利最重要的一点就是钱，军队唯利是图，哪里有钱，就去哪里。据说，每参加一场战斗，一个士兵就能得到五块墨西哥鹰洋（合2.5美金）的酬金。第一次战斗的钱听说很快就要发了，第二次战斗的钱还杳无音讯。这年头，没钱，谁去卖命呢。陈将军发现，如今他已经被对手发动的钳形攻势包围了。西部，滇军和桂军已经快速逼近；东面，孙逸仙的军队在许崇智将军的带领下已经攻破福州，正从福建直奔陈将军的大本营惠州。在世界大战期间，对付德国，这种方法取得了很好的效果。无奈的陈将军，面对军费短缺、士气低落的现实，没有选择冒险，而是谨慎地决定部队向他的大本营惠州转移。在这样的背景下，我和王将军见面了。他穿着便装，确实，撤退不能张扬。他表情严肃，但是很有礼貌。在听到我提出与陈将军见一面的请求后，说："如果将军还在城里，应该可以见一面，下午我会给你回话。"我的直觉告诉我，这是托词，要想见到陈将军，必须现在，否则就没机会了。于是我努力做最后的争取。我告诉他，与陈将军见面不会有任何不利的影响，既然司令很忙，下午我们可以节约时间，直接用英语交流（我们说过法语，他法语讲得很好）。

"是，他确实很忙，我也很忙。"他说。是的，任何不存偏见的人都知道，陈将军现在真的很忙。我不想和他再争辩，谈话最终在还算融合的气氛中结束了。我完全能够理解他，现在由于军费的匮

①马塔万市，美国新泽西州蒙茅斯郡的一个小城市。——译注

陈炯明将军
针对孙中山的反对派首领

乏，军队中已经有很多人心存不满，彼此间也缺乏信任。尽管士兵刚刚装备了最新式的德国枪支和意大利弹药，但是这并不能让他们比恐慌的市民平静多少。桂军和滇军已经占领了三水和贺州，个人安全问题提至首位，他必须去考虑几个小时之后，自己的脑袋如何才能安稳地待在脖子上。

第二天早上醒来，陈炯明将军已经摆脱了困境。他走的时候还没有忘记让王江将军带走了军火库的材料以及铸币厂与国库里的钱财。

"国王已死，国王万岁。"

陈将军的军队正通过水路离开广州。从早到晚，城内河流、渡口的上空都回荡着无比嘈杂的声音，各种能用的水上工具都被征用了，满载着人，驶向安全的地方。

广州沦陷。

陈将军的军队撤离了广州城后，他原有的领地引发了新来者的疯狂争抢。新来的军队鱼龙混杂，加在一起约3万人，却有47个首领，他们彼此不服从任何总司令的领导。据说，在随后的60个小时里，广州的街头先后贴出了60多名将军的60多份声明。

已经没必要再去追陈将军了，不如去寻找广州城里的新领导者。不过孙逸仙不在，确定一位新领导者可没那么简单。

第二天，也就是1月16日，我在海军朋友（以下称他为副官）的陪伴下，上街去看个究竟。一支支各式打扮的军队在街上来回巡逻，这简直就是一组活动的中国谜语，你可去猜猜他们都是谁。从红帽子我可以认出桂军，从灰外套我可以认出滇军，我还能认出身穿卡其制服、装备新式武器的商团军。商团军是由广州商团支持，在动乱时期，他们主要负责维持秩序和保护财产。

城内的商业已经完全停滞，所有的商户都守在自家门窗紧闭的店铺内，只有极少数人躲到了海外。城里的居民依然众多，已经没有了往日的喧嚣，只有时不时传来的庆祝政权更替的鸣枪声和鞭炮声，打破了这有些诡异的宁静。没来得及逃走的粤军，此刻正慌忙地撕去身上的徽章，升起红黑相间的广州政府旗帜或者孙逸仙追随者的军旗。桂军则在城内四处抢劫，不放过一切有价值的东西，有时甚至动用武力将市民从家中驱逐出去，特别是针对那些曾帮助过陈炯明将军的人。由于担心占领期间同样的掠夺发生在他们的身上，广州城内的富人当天都没有睡好，事实上，他们的噩梦才刚刚开始。

千余名滇军士兵驻扎在白云山旁的潮汕女校，幸运的是，学校已经提前放假，女学生们都放年假回家了。这是一所女子进步学校，创办人廖东恩是中国现代一名非常有才干的女子。很多有钱的市民都选择去了香港，这其中也包括广东省的省长陈席儒。他离开的公开原因是因为压力导致的严重"健康"问题。现在的事实是，对很多以前的官员来讲，香港的空气好像都比国内清新。

下面我要讲一个关于抢掠的具体的故事。17日上午，我在省衙门（省政府）里看到了令人叹息的一幕。上午大约10点，因为找不到人力车，同时也考虑到自身的安全，我们乘汽车前往省衙门。在省衙门门前，我们遇到了一个车队，车上的人大喊大叫，挥舞着旗帜，四处横冲直撞。副官向他们致意，一辆车突然停了下来。一个人从车上兴奋地跳了下来，他红头发、红胡须、一身长外套，领子上别着很大的飞行章。副官告诉我，他是一名布尔什维克，俄裔德国人，现在为美国服务。因为贪污公款和发动革命被判入狱几个月，如今的执政者更替让他提前获得自由，此刻，他正和他的朋友们一起狂欢庆祝。他很兴奋，拉着我们滔滔不绝地讲他的案子，激动的讲演使得领尖不时地扎进他的双下巴里。由于他的特殊身份，为了避免误解，影响我们的调查，副官用尽办法，总算摆脱了他的纠缠。省衙门的前门高8尺，由石柱和铁艺栏杆构成，门前由两名士兵把守。他们没有阻止我们，车得以在院内继续前行了几百米。我们遇到了更多的士兵，他们守卫着一幢空楼，雕刻精美的门道还算完好无损，但是里面带有花园的几个大房间都被洗劫一空了。

在省长的私人套房里，鲜艳的菊花、金盏花被从花盆中拔出，扔得满地都是；几把椅子也已经残破变形，几张桌子上扔着帽子和纸张，前政府留下的文件散落了一地。据说，第四军团的将军在撤退的时候下令洗劫了这里，好在下达撤退命令之后，没有太多的时间在这里耽搁，屋外的美丽花园都得以保留下来。在出来的路上，我捡到了一枚粤军士兵佩戴的红色徽章，因为大多数的军队都穿着相似的灰色棉服，在逃跑的时候，粤军士兵丢掉这枚能够区分身份的徽章，他们就可以以桂军或滇军的身份轻易逃脱。我的下一个目标是去见陈策司令。陈司令掌管着海军，当然也可以说是正在创办海军。为了挽回被陈炯明驱赶的颜面，就是他下令用孙逸仙去年夏天逃走时乘坐的军舰炮轰了广州城。

想见陈司令非常难，我到的时候，他正在忙着"开会"。他和其他孙逸仙的支持者想要实现对政府的控制，绝非易事。一个小时后，一位年轻人接待了我，他声音很好听，长得也很帅，穿着昂贵的深色丝质衣服，英语非常棒。他告诉我，他们已经致电孙逸仙总统，他已经在赶来的路上了。现在在广州的军队大约有2万人，还有1万人正向石龙进发，追击撤退到惠州的陈炯明部。此外，对陈炯明构成威胁的还有许崇智将军的军队，许将军军队作为孙先生的后援军，刚刚在福州打了胜仗，一小部分兵力现在正向北上沿铁路线清理逃兵。现在城里的所有军队都按兵不动，等着孙先生的到来。国民党希望能够恢复孙先生创建的政府，如果成功，孙科极有可能回来继续担任广州市市长，伍朝枢则将担任广东省省长。

等着看预言能够多少成为现实，是件非常有意思的事情。时局变化得很快，两天后发生的桂军政变，让他们看上去很傻很天真。两个星期后，除了没有搞定吴佩孚将军外，孙逸仙领导的政党重新掌握了政权。

位于码头的海军军部离城区很远，为了安全起见，陈司令并没有住在那里，他在亚洲大酒店的三层包了一个套间。亚洲大酒店是广州最高的建筑，从6楼的穹顶处，可以看到整个广州城及其周边；而从司令的套房，则可以俯瞰珠江。因为革命运动，水上交通受到了严重的影响。

所有能用的船只都被征用了，不仅有渡船、舰船、汽船，甚至还有只靠一名女子撑船的简陋的舢板、华而不实的帆船，以及奇特的米力船都被用来运输部队。关于米力船的名称，我一直很困惑，直到有一天我亲眼看到了它，才解开了我心中的谜团。这种船类似于密西西比河上的老式轮船，船尾有一个巨大的木制桨轮，桨轮靠人力不停地去踩，才能驱动。米力就是人力的意思，靠吃米的

左·攻城军队得胜入广州城 ｜ 中· 守城军撤退后 ｜ 右·战争前亚洲大酒店前的黄包车夫
　　　　　　　　　　　　　　　狼藉的省政府 ｜ 后来，他也卷入了纷争之中

人来提供动力。米力船就是千年前场景的延续。

如今，河里已经没有了花船，那里曾是广州夜生活的中心，这些都表明革命运动给河面上的生活带来了巨大的影响。剩下的几艘花船被固定在码头上，作为军官的住所，这与它们平日里显露出来的浮华堕落形成了巨大的反差。码头旁以前那些声名狼藉的高级住所里，住满了士兵，甚至连门廊都挤满了。对这座城市而言，一下子要容纳这么多人压力真是太大了。而曾经的那些歌女，以及乐于从事性交易的人们，都已经跑到香港避难去了。

所谓社会、法制、秩序，没有比现在城内荒废的街道更能直观地体现这一切了。在中国这些金钱至上的部队里，那些无法无天的人占据了大部分。所有的女人都对他们充满了恐惧，没有一个女人敢出门。在城里调查的这三天里，我是街上唯一的女人，不论是白种人还是黄种人。位于租界内沙面岛上的欧洲女子，现在也都只能乖乖地待在岛上，其实我也想这样。

那天下午，透过亚洲大酒店的窗户，可以清楚地看到沙面岛旁的河道里停泊着各国军舰。英国炮舰有：拉姆齐船长的马格诺利亚号、克罗克船长的塔兰图拉号。美国炮舰有：阿伯纳西少校的海伦娜号，因为它高大、笨拙的烟囱，也被人们戏称为"糖果厂"。法国战列舰有：卡罗纳号。

码头上部队仍在源源不断地涌入，在英勇的副官的护卫下，我绕过他们，回到了受保护的沙面岛。没有中国女人敢迈出自己紧闭的家门，原本在岛上专门为我安排的一场晚宴最后取消了。这场晚宴最初是打算在一座西式总统府里举行，这座房子的主人，一位曾支持过陈炯明将军政权的军政府总裁，预料到这儿会被侵占，屋里的天价藏品会被洗劫，华丽的房间会被士兵践踏，于是他迅速地把最贵重的物品都转移到沙面岛上。晚宴改为在岛上举行，大约二三十位中国女子接到了邀请，由于战乱的原因，现在无法赴约，也是可以理解的。到广州后的第 17 个夜晚，我沿着码头一直行走，直到溜出沙面岛，开始了又一段新的危险的旅程。接下来我的经历几乎可能引发一场国际纠纷。码头原本聚集了数百名桂军，一队滇军从小路过来，引发了一片混乱。

大约 9 点钟，我和副官费尽力气找到了两辆人力车，开始了我们的冒险。这个时候，那些苦力们为了不被士兵们抓来无偿帮他们搬运辎重，都藏了起来。我不只一次地看到这些衣衫褴褛的可怜人，在士兵的监视下，艰难地搬运着至少 200 多磅重的包裹。我的车跑在副官前面，小心翼翼地穿行在这些情绪激昂的士兵中间。意外还是发生了，我的车轮不小心碰到了桂军的一个低级军官。一切来得那么突然，一个又大又硬的东西从我的右耳边掠过，那是毛瑟枪的枪托，重重地砸在了车夫的背上。我的车夫被这足以撞倒一头牛的重击砸得摇摇晃晃。枪的主人是一个身材高大的中国人，距离我只有不到一尺远，正火冒三丈，不停地骂着祖宗、王八和其他难听的话。他的手握着枪的另一端，胳膊已经抡圆，准备再给我的车夫一下。这次用的是刺刀！

"我的天呀，他要捅下去了！"我的脑海里涌现着这样的画面，丝毫感受不到他的英勇，更谈不上优雅。我们的周围已经迅速聚集了一大帮身穿灰色军大衣的人。这些手里持枪的士兵，此刻他们兴奋、嘲弄、漠然、敌视的各种表情，都映在这片浓重的灰色背景上。我想象着中国人惩罚自己同胞时的一幕幕可怕场景：他们会把同胞的头砍下来，然后放在柳条编成的筐里，挂在树上示众；

他们会把罪犯锁在木笼子里慢慢饿死，等等。这些残忍而又巧妙的酷刑，体现了中国人极高的聪明才智，西班牙宗教法庭的那些刑法，与中国比起来，简直就是小巫见大巫。追求极致是中国人办事的一大特点，要么极端友好，要么极端恐怖。

吵架或者打一架，都只能算是小儿科。副官没有武器，但是他表现出来的英国人具有的异乎寻常的冷静做派，完全压倒了桂军军官的戾气。他用他强健的右臂推开了正怒火中烧的桂军军官，左手把车夫向前猛推了一把。

我的车夫踉踉跄跄地向前，但还是硬撑着没有倒下。他根本没有去顾及周边人的目光，他已经习惯了被人如此粗暴地对待，此刻他只有解脱的惊喜，不敢表露出丝毫的愤怒，更不会想着报复。桂军士兵散开了一条路，惊魂未定的车夫拉我离开了混乱的现场，感谢上帝，我终于不用去医院或者太平间了！等我离开，副官才回到他的车上，我们继续在空无一人的街上闲逛。为了更好地保护我，这次副官的车子走在了我的前面。过了很久，那种后背被冰冷的刺刀顶住的感觉，才慢慢从我心中褪去。

那天晚上对我来说太过于惊心动魄了。假如我死后能幸运地去天堂，圣彼得此刻有可能已经开始在"恩典"条目下确认我是不是快到了。就在刚才的冲突结束半个小时之后，一颗子弹又差点击中了我。这颗子弹也许不是冲着我来的，也不是冲着那个不幸的划舢板的女人的，它也许就只是一颗流弹。这样的事情每天都会发生几起，零星的枪声不时打破城市死一般的宁静。如今的广州城内，我们像往常一样，平和地走在街上，总能在擦肩而过的人力车上，看到手持毛瑟枪的悍匪。他们似乎在寻找什么，一个间谍，一个逃兵，或者就是为了出来疯狂一把？不管目的是什么，但是如果人力车猛地一刹，子弹出膛，即使不幸有人中弹，对他们来说也不会有什么大的关系，这只是一个意外而已。

我知道，现在这个时候外国人并不受欢迎，当这颗小而灵活的死神代言者猛地穿过我的帽子，我还是被吓着了。它在空中划出一道轨迹，击中了正在河边忙碌的划舢板的女子。子弹打中了她的背，死神就这样仁慈地把她带走了。她的尸体摆在路上，脸上搭着一块格子布。我在广州的日子里，她就一直被人抛弃在那里。然而刽子手却毫发无伤，他们依然继续着这种危险的游戏。她只是个普通的划舢板的女人，光着脚，穿着粗糙的卡其布裤子，靠着那双能够灵活划动长桨的手过日子，现在这双手僵硬地垂在身侧。码头是广州最繁忙的地方，离亚洲大酒店不远，划舢板的女人就这么在太阳底下躺着。无数脚步急匆匆地走过，有忙碌的车夫，有迈着整齐沉重步伐的士兵，或者是戴"红帽子"的桂军，或者穿灰棉衣的滇军，抑或是穿笔挺的卡其制服的"广州商团军"，而留给她的都只有冷漠。河里，数百条舢板在不停地穿梭，还有数十条涂绘艳丽、船头画着鱼眼的帆船，满载着军用物资，除了上下船几个人，没有人知道它们从何处而来，又要向何处而去。

没有一个人会去想是谁夺走了她的生命。那些从她身边匆匆地走过的人们，没有一个人停下来去问一下，是刺刀杀死了她，还是毛瑟枪的枪托？或者是因为她拒绝无偿替军队运输物资，而遭到军匪过重的拳脚？是天花、伤寒，还是难产？一具毫无生机的躯体就躺在那里，一阵阵脚步带着神

"中国最安全的房子"
广东的英国领事馆

秘过来，也带着漠然过去，一切又重归平静。现在谈这些还有什么用呢？也许明天或者后天，她的遗体就会被人挪走，可是没有市政府，又有谁会管这事呢？去年夏天动乱的时候，孙逸仙星光黯淡，陈炯明熠熠生辉，一样没有人去操这个闲心，潮湿闷热的天气里，大量的尸体在路上摆放了很多天，甚至威胁到了活人的生命，都无人出面处理。

感兴趣只能让我陷入麻烦，让我们继续前行吧，她跟我们没有什么关系。毕竟她只是一个再普通不过的划舢板的女人，她这样的人有成千上万，她甚至不算老，可能都没有儿子为她祭拜，为她在阴间的生活祈福。我现在已经非常感激不用打电报到太平洋彼岸，去告诉政府部门和我的同胞好友，一个外国女人的灵魂已经逝去了，她将永远地留在我寻找知识的陌生土地上。

第四天，1月18日，清晨，我正在领事将军舒适的客房里享受早餐和咖啡，窗外突然传来一阵阵枪声和简短低沉的喊叫声。声音听上去离我很近，我一开始以为就发生在我居住的沙面岛上。我冲到窗边，发现冲突发生在将沙面岛和主城区隔开的河道的那一面，离这里有几百码远。沉寂了十分钟之后，哒哒哒的枪声再次响起。太让人激动了，我飞速地收拾好东西冲上街头，但是枪声又停了下来。我慢慢意识到，这场交火可能是这些军匪们之间为了争夺利益，或者是他们的这种消遣遭到了市民们组成的自卫队的强烈抵抗。

就在这一天，有400多位旅行家原本打算从香港到广州，不过令他们失望的是，美国领事馆以目前时局动荡为由，把他们拦了下来。很可惜，他们没能来到广州，这个中国最大的城市，也是世界上最漂亮的城市之一，在东方，只有东京的人数量能超过它。现在的局面，不论是铁路所有者、宾馆老板，还是商人，都会为广州每天成千上万美金的损失而叹息。

1月19日，是我在广州待的最后一天。这是繁忙的一天，下午5点，我见到了陈策将军。现在他正忙着让所有能动的中国军舰都动起来，像商船似的灰色巡洋舰上飘扬的旗帜也不再是清朝的龙旗，而是民国的青天白日旗。我还见到了中国著名的女性教育家福柯夫人，她创办过一家医院，除了作为管理者，还亲自担任外科主治医师，在她的医院里，我见到了吴志默医生（Ng Chi-mooi）。现在，她带着她两岁大的儿子，正在亚洲大酒店寻求安全保护。她的儿子胖嘟嘟的，很像拉斐尔笔下的幼年耶稣。

我还见到了魏邦平将军，他是广州军队的最高领导人。一个星期后有报道称，政变中他被桂军的一位将军杀死了。

我费了一些周折，才在离城区几里远的一座水泥厂里找到了他。魏邦平将军很有未来领导者的气质。虽然可能会让彼此感到尴尬，但是我还是决定跟着他。

为了找到这家工厂，我得到了广州《时报》一名编辑的大力支持。不久前，他因为对劳动党表示同情，被关押了一小段时间。为了帮我找到将军的行踪，他非常热心地动用了一些中国的资源，这些对一个外国人来说，根本办不到。最后他同意作为向导，陪我和副官一起去找魏将军。

现在是3点半，我回香港的船是5点开船，所以我必须抓紧时间。我抓起相机，和他们两个人一起坐上汽车，我对司机说开快些，越快越好。码头上到处都是军队。戴红帽子的桂军遍布全码头，甚至还有一些坐在人力车上；穿灰大衣的滇军和粤军正在互换场地，他们成群结队地聚集在一起；还有商团军，都穿着整齐的制服。那个被流弹击中丧命的划舢板的女人依然还躺在那里！车开得很快，出了城区，我们很快就到达了魏邦平将军巨大的新式住宅，房屋非常漂亮，各种观赏性花木环绕着，但是我们要寻找的"狮子"魏将军此刻并不在巢穴里。20分钟后，车终于开到了岸边，我们要找的水泥厂就在这宽阔的珠江对面，希望他能在那里。我们挤进一个路过的舢板，空间狭小，也不是很干净。撑船的两个人都饱经风霜，老头大概60岁，坐在船头，他的妻子，操着长桨。到目前为止，我见过了各种身份和类型的女人，尤其是在中国的南方，她们运柴、开岩、修路，干着各种各样的力气活。对此，我有些反感，我也从来没有直接让她们为我提供过服务，东西方文化对于所谓社会地位的认识，差别还是太大了。

编辑朋友半开玩笑地说："这些女人还算不错，至少是健康的户外生活。"副官在中国已经待了三年了，对此他简单地耸了耸肩，表示无所谓，反正不关他的事。我记得我那位在中国居住20年的朋友对我说过："不要多愁善感，她们这些人也需要生存，为生存而战了不起。所有的下层人都需要工作，女人为什么就不能去工作？当然你应该知道，她们也不会去做太苦的工作。"我也接触过中国一些进步女性，与传统的中国女性不同，她们觉得自己有责任为解放自己的姐妹去做一些工作。如果她们看到那些裹过脚的同性，现在光着脚在田里，抱着稻谷，或者头上顶着大捆木材，身上背着孩子，一步一步摇晃地挪着，一定不会无动于衷的。

现在我们需要了解的是一场正在进行的革命，评判中国女性事务的事情还是先放一放。半个小时过去了，魏邦平将军还不见踪影，河上的美景再赏心悦目，我也没心情去观赏。越过了一艘艘满载士兵的彩色帆船，我们马上就要到岸边了。这些彩色的帆船，就像载着亨利·哈德逊[①]开启发现之旅的"半月号"一样，船体又宽又平，船身五彩缤纷，船头的两侧还各画了一只眼睛，船可以自己"看路"了。

黄埔江江面上停着一些军舰，昨天晚上这里发生过交战，一艘粤军的炮舰被炸了。我在沙面岛英国领事将军的安全住所用晚餐的时候，听到了爆炸声。舢板靠到岸边，我们下船，沿着河边摇摇欲坠的阶梯走上去。此刻江边部队正在集结，看上去很古怪。一艘拖船满载着士兵，它的后面牵引着一大两小三艘同样载满了士兵的帆船。在最后面还有一艘用钢索拉着的灰色的中国式滑艇，就像拉着一条大鱼。

要达到魏将军所在的水泥厂，坐汽车转舢板，再步行，这是我们唯一的选择，也是最为可靠的方式。多亏幸运女神的垂青，我们见到了刚刚就任公共事务专员的王先生。王先生身穿蓝色的美式西装，打着蓝色白点四手结领带。我熟知的吴志默医生是王先生的妻子，婚后保留了自己原来的姓名。当我提到她的名字，王先生马上就知道我是谁了。

———————————————————————

①亨利·哈德逊（1565—1611年），英国探险家与航海家，以搜寻西北航道而闻名。1609年驾驶荷兰指挥船"半月号"远征北美洲。——译注

魏邦平将军
拍摄于珠江旁的一间水泥厂

"将军正在开会，任何人都不见。我尽力帮忙，希望他能破例。"

"麻烦你告诉他，就五分钟时间，我只问三个问题，再给他照张相。"

五分钟这种说辞王先生听过太多了，他非常客气地笑着，又说了一遍说："我尽力。"然后离开了。我们留在二楼的大会客厅里等候，这里还有12位中国男人，衣着各异，有丝绸，有毛料，还有的穿西式服装。

我猜测着这些人见魏将军的目的，还没得出结论，王先生就回来了。"将军答应现在见你。"他用一种很严肃语气说完，又补充了一句，"这算是极大的恩典了，十分难得。"

我完全清楚这次会面的意义多么重大。编辑和副官都提了想要问的问题，还替我做了翻译。现在我们已经知道，当天魏将军同其他7位将军进行了密谈，这些人指挥着广州及其周边的精锐部队。他们都不是孙逸仙先生的忠实拥趸，每一个人都想成为这座城市的领导者。2天前，魏将军刚刚取得如今的领导地位，现在如果他的人格魅力和军队实力不够强大，没有人知道接下来会发生什么。

一个星期后，其中的一位将军逮捕了魏将军，以这种简单粗暴的方式暂时取得了领导权，之前的报道是他杀死了魏将军。不过国民党确实很强大，或者说是支持孙中山的劳动党确实很强大，差不多一个星期后，他们发动了一场新的革命，重新夺回了领导权。

我很清楚，这样的密谈是不能轻易打断的。我走出会客厅，来到三楼，在遮蔽起来的楼厅处，一个穿着简单、相貌普通的年轻人迎候着我。他用西式的礼仪和我握了握手，然后带着我走进会议室。会议室中间摆着一张桌子，上面摆满了茶杯和公文，魏将军没在座位上，参加会议的其他7位神秘将军则围坐在桌子旁。其中一个穿着整齐的军装，戴着红帽子，给人以深刻的印象，一周后，他就成了那个加略人犹大。

魏将军此刻正站在楼厅有阳光的地方，摆好姿势准备拍照。他个头不高，目光敏锐，留有一撇小胡子。他身穿美式灰色粗花呢套装，真皮纽扣，打着黑白相间的针织领带，脚蹬一双光亮的黑色英式皮鞋，看上去很精干。取得领导权以来，他为了维护城市的秩序已经做了很大的努力，除了今天早上8点20分到8点45分之间我听到的那次枪战，其他时候整个城市都非常安静，抢掠事件已经大大减少了。

一共三个问题，在美国读过书的编辑为我做了全程翻译。下面是按顺序记录的问题和答案。

"魏将军，您能预测下未来几天会遇到哪些麻烦吗？"

"我希望城市能够恢复正常的秩序，如果再有人抢掠，不论是谁，格杀勿论。"

"孙先生什么时候能回到广州？"

"我听说他1月16日就已经离开上海了。但我觉得他会等许崇智将军的部队到达之后才会来广州。"

魏将军的判断是正确的。孙逸仙的儿子孙科已经回到了广州，一个小时前两人才刚刚见过面，但是孙先生本人将近三个星期后，才从上海出发平安抵达广州。

最后一个问题，也是最关键的问题是：

"现在进行的这次革命，是完成中国统一大业的重要一步吗？"

"一定是的。我们曾经希望不流血就达到这一目标，既然陈炯明不肯让步，我们就只有用武力赶跑他。前段时间在上海我和孙先生谈到过这次革命的意义，为了中国的统一大业，孙先生已经为之奋斗了很多年。"

我终于得到了我想要的东西，虽然过程如同打开坚果一样艰难，但我还是得到了其中的果仁。这次革命和其他许许多多运动一样，都是为了实现中国的重新统一。

我向魏邦平将军告别，并且感谢他抽出这宝贵的五分钟接见我。魏将军看上去非常地惊讶，他显然没有想到一个女人能够这么高效，这么快就能结束。回到刚才的会议室，他对几位将军说了些什么，引得编辑不停地笑。接下来依然是步行、舢板、汽车，最终搭乘去香港的轮船。在去香港的路上，广东话讲得很好的副官告诉了我魏将军讲话的内容：

"一个女人，还是外国人，居然'很聪明'！完全不可能嘛！"

第十一章
足以载入史册的茶会

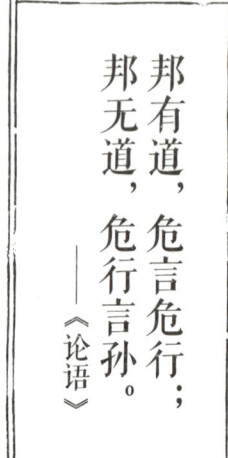

邦有道，危言危行；
邦无道，危行言孙。
——《论语》

1923 年 1 月 20 日，香港

有人说老鼠可以帮助狮子，猫可以审视国王，在这场中国革命的戏剧中，没想到我也可以做一次幕后的操纵。故事的内容是这样的。

在现在的中国革命中，领导者、人和钱这三样东西必不可少。前两者如相机里的胶片一样，在飞速地更替，而第三项钱，就有着金制头颅的至高神灵，它的威力触及到了地球上的每一个角落。

现在的时间是 1923 年 1 月 20 日，场景已经换成了香港。银行家史蒂芬先生的图书馆里正进行着一场下午茶会。尽管不会像波士顿茶党一样著名，但是这次聚会依然在我的中国革命故事中占据了非常重要的位置。史蒂芬先生是远东的皮尔庞特·摩根①，制定着每天的兑换比率。用来喝下午茶的栎木大房间装修得美轮美奂，跟它的主人一样高贵。房间里已经生好了火，茶童操得一手好茶艺，为我们端上了香茶。到场的人中有伍朝枢先生，他是伍廷芳先生的儿子，孙逸仙先生的忠实信徒。伍廷芳先生是一个非常聪慧的人，在美国几乎和孙逸仙先生齐名。1922 年夏天，陈炯明将军背叛了孙逸仙，广州政府瓦解，他这个兼任广东省省长也被从总统府里轰了出来。几个月前，他因年事已高，再加精神上的打击而溘然辞世。他的儿子伍朝枢先后在孙逸仙领导的政权里担任了许多重要职务。

一开始就参加茶会的还有英国海军旗舰霍金斯号的舰长阿林顿，他的军舰当时就驻扎在九龙。

---

① 皮尔庞特·摩根（1837—1913 年），1901 年组成美国钢铁公司，美国金融业巨头。——译注

他是一个很有趣的人，问题非常直截了当。

他率先发问："我到这儿只有三个月，但是我实在没看明白你们到底在干什么？你们这帮年轻人有什么事情非要用枪来解决，而不能坐下来解决吗？"

"军国主义是我们国家的顽疾，"伍朝枢先生围绕着这个主题进行了详细的阐述，这样的答案并非他首创，他的说法和其他短暂来过中国的人的看法一样。

"是的，应该很快就会到了。大家都强烈地希望他能快点过来。但是具体时间取决于驻守在广州的桂军和滇军彼此之间，以及我们和他们之间能否和平相处。我们正在努力解散他们的队伍，让他们都回到各自的省份去。为了不让更多的人流血，我们现在必须要平定陈炯明，只有这样才能真正实现中国的统一。"

"孙中山是否将担任南方政府的总统？"阿林顿继续问。伍先生的回答非常坚定："中国只有一个政府，必须只有一个，我们不承认两个民国政府，我们只承认一个，既不是南方的，也不是北方的。所有我们的目标就是重新统一。"

这就是孙逸仙及其追随者的战争宣言，它的重要性毋庸置疑。因为我们已经从魏邦平将军那里知道了这些内容，所以这里我就不再详细记录伍先生的发言了。

伍先生并没有告诉我们，此刻孙先生正在上海与北京政府进行着谈判，时任北京政府总理的张绍先生是孙逸仙先生的故友。为了避免广州再出现一个政府，他们按照孙先生的要求，正在研究广州军政要员的任命安排问题。

英勇的阿林顿先生离开了茶会。远东代办史蒂芬先生进入了房间，茶会的参会者发生了变化，这次茶会的历史意义才真正体现出来。这次茶会应我的要求举办，我特意把地点安排在史蒂芬先生的豪宅，香港著名的"银行之家"，我猜想伍先生一定会欣然赴约。这就是我所谓的幕后操纵。

时局多变，我的这次偶然之举能够让长期敌对的双方代表坐到一起，我想两个人对此都应该是非常满意，加强双方了解的时机已经成熟。一方面中国南方的政治局势发生了很大变化，孙逸仙先生必须出来收拾局面，强大的国民党正在协助他重建南方政府。因此，对英国来说，为了其在远东的庞大利益，就必须重视孙先生。英方还认为，国民党必须为去年发生在香港的罢工事件承担责任。这场罢工导致香港商业发展停滞，造成了严重的破坏，使得英方颜面扫地。罢工破坏了正常的生活和经济秩序，护士抛弃了病人，保姆停止了工作，甚至代办先生那一直服务周到、忠心耿耿的随从，也不得不加入罢工的队伍。孙先生对此不能置身事外。

代办先生很直白地向伍先生表达了他的上述看法。

另一方面，对孙先生而言，如果没有钱，没有合作，新的政府也就不可能建立起来。回想一下，如果没有英国军舰的帮忙，去年夏天孙先生也难逃离广州，他欠英方一条命。而且，如果西江的形势再次恶化，中国人都可以随时撤退到香港这块安全的地方。

"合作是必须的，"面对代办先生的指责，伍先生回应说，"我想国民党里那些激进分子以孙先生名义所做的事情，不应该全由孙先生来负责。反过来，我想知道对孙先生的归来，英国会持什么样的态度？"史蒂芬先生回答说："如果孙先生回来，能够协调军队，消灭军匪，恢复商业，鼓励农耕，组建稳定的政府，让人民安居乐业，那，呃，我想我们很乐意帮助他。"

听完手握众多银行资源的代办先生的话，伍先生心理有了些许的躁动，不过这位中国的政治家很快端起茶杯呷了一口茶，来掩饰这种变化。其实茶早就凉了，他也并不是真想喝茶。在进行后面的对话之前，代办先生也要了一杯加苏打的威士忌。

"如果孙先生来这里，尊贵的英国驻香港总督能够亲自参加会谈，恐怕是再好不过了。"

"当然是的。如果孙先生和他的政党能够实实在在地做一些建设性的工作，我觉得那的确是再好不过了。您刚才的建议我会转达给总督大人，虽然我觉得他对这个话题可能不太感兴趣。不过总督大人是个负责、公正的人，我会尽力去争取的。"

后面的谈话，史蒂芬先生更多地是向伍先生了解他对《妹仔法案》的看法。妹仔是对被卖到别人家里做婢女的年轻女孩的统称，由于存在许多虐待妹仔的现象，法案的出台就是为了禁绝此类现象的发生。伍先生简单表达了他的看法。离开时，他以贯有的平和语气向我们表示，他回去后会给孙先生打份电报，并再写一封信，希望今天茶会的成果能够尽快兑现。后面发生的事情证实了他的话。

当天晚上，我陪代办先生参加了意大利领事为庆祝即将继承王位的意大利王子的驾临而举办的大型晚宴。总督雷金纳德·斯塔布斯先生、海军中国部总指挥亚瑟·李夫森先生、陆军少将约翰·福勒先生、威廉·里斯·戴维斯先生、首席法官，以及他们的夫人等英国驻香港的所有官方首脑都前来捧场。按照每人的级别安排座次，我有幸地坐在了殖民地大臣克劳德·塞文先生旁边。晚宴上谁跟总督先生说过话我已经记不清了，但是上鸡尾酒和开胃菜时，我看到代办跟他说了几句。

回来的路上，代办对我讲的简单的两句话，已经足以完整表达出他和总督谈话的内容。

"如果孙先生来香港，总督大人会和他见面。虽然不想，但是会。"

这两句话虽然很短，除了表达出代办的自信，从中也能解读出更深层次的内容：大英帝国的财力和公信力；香港地理位置的优越；总督是英国国王的代表；英国对孙逸仙领导的国民党以往所发起的一些运动的不满；英国人保持中立，坚持公平竞争。

六天后，上海《星报》刊载了一篇题为《孙先生吁请和平，精简军队》的文章，文章的副标题为《外国人促成此项要求》。

"孙先生号召将全国军队的总人数削减一半，裁减下来的士兵可以转化为建设公路、铁路及其他公共事业的劳动者。这项措施如能施行，必将节省大量军费。如果各方力量同意这个建议，孙先生将与各位领导者一道，共同邀请友好的外国力量，为我们的道路等基础建设提供帮助。孙先生承诺，他将会聘请一位外国专家及五位中国农、工、商、教育、新闻界的代表来监督这笔款项的使用。"

小小的茶会产生了积极的成果。报道面向全国，表达了孙逸仙先生及其政党在消除军国主义和革命顽疾方面所作出的尝试和努力。历史就是这样不断地向前发展，神和人都可能在这个进程中发挥作用，谁也不知道未来的中国将会何去何从。

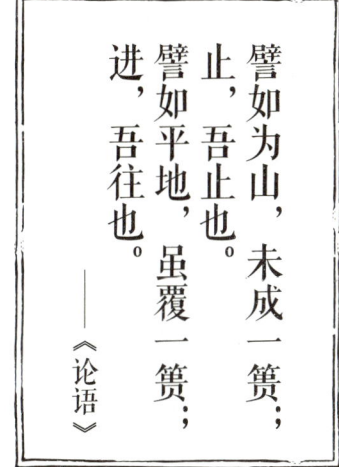

譬如为山，未成一篑；止，吾止也。譬如平地，虽覆一篑；进，吾往也。

——《论语》

第十二章

伟大的中国领导人

从孙逸仙先生、其夫人、协助者及追随者的视角

1923 年 2 月，上海

　　孙逸仙先生及其夫人无疑是上海滩所有知名人士中最受人瞩目的，要想与他们会面也是极其困难的。非常幸运的是，1922 年 11 月，在一位朋友的带领下，第一次来上海的我就拜访了他们。他们的家由卫兵守卫，一进门是一间现代风格的画室。除了好茶，孙夫人还亲自递给我一些中式的小糕点。我抿了一口茶，观察着这对当今中国最有影响力的夫妻。孙夫人举止优雅，时不时地望丈夫一眼，孙先生举止文静，表情总是很严肃。对他而言，除了理想，其他都无足轻重。两个人语调柔和，举止文雅，坚毅的目光里流露着梦想，温和的语气中带着威严，平静的表情下透着力量。

　　在房子的大厅和二楼，一些衣着华丽的幸运拜访者进进出出。我和孙先生的话题围绕着中国红十字会和救灾展开。

　　孙先生说："中国现在必须要让铁路网运转起来。"我看过孙先生的一本书，内容是如何重建一个新的中国，他的观点近乎空想，不切实际，当然，也有可能是孙先生视野所及超越了这个时代。

　　即便是那些恶意诋毁他的人，都承认孙先生有着异乎寻常的力量，承载着中国人民的希望。审视他的一生，就如同在阅读大仲马的小说一样。只有他一次次失去领导权，又一次次重新夺回，在大众的眼中，他不总是站在权力的顶峰，但是始终没有放弃为真正掌握权力而做的努力。中国政坛的那些领导者走马灯似的换了一茬又一茬，他们也许只能干一天、一个月、一年，完全不可与孙先生同日而语。无视他的存在就只能是自讨苦吃，第二民国政府的存在就足以证明这一点。如今，

为了解决广州当前的乱象，北京政府只有再次借助孙逸仙先生的力量，以便控制南方。

中国的政治，即便你在这里生活 20 年恐怕都无法理解，权力背后的复杂，远超你的想象。这里需要提及的是，孙逸仙先生出生在夏威夷，在香港接受的教育，而今是中国、美国，乃至世界范围内最为知名的中国人。

要想了解一个伟人，就需要去了解他背后的女人。伯利克里与阿斯佩西亚、路易十五与蓬巴杜夫人、格莱斯顿及其夫人，这样的例子数不胜数。女人给男人带来的有时只是灵感，有时却是最实际的帮助，有时甚至两者兼具。在土耳其，穆斯塔法·凯末尔帕夏的背后就有一位名叫海莱达·艾迪布·哈诺姆的伟大女子，她凡事身先士卒，是凯末尔帕夏最得力的助手。在内政上，她领导了废除"面纱"运动和普及教育的改革；在战场上，她亲自上阵，战斗几个小时，甚至一整天。如今，新一代的凯末尔夫人，虽然年龄还不到 20 岁，但已经在服饰改革和推行丈夫的理念方面进行了大量的努力。在意大利，墨索里尼首相及其法西斯运动的背后同样有好几位不寻常的女子。其中来自米兰的艾达·塞尔法蒂夫人，她既是位作家，也是现代思想的领导者，是我见过的最有才能的女子。在埃及，尊敬的民族主义领导者萨德·查谷尔帕夏的妻子索菲亚·汉纳姆更是一位卓越的世界级管理者，面对目标，她全力以赴，无所畏惧。在中国，孙逸仙的夫人洛士文·宋不仅是他的助手，更是他心灵的伴侣和灵感的源泉。

孙逸仙夫人非常尊敬和崇拜她的丈夫，她本人年轻可爱，聪慧过人，明理睿智，知识渊博，对国家爱得深沉，愿意甘居丈夫身后，因为她相信自己的丈夫是一个必定能为建立新的中国做出巨大贡献的人。孙先生一生的事业就如同坐过山车，起起伏伏，没有人知道接下来的会是波峰还是波谷。如今，孙先生又必须去面对广州叛乱所带来的挑战。正是来自家庭的鼓励，让屡次身处低谷的孙先生一次又一次重新攀上事业的顶峰。对自身使命与信仰的坚定和执着才是孙先生掌握权力和拥有未来的真正秘诀，这同样也是数以万计中国人的感受。

洛士文·宋曾经用英文阐述过她的信念："我们结婚以后，我的丈夫对我的思想产生了深刻的影响，他塑造了我的观念，我的大部分观点都源自于他。民主的思想深深根植在我们的心里，他让我相信通过人民的共同努力，中国人一定能把中国建设成为一个富强民主文明的国家。"

"我和孙先生的其他追随者一样，相信只有在民主政权之下，中国的革命才有意义，假以时日，中国的革命最终一定会成功，否则一切都是空谈。"

"我非常渴望提升女性地位，我和我的丈夫都相信，

上海一些进步人士的签名

只有扩大女性受教育和参与国家公共事务的机会，国家的公共事业才能真正得到发展。"

"我曾经在美国接受过教育，学到了很多有益的东西，现在在中国，我正努力去实现这些。希望能够通过你，向美国女性转达我的观点，并告诉她们一个快乐的中国女子正致力于建设一个新的中华民国。"

我第一次见到孙夫人是在她上海的家中，她留给我最深的印象就是她是一个快乐的中国女子！第二次见她得益于她的妹妹宋美龄小姐的安排。美龄小姐是一个魅力十足的现代女孩，她在基督教女青年会工作，知识丰富，思想进步。为了帮助我了解女工和童工的工作环境，她特意安排我参观了一家缫丝厂。

中国人对陌生的外国人总是非常友好，他们提供了一辆汽车给我，在上海期间，我可以任意支配这辆车。我把车停在法国使馆区一座西式住所门前，宋小姐很快也到了，她告诉我孙夫人也会一起去，这让我喜出望外。孙逸仙先生在上海的家同样也在法国使馆区，莫里哀大街29号，我们的车很快就开到了这里。这是一栋现代的二层砖楼，外墙上装饰着鹅卵石。站在门口小花园的卫兵上次我见过，前厅的大门外还站着另外一名卫兵。大门上贴着一张中文告示，内容是：未经预约，任何人不得入内。

士兵放我们进去，没多久，随着门闩的滑动，一个仆人将门打开了一条缝，大约只有6英寸宽。孙先生的生命无疑是最宝贵的，在这个生命得不到保证的国家，采取一些严格的保护措施，是非常必要的。孙夫人非常守时，很快我们就回到路边，她的凯迪拉克已经在路边等候她，我们需要讨论下坐哪辆车合适。

因为天冷，我建议坐封闭的车，孙夫人非常客气地表示同意。我突然意识到，她似乎更想坐敞篷车，这是在迁就我这个客人。于是我马上建议坐敞篷车，她冲我微笑表示同意。

孙夫人给我讲了坐敞篷车的另外一个原因："非常高兴你能喜欢坐敞篷车，我保证不会很冷的。这些天形势有些紧张，我不想用陌生司机。"去年夏天，为了躲避叛乱，逃离广州的途中，洛士文·宋经历了种种艰难险阻，这对她产生了极大的冲击。对比不同时段的照片，就可以发现一切。一年前，她拍的照片同几周前的那个下午我给她拍的照片相比，她气质依然那么坚毅，那么充满魅力，但是凹陷下去的脸颊和她刚刚步入中年的年龄明显不符。孙夫人非常漂亮，柔顺黑亮的头发从额头向后梳拢，用一个龟甲梳固定在脑后，奶白的肌肤，椭圆的脸蛋，比一般中国人都要突出的鼻梁，小巧而丰满的嘴唇，略方的下巴，特别是大大的眼睛，透露着一往无前的勇气。她身上没有更多的装饰，只在她修长的左手中指上戴了一枚大大的四周镶嵌的猫眼石戒指。她告诉我，猫眼石能给她带来好运。她的穿着也非常洋气，薄丝袜、美式尖头皮鞋、丝质波点紫色中式上衣，外加黑色条纹裙，裙子上装饰着精美的丝带和西式鼬毛。对于我提出的每个问题，她都安静地倾听，认真地思考，然后给出一个非常周全的答案。她的脸上总是挂着浅浅的笑意，但是讲到女工的工作环境时，她的笑意消失了。

关于缫丝厂，我完全不知说什么好。在这里，没有福利，没有托儿所，没有休息室，没有餐厅，

左· 宋庆龄　　右· 孙中山
　　孙中山夫人　　中国最著名的政治人物

"煮茧工"连坐的地方都没有。"煮茧工"都是 6 到 16 岁的女孩，她们的工作是在热气滚滚的沸水中搅动蚕茧，以备抽丝。由于没有地方安置自己的孩子，有的妈妈甚至任由婴儿在肮脏的地上爬来爬去。这里有的只是无休止的蒸汽和热浪，在这样的环境里，女童工需要和成年女工一样不停地拼命劳作。我们享受着她们生产出的精美丝绸，资本家却从她们的劳作中赚取着利润。

整个房间被浓厚的蒸汽所笼罩，让人几乎喘不过气来。做"煮茧工"的这些孩子们，每天工作 12 小时，拿到的报酬却只有 25 分鹰洋（13 分金币）。成年女孩和妇女们的工作是纺纱，她们一天的报酬也只有 50 分鹰洋（25 分金币）。

为了改善女工的工作环境，提高她们的工作薪酬，缩短她们的工作时间，孙夫人和她的妹妹，以及上海的一些进步女性，正在做着不懈的抗争。作为这项事业的领导人之一，洛士文·宋她们开启了中国的社会工作者时代。

去年，她在孙先生军队的大本营，也是她的故乡广州创办了红十字医院，医治那些为她丈夫及其领导的国民党作战而受伤的士兵。

孙夫人是位眼界开阔、脚踏实地的慈善家。为了帮女性争取经济和社会地位，她按照西方的组织制度开展工作，付出了大量的精力。特别是她在担任上海中国红十字会主席期间所做的工作，尤其值得赞赏。

我第二次去上海的时候，孙夫人邀请我为中国的五个女性组织做演讲，为此她专门安排了一场大型会议，并为我选定了演讲的主题"世界妇女运动管窥"。这些组织都是由中国的进步女子组成，这着实让我感到震惊。作为一名外国人，我很难判断这些进步组织在现在和未来能够取得多大的发展，但是可以肯定的是，虽然这些进步组织的发展还仅仅局限在大城市和通商口岸，不过单从这些组织的名字——上海女子俱乐部、女权运动、选举协会、商界女子俱乐部、基督教女青年会，我们就能感受到进步思想在不断发酵。毕竟从改变三寸金莲、深居闺房起步，我们有很长的路要走。今天，在遥远的中国，这些觉醒的东方女性借助翻译，倾听我——一个异国的女子向她们讲述如何在争取政治和社会地位的漫长道路上进行抗争。孙夫人饶有兴趣地听着我讲的每一句话、每一个字，频频对我点头。第二天，我收到了一个银盒，里面装着一磅茶叶和一张字条。茶叶是洛士文·宋送的，纸条上写明茶叶的种类和冲泡方法，她借此表达对我昨天演讲的感激。

纸条上写着："这是一盒铁观音茶，只出产于福建，以芳香著称。希望您能接受它。过去，饮这种茶的时候会举行一个仪式：先把茶叶泡在一个小陶壶里，就像孩子过家家时用的那种，然后再把茶倒进茶杯里，供客人们去品鉴。每当泡好茶的时候，我们一般会选择用陶壶，这样以尽色声香味之蕴。"一个西方人可能很难直观地判断出茶叶这种东方饮品的价值。如果纯粹从商业的角度去衡量，这盒茶的售价有些时候能够达到每磅 50 美金，在一定程度上它的价值相当于西方的陈酿香槟和白兰地。

广州的革命进行得如火如荼，孙逸仙及其领导的政党打出重新统一的口号，再次获得了广州的实际控制权。在广州待了两个星期之后，我回到了上海。孙夫人得知我回到上海，很快写了一封信给我，信上说她得了流感，不方便见我。她说："我很想见您，听您讲讲您在广州的所见所闻，但是很不幸，我感冒了，传染了我的丈夫，我已经很愧疚了，我不能再拿您的健康去冒险。您给我写信好吗？这样我既可以在床上回答您的问题，也可以转移下我的注意力。"

为了让记录更有价值，按照心理分析关于人性记录改动越少、价值越高的结论，我把我们通信的内容原封不地摘录如下。这些材料具有很大的启发性，孙夫人把她所知道的东方原原本本地告诉了西方，即便是她沉默和有所保留的话题，也和当今的社会现实一样，让我们深思。

（1）您出生在何地？

我出生在上海。

（2）您在哪里接受的教育？

小时候，家里给我请的家庭教师；12岁时，送我去上寄宿学校；15岁时，他们又把我送到国外，我在新泽西州斯密特城的一所私立学校读的预科；之后我考入了佐治亚州梅肯市威斯里安女子学院，1913年毕业。（学文学）

（3）您何时何地结的婚？

1915年10月25日，在日本东京结的婚。我的丈夫那时正在东京避难。

（4）您有孩子吗？

还没有。

（5）您最喜欢的花、娱乐和消遣是什么？

我最喜欢的花是玫瑰花。最喜欢的娱乐活动是和我丈夫打牌。最喜欢的消遣是听优美的音乐。

（6）您希望在几周之内回到广州吗？

是的。（回到广州意味着孙先生革命胜利。）

（7）您父母叫什么名字？

我父亲叫宋嘉树，广州人，毕业于美国田纳西州的范德堡大学。我母亲叫倪桂珍，上海人，曾经在上海的一所教会学校学习过英文和中文。

（8）您最大的愿望是什么？

我最大的愿望就是看到国人把中国从贪婪势力的裹挟中解放出来，收回所有特权和领土，成为一个真正的民主国家。

（9）中国最引人关注的女子都有谁？请按重要性列举她们的名字。

中国最引人关注的女子是那些踏踏实实做事、做好事，又不矫揉造作的人。我想她们不会让我把她们列举出来。

（10）您最欣赏您丈夫的哪一点？

我最欣赏的是他的大公无私，他从不怀疑任何人会图谋不轨，他相信遇到的每个人都有其最好的那一面。

宋庆龄
孙中山夫人

（11）您什么时候起床？

我一般早上 7 点起床。

（12）您什么时候睡觉？

我一般晚上 10 点睡觉。

（13）您吃中餐还是西餐？您最喜欢吃什么？

我吃中餐，但是早餐一般是西式的。

（14）您最喜欢的书有哪些？

我时常喜欢翻看《拼凑的裁缝》，我总带它在身边，从没有感到过厌倦。哈维洛克·艾利斯和爱德华·卡本特的作品对我也大有裨益。

值得我们重点关注的是，孙夫人可以算是西方教育的第二代，她的父亲在美国、母亲在上海的教会学校都接受过西方的教育。在她身上，我看到了中国人对待国家的另外一种态度，这种态度更接近于西方的爱国精神。孙先生和孙夫人都坚守着公众利益高于个人利益的观点，这在当今的中国，极为少见。多数的中国人，屈服的是家族而不是国家，考虑更多的是家族的荣耀而不是国家的荣誉。

洛士文·宋相信中国一定能够腾飞；相信中国一定能够建立真正的共和政府；她相信中国有着足够丰富的自然资源，虽然现代生产更需要的是机器和科技；她相信中国人一定可以掌握最先进的技术，现在很多工厂的设备已经完全由中国人自己操作；她相信和平崛起要强于武力，武力的作用只在于扫除一切阻碍进步的障碍物；她相信所有人都应该接受教育，一个国家女性的水平决定了这个国家的水平。尤其在中国，女性对家庭的影响巨大。中国人讲究孝道，子女对父母的孝顺的极致，就是对长者的尊敬和忠诚。孙夫人面带微笑告诉我：“中国人尊敬死者而不是生者，我们的问题在于如何实现这种转变，但是我相信中华民族是重教育、有文化的民族，假以时日，我们一定会成功的。”

“我认为，在西方接受过教育的学生，对当前中国的发展非常有价值。如今受留学归来的学生的影响，中国的社会生活发生了很大的变化。比如，现在男女可以一起逛街，一起聊天，特别是在港口城市，混杂舞也已经非常流行。”

孙夫人说：“我的丈夫反对跳舞，中国只有在举行神圣仪式的时候才跳舞，他认为西方的舞蹈是一种糟粕，以此为乐显得非常缺乏教养，他觉得除了跳舞还有很多其他的娱乐方式，我们不应该引进西方的舞蹈。我不完全同意他的观点，这也是我俩唯一意见不一致的地方。”

孙夫人心胸宽阔，善解人意，就像一条平静的大河，沿着自己的航道，把所有的希望和目标都送到大海。就要离开她了，我最后问了她一个关于舞蹈的问题，对于这个问题，她微笑着说：“不，我再也不跳舞了。”

第三编

太太之灯

尚未受激发的女性

第十三章

新女性之光

人生代代无穷已，
江月年年只相似。
——张若虚（约公元700年）

如今，中国的新女性已经真正走出了闺房，可以自由地行走在大街上，在公共场合与陌生的男性交谈，甚至还可以迈着欢快的爵士舞步与他们拥抱在一起。她们做这一切已经不用再害怕因为触犯礼法而遭受惩罚了。

皇帝与总统、政见与革命，也许一个人会因为关注这些信息而感到开心，但是对我而言，此次东方之旅，我最感兴趣的却是女性在这场变革中的状况。我先后目睹过埃及、土耳其和近东所发生的巨大变化，很想关注女性在远东的革命中所起到的作用。尤其是在中国，我想知道已经摆脱家庭高墙的女人们，究竟能往外走多远。如今，中国获得解放的女性越来越多，范围不再局限于那些先驱，已经可以像美国或者欧洲一样，将她们进行分类了。

形成这一现状的原因，可以归结为西式教育和商业化。对她们当中的很多人来说，这是个充满机遇的时代。事实上，中国历史上也曾经造就过许多非凡的女子，有女诗人、女画家，甚至女政治家。如杨贵妃，她温柔地拨动琴弦，也拨动了皇帝的心弦；"老佛爷"在国家大厦将倾之时，一边在颐和园作画，一边操控着那些人们的命运和灵魂。如今，像石美玉医生、熊希龄夫人、唐容龄格格、廖东恩夫人、尼尔逊·陈夫人等，她们是新时代不同类别女性的代表，虽然还比较少见，但她们都属于西方思想嫁接到东方树干上结出的果实。

熊希龄夫人
中国最为重要的女性之一

中国女性充满了魅力，共同构成了一幅神奇的图景。我很荣幸能够目睹她们的风采，太太之灯的光芒也许只能描绘出她们的轮廓，但是我将尽力去快速挥动灯笼，让大家不仅能够看到身穿绸缎、装饰华美的她们正在动身，还能看到身着苦力衣服的她们也正在出发。

现在让我把太太之灯的灯光照向一位花船女子。广州珠江平静的水面上不时传来琴弦声，一盏又一盏宴会灯笼把花圃照得通亮。皮肤白皙的花船女子，穿着装饰繁琐的锦缎衣服，宝石的项链不时地摩擦着衣服，发出轻柔的响声，香水的雾气和熏香的烟尘笼罩着她，悠扬的钟声和笛声飘荡着传入她的耳中。两名侍从一左一右扶着她，摇摇晃晃地站立在大理石铺就的庭院里，她用她那带着笑意的眼睛，漫不经心地打量着眼前这美丽的花朵、淙淙的喷泉。另一名侍从拿着她的宠物，一只会唱歌的小鸟，第四个侍从则捧着她的小烟管，让她可以随时享用那一点点的烟气。太太之灯的灯光将会启迪旧时代的中国女子，努力将她重塑为中国的现代之花，让她，以及和她一样的女子成长为医生、教师、慈善家，甚至成为为姐妹们谋利益的商人。最终用成长向人们证明，她们一样可以获得心灵上的幸福，一样可以为国家提供帮助。

第十四章 社会女性

在中国人的传统观念中，女子面对公众的目光时会很害羞。

汉语里有一个词叫"幽闲"，它代表了"所有女性品德的精髓"。从字面上讲，"幽"就是退让、隐蔽、掩藏；"闲"就是安逸、空闲。

如果用英语来表达"幽"的意思，更接近的词应该是"羞涩、腼腆"。著名学者辜鸿铭先生在《中国人的精神》一书中就曾礼貌地指出，说英语的女子通常都缺乏"幽"这种气质，所以在英语中很难找一个合适的词来准确表达"幽"这个词的真正含义。①

在评论北京一批受西式教育的年轻男女组建的孔教会时，辜先生用非常精炼的语言表明了他的观点：

"在你们看来，我们的父亲、母亲、前辈、先祖这些人，因为他们没有'睁开眼睛看西方'，所以他们的观点都是粗鄙的、未开化的、愚昧无知的……但是我的年轻的朋友们，以你们的开明，应该知道……正是这些我们黑头发民族的祖先，他们开创并赋予我们的文明，才让我们能够凝聚成为一个具有三千多年历史的统一的大帝国……我们的祖先留给我们两大无价之宝：语言和我们的女性特有的气质。如'幽'字所表达的寓意，每一个真正的中国女子都把它当作了一种本能。按照我们中国人的观念，女子在公共场合抛头露面都是不成体统的，即便是在你们孔教会的礼堂里，这么做也是伤风化的。总之，正是这种'幽闲'的气质，这种与世隔绝的幽静之心，这种对各种诱惑的敏感抵制，这种谦虚之意，才构成了一个不同于世界上其他女子的真正的中国女子，她们身上所散发出来的那种香气，比紫罗兰、比兰花更甜美。"

辜先生的这段话阐明了一个男人对女性魅力的最直观的看法，的确如他所说，女子这种回避的羞怯、对隐匿的渴望、彻底的忘我，必须在内心纯净、无欲无求的状态下才能达到。

然而对于诗人，他们作为生活的最细致的观察者，从古至今，他们关注和表达出来的却一直

---

① 他说："女人越谦逊，越有女性气质，便越完美，越理想。与之相反，如果一个女人不懂得谦逊，那她便失去了女性气质，也失去了女性的馨香与馥郁，成了行尸走肉。"

是悲伤的、孤独的、被辜负的、被抛弃的、心碎的、绝望的、无望的女子，和传统教化所要塑造的女子完全不同。只有描写非常年轻的女子和受君王宠爱的女子的诗歌，才能让人读出欢快的色彩，其他诗歌，无不记述着那些希望渺茫的女子们的泪水和忧伤。如果把这些女子描述为幽静的兰花，从那醉人的香气，迷人的美丽中完全无法找到那份无忧无虑的甜蜜心境。她们更像被摧残的玫瑰，而不是一朵昂首向着太阳自由盛开的鲜花。

在男性长期统治的社会里，他们把这些可能是充满爱意的专制或多或少强加到了女性身上。关于这些在专制枷锁之下的中国女子，辜先生感慨道："即便是在宋朝的时候，理学家们把儒教弄得僵化狭隘，因此，儒教被庸俗化。从那时起，中国妇女就失去了'debonair'（轻松快活又殷勤有礼）这个词所表达的许多魅力和优雅。如果你们想要看到'debonair'这个词在中国女性观念中所体现的魅力和优雅，就应该去日本。在那里，甚至在今天，妇女至少还保存着唐朝时候的真正的中华文明。由'debonair'这个词所表明的魅力和优雅，与中国人的女性观念中的温柔特质结合，给予了日本女性一种独特的特征——甚至当今最为贫困的日本女性也不例外。"

不过，如今日本的女子为了实现自己的完满人生，已经发生了很大的变化。她们除了传统的家庭意识之外，已经逐步建立起了公民的意识。这些改变可能会让辜先生，以及他的众多追随者感到难过，但是在我看来，这些无损于她们的优雅。

为了维护女人的这种"魅力"，中国女子就只能待在闺房之中，而那些男人们则在孩子面前维护了自己的权威和名声。

其实，在女性美丽迷人的外表之下，隐藏的还有她们强大的内心。比如中国有一个表达"争斗"的汉字，它的写法就是在同一个屋顶下，有两名女子。此外，还有句俗话："妻妾一心，便要当心。"

中国在培养女孩子保持"幽闲"性情方面的一个发明就是缠足。此外，还有是给超过 12 岁的女孩戴铃铛，这样当她们试图离开庭院的时候，就能被及时发现。

也许是因为男性对任何已经接受和习惯的事物，往往采取赞美和维护的态度，所以缠足这种恶俗一时还很难根除。这就跟中国男性的辫子一样，一开始被当作臣服的标志，经过几代人之后，就变成了一种荣耀的象征，甚至征服者也接受了这样的转变。当民国下令剪发时，法令遭到了人们的强烈反对，执行命令的官员们不得不强制执行。缠足也是如此，即便要忍受巨大的痛苦，但是作为荣耀的标志，无论如何都要开心地去接受。"三寸金莲"能够嫁个更好婆家的观念，不仅存在于普通劳动阶层中，在中部一些省份的官员当中，这种观念也都普遍存在，并且长盛不衰。

为了缠足，女孩们从三五岁时就要开始承受由此带来的痛苦，为了"小脚一双"，她们"眼泪一缸"。如今，虽然缠足已经是违法的，但是各地仍然有人缠足。在公立学校里，如果你的脚骨还没有折断，那么现在它们可以重获自由了。但这只是刚刚起步，我听说了几个例子，一些女孩放假回家立即把脚裹起来，等回到学校再把脚解开。

女孩们为此所要承受的苦痛可想而知，但是很难说会因此提升多大的个人魅力。

中国北方的满族和南方的广东人对裹足这种残缺美始终持一种不屈服的态度。在中国中部，大约30年前，苏州的一位王夫人在她的家乡发起了第一个戒缠足会。如今，这种反对传统观念的有效手段已经在当地广为流传。王夫人不仅精通传统文化，也吸纳进步思想，她的这种进步思想传给了她的女儿王小姐。王小姐是一位化学博士，现在居住在芝加哥，她曾经写了关于豆腐和松花蛋的论文，其中豆腐是中国劳苦大众的主要饮食材料。这些论文可以算作王小姐利用化学知识为家乡做的贡献了。

"秋天到了！""树叶都去哪里了？"不管是中国人、日本人、土耳其人，还是埃及人都不欢迎冬天的到来。其实欧洲人也一样，他们也期盼不受欢迎的冬天尽快过去。对于新女性而言亦然，她们热烈地希望旧时代的冬天赶快过去，迎来她们绽放的春天。

让我来看看我在通商口岸遇到的那些受过西方教育、地位高贵的女子。如今，她们都已经过上了令人愉快的生活。整个中国，过去从不欢迎外国人到来的家庭打开曾经紧闭的大门，友善地迎接着外国的来客。尽管形式有所差异，但是不管是在美丽的、令人眼花缭乱的北京，还是在忙碌的、生机勃发的广州，外国人都受到了同样的热情欢迎。

通常一个中国家庭中会有很多女性成员，对一个外国人来说，很难去理解这些女性成员的准确身份，因为她们当中可以有许多的妈妈、妻子、小妾、女儿或者仆人。我时常将"堂妹"猜为妾，因为害怕我有所谓西方人的偏见，中国人常常会向我隐瞒实情，其实这样做完全没有必要，我完全可以理解一个国家的风俗习惯不是那么容易改变的。

我在香港认识一位中国人，他非常有名气，在其他的国家获得过极高的荣誉。众所周知，他有两名妻子，她们两人分工不同，但是看上去能够非常友好地相处。在他组织的宴会上，他的第一位妻子负责帮他接待客人，而他的第二位妻子则在现场忙着照看孩子和为客人准备甜点。两个人互相以姐妹相称，都称对方为我丈夫的妻子，而把孩子也都叫作我们的孩子。

受西方观念的影响，女性在经济上越来越独立，这也为反纳妾革命的开启奠定了基础。我认识的所有进步人士都不纳妾，但是有个问题却让我大伤脑筋，就是我遇到一些非常吸引我的女子都是中国人所称的妾，然而在西方观念中，她们却又不能归入妾这一群体。理想中的中国女子通常都是深居闺中，大门不出二门不迈的，对她们而言根本不存在什么经济独立，不管是在父亲家还是丈夫家，都是被圈在家中，受到精心的照顾。在这个家庭制度和祖先崇拜至上的国家，生儿子被当作头等的大事。因此，如果妻子不能生育，丈夫就必须再娶一房。这种做法，符合男方传宗接代的需求，很多女方的父母都只能表示同意。对于女人而言，能够生孩子，让家庭幸福，才是她们最大的成就。所以，当这种习俗最终上升为一种约定俗成的国家制度之后，所有与制度不符的东西，哪怕棱角再分明，也会被削成制度体系需要的形状，或者被无情地毁灭掉。一个有教养的男人，如果不经过妻子的同意，就把小妾带回家，是于礼不合的。但是妻子如果长时间不同意，她的丈夫就无法完成延传子嗣的任务。如此，尽管内心有极多的不情愿，她还是会微笑着为丈夫张罗纳妾之事。

在中国的家庭中，母亲和正妻拥有很大的权利，她的权利来自她的丈夫、儿子，在家庭所有的女性当中，不管是与丈夫的妾，还是与儿子的妻妾相比，她的地位都是最高的。如果她不出现在儿子婚礼的仪式上，她儿子的正妻就不可能得到法律上的认可。在中国，没有西方意义上的所谓私生子，她丈夫的所有儿女，同时也是她的儿女，她是这些孩子法定意义上的母亲。

"继母"在中国绝对不是一个玩笑话，她受到了严格的礼法和家法的约束。如果一个女子违反了礼法，哪怕情节很轻微，家庭里地位尊贵的领导者也会采用最残酷的刑罚处罚她，她甚至都不需要经过严刑拷问就可以被判死刑。在中国，人性的发展是非常充分的，在威严的婆婆掌权的日子里，即便儿媳妇再迷人再乖巧，日子都会很难过，婆婆毕竟是她法律意义上的母亲，即便婆婆再挑三拣四，再想到啥就是啥，她都必须隐忍。只有在婆婆离世之后，她才能真正解脱，灵堂拜祭之后，她将继承这梦寐以求的地位。和正妻相比，妾就没有这么幸运了，即便丈夫对她宠爱有加，通常她无法成为正妻，也不能穿上代表正妻身份的红衣。

通过自己的强大的人格和不懈的努力，最终战胜命运，让命运随她意愿而改变的事例也是存在的，慈禧太后就是其中最典型的例子。"老佛爷"的成功除了她天赋的优势和精明的头脑，还得益于当时罕见的形势。皇帝的正妻萨克达氏英年早逝，没有留下子嗣，在皇帝的后宫中，叶赫那拉氏第一个生下了儿子，让皇家的龙脉得以延续，她的身份也一跃成为了未来皇帝的母亲。身份的提升，扩张了她的野心，但是在这个女性无法取得统治权的国家里，个人魅力才是她的个人地位得到提升的坚不可摧的力量。

慈禧太后的成功，靠的不是君权神授，而是个人的超强能力与不懈努力。当她只有22岁的时候，就已经精通了《论语》，并靠自学学完了所有的仪式程序和法令。

引用古代经典包括《论语》以及其他智者的言论，来表达自己的经历与情感是中国文人的习惯，这也标志着说话人的文学修养和文化水平。甚至那些并没有受过多少教育的人都在不断地引用。这让思想交流变成了一种很困难的事，人们必须通过学习来增加自己的知识量，虽然这样浪费了很多时间，也可能耽误一些事情，但是一旦成为文人，他们就可以得到更高的社会地位。和中国人相比，西方人彼此之间交流就容易多了。

对慈禧太后而言，丰富的知识是她取得成功的力量之源。她的引经据典，她的为人处世无不彰显着她日益增长的野心。从皇帝的后宫中第三等级[1]的妃嫔，到旧秩序中的独裁者，她的故事是新中国女性参与社会活动的开篇，点燃了中国新女性运动的星星之火。她对中国的长期统治，向所有人证明了，一个女人可以做成事，那些说中国女性不能从事社会活动的偏见都可以见鬼去了。关于描写中国女性能力的名言有很多，这里我引用很喜欢的一句话来描述："一个老实女人的才智也足以移掉九座山。"

中国女子在家中有着非凡的能量，但是这些在旧中国处于家庭权力顶层的女子从来不会出现在公共场合，只是通过潜移默化的方式，把她们的影响力扩散到公共生活当中去。不过，不管是

---

[1] 慈禧太后在咸丰帝时历贵人、嫔、妃、贵妃四级。

对国家还是个人而言，这种隐藏的力量都很难发挥积极的作用。在中国，固有的习惯不容易改变，儿子必须一辈子服从父母。除了婚姻要服从父母的权威，即使在婚后组建小家庭，他仍要按礼节，按时去拜见父母。这里我讲一个例子：世界大战期间，香港一位做船舶生意的商人，打算花几十万美金购买一艘大船，但是他在作出决定之前，必须先去征求母亲的意见。他的母亲居住在百里之外的广州老家，50 年没有离开过家门一步，对外面的商业世界一无所知，即便这样，她还是拥有这些大宗生意的决定权。虽然儿子是一个完全独立的生意人，花的是自己挣的钱，即使他同意这笔生意，如果他的母亲不同意，生意还是不能达成。为此，已经有好几次购买或出售船的生意流产了。

为了让女人们能够绝对独立地在家中生活，男人们限制了女性参与经济活动。

中国在衣着上的习俗是男女都穿裤子。

从衣着上讲，中国的服装和我们有着非常大的差异，我对他们神奇的服饰产生了极大的好奇。有一天，在去南京的火车上，我和两位中国的上层女子坐在一个隔间里，利用这一机会，我仔细观察了其中一位中国女性的服装，特别是她的彩色、毛边的衣服。这两位女子，一个大约 25 岁，一个大约 28 岁。中国人的年龄很难判断，特别是在眼睛和面颊没有皱纹的时候，中国人只有到非常成熟的年龄，脸上才会突然长出许多的皱纹。对大多数中国人而言，判断他们年龄的唯一线索就是从嘴巴到下巴的那条线。这两位女子是同一个男人的夫人，这个男的很帅，放下大大小小的包裹、瓶子、罐头、雨伞后，他去了另外一个隔间。

年龄大一点的这位女子，最开始穿着一件黑色丝缎长斗篷，斗篷装着貂皮领子，衣边镶着旱獭毛。脱掉之后，里面穿着的是一件同样由黑色丝缎制成的长外套。外套很长，从头一直到脚，衣领高挺，扣子整整齐齐地系在衣服的左侧，衣服上面则绣着今年最流行的几何和花卉图案，衣边除了镶有白色羊毛，同时还镶着一圈蓝黑色相间的宽丝带。

按照中国的衣着习惯，我基本可以推断，外套里面肯定还穿着好几条裤子。一个典型的中国家庭，除了随手可以使用的取暖小设施，冬天家里是不生火的，他们会把一个黄铜的炭火盆放在手里或者膝盖上，或者脚上。如果天气再冷一点，他们会在衣服外面再加上一件棉或者毛的外套。

那位年轻的女子非常瘦，看上去就像一根缝衣针。她的丈夫穿了一件灰缎毛边长外套，每次进来跟她互相行礼的时候，她都底气很足地跟他讲话，我判断她是正妻无疑。她手里拿着一个小的橡胶热水袋取暖，热水袋已经成为炭火盆的现代替代品。隔间里渐渐暖和起来，她也放下了手中的暖水袋，拿起一个未完工的毛线袜子。她一边不停地织活，一边还不忘时不时点评下"妾"手中的活儿。

没多久，正妻又脱掉了她的第二件外套，我有机会仔细观察着她里面穿的衣服。她的下面穿着一条深蓝色的丝缎棉裤，棉裤在脚踝处扎紧，脚上穿着灰色的毛线袜和红色平底毡鞋。她的头上则戴着一顶由深浅两种红色毛线织成的帽子，温度上来后，她摘下帽子，露出了她黑亮的头发。她的头发在脑后盘成了一个大发髻，头上插了两个发簪，其中一个上面镶嵌了 8 颗大珍珠。她的身上套着几件棉衣，我看到 3 件，每件都是从侧面开口，非常漂亮。最外面一件是亮紫色，包蓝白相间的丝绸边。第二件是亮蓝色，红棕色的边。第三件没有看太清楚，大约白色的丝绸上面有一道蓝白色的条纹。最里面这件衣服的袖子比其他几件都长，露出了白色的花边。我猜想，夏天的时候，她可能会喜欢穿白色或者浅色的亚麻和丝质衣服。

旧式中国上层女子的服饰，和现在流行的新式服装有非常大的区别。新式服装下身通常是圆形的短裙，裙边离地大概有 12 寸；上衣则根据潮流、长度、款式、颜色、布料的选择每年都在变化，同时还要考虑上衣和裙子在材质上是否搭配，在颜色上对比是否强烈。这些新式的女子服装，不仅要与西式的高跟鞋、舞鞋、丝袜一起成套穿着，同时还要根据欧洲人的穿着礼仪，根据场合的不同，分别进行不同的搭配和组合。

而旧式的中国女性，她们则会根据需要参加的仪式的不同，换不同的衣服出场。她们从来都不可能穿着参加婚礼或者宴会的衣服再去参加葬礼。在中国，关于丧服在习俗上有着非常严格的规定，我曾经见到一个女子，在服丧的第二年，她穿着一身粗布制成的灰色棉布衣，坐在她那群穿金戴银的朋友中间，当我第一次见到这个场景时惊呆了。中国的贵族女子在衣服上是非常舍得的，其耗费之巨大，服饰之华丽，完全可以与欧洲的女子相媲美。

第十五章
礼宾灯笼
一场北京晚宴

> 银烛吐青烟，
> 金樽对绮筵。
> 离堂思琴瑟，
> 别路绕山川。
> 明月隐高树，
> 长河没晓天。
> 悠悠洛阳道，
> 此会在何年。
> ——陈子昂《春夜别友人》

中国"五帝"之一的舜帝（公元前 2317—前 2208 年）有两位妻子：娥皇和她的妹妹女英，舜帝驾崩之后，遗体葬在湘江旁。两人在舜帝墓前"啼，以涕挥竹，竹尽斑"，最后为了追随她们的丈夫，两人跳入湘江自尽。当今的世界，已经没有了创造传奇的环境，现代的女子恐怕不会像她们那样做了。我听说，中国有一个地方，每年大概都会有 12、15 或 20 个年轻的妻子，因为无法忍受婆婆或丈夫的严苛，选择在一个特定的日子，手拉手一同沉江。对她们来说，宁愿去死，也不愿选择忍气吞声地苟活，她们的灵魂只有到了另外一个世界才能得到解脱。她们的悲惨命运让人感觉不公，她们的凄凉故事让人震惊。令人欣慰的是，如今民主观念正逐步深入人心，传统的家长制度正逐渐被削弱，一场彻底的变革正在酝酿发酵。

在中国古代，妻子给丈夫写的信一般称为"和章"，反映出夫妻之间不可言传的柔情与默契。如今，夫妻之间的这种平等融洽被一种更强调夫权的称呼所取代。但是成语"夫唱妇随"所表达出来的夫妻之间的忠诚与和睦，今天依然还适用。如今，这些年轻的妻子，可能依然过着锦衣玉食、漫无目的的生活，但是为了摆脱自己的不幸的生活境遇，除了眼泪和自杀，可以去寻找别的选择了。

在大城市里经常可以遇到一些现代女性，是非常愉快惬意的事。我在脑海里不断搜索着这些美好的往事，想到了在北京遇到的一位女主人。北京高墙之中的道路空旷漆黑，加上每条路都规整如一，如果没有灯笼，你走在其间，就如同一个希望通过占卜摆脱窘境的人一样，不知道会走到哪个出口。这些迎宾灯笼，照亮了穿过庭院和花园的道路，它们散发出热情的光芒，帮助一个来访的外国人在北京的四合院里不至于走错。

终于，在一间装修豪华的法式画室里，我见到了雪莉·周夫人。周夫人的丈夫周自齐曾经是前摄行大总统、前财政总长，他当时正好因公出国，所以周夫人就有时间邀请我一起喝茶。

周夫人大概只有 20 岁，穿着和打扮都非常时髦，笑容也非常迷人。她在天津上过女子学校，对音乐有着浓厚的兴趣。她不仅学习过中国音乐，还在 1921 年，跟随身为外交使团代表的丈夫去华盛顿学习了西洋音乐。她每天的大部分时间就是在音乐和慈善中度过。她现在是女子慈善协会的成员，也是一所救助穷苦儿童学校的负责人。周夫人每天的生活是北京这一时期社会女性生活的一个缩影，其余的时间喜欢看电影，看戏剧，还喜欢骑马、滑冰、散步。虽然她每天坐着她的大轿车跑来跑去，但是这并不妨碍她对这些项目的喜爱。

雪莉·周的前任，不久前刚刚去世，留下了两个女孩，现在都在华盛顿国家大教堂学校读书。当我无所事事四处打量画室的时候，前任周夫人的画像吸引了我。画像挂在画室的壁炉台子上面，在这个完全西式的房间里，摆一个中国人的画像显得非常特别。如今，雪莉·周已经成功地取代了她的位置，成为两个孩子的继母。

周夫人邀请的还有其他一些有趣的女子，她们都是不同类型新女性的代表，其中有三位给我留下了尤其深刻的印象。第一位是尼尔逊·陈夫人，一位年轻的女银行家，从她裁剪精致的礼服可以看出她的机警和利落。第二位是娜丁·黄小姐，母亲是欧洲人，父亲是中国人，她会说法语、英语和汉语，热情积极，非常喜欢户外运动。第三位是戴安娜·载抡，前清庆亲王的第五子载抡的夫人，慈禧太后统治后期，他是主要的议事大臣，享有许多恩宠。戴安娜·载抡很瘦弱，手腕、脚踝都非常细，就像小鸟一样。倒是她水汪汪的大眼睛显得非常平静，充满了仁爱。她身上的每一个细节都值得去细细品味，她把她所属阶层应有的雅致表现得恰到好处。

在我的心目中，戴安娜·载抡就像一块由造物主精心雕琢的美玉，稀有而珍贵，她的各种好，就如诗歌里歌颂的那样。见过几次面之后，我们之间渐渐熟悉了起来，我对她也有了更深的了解，虽然我们的语言不同，但是这不妨碍我们彼此之间的心灵相通。有一天，她非常淡定地对我说，庆亲王手里有慈禧太后的亲笔画，他已经同意赠送我一幅，不知道我是否乐意接受？

能够得到这么一份无价之宝，你可以想象，我该有多么开心。在几天后周自齐夫人举办的女子晚宴上，我终于收到了这份礼物。画的主题是一株牡丹花，象征着皇后的身份，画的主色调是牡丹红色和咖啡色，照片上的黑白两色，根本无法展示它的绝世之美。印章同样是这幅画的组成部分。这幅画被细致地用红色丝缎装裱起来，并安在樟木卷轴上。

凯瑟琳·卡尔女士为老佛爷画像时，老佛爷告诉她："我可以用任意一种色调来作画。"老佛爷画画不用油彩，所以她也无法理解用油彩作画的难度。

晚宴满是各种美味佳肴，有的菜品非常名贵，然而晚宴让我最难以忘怀的，是当晚在场的15位女性我几乎都认识，根本不用担心冷场。大家坐在一起，非常愉快地谈论着各种话题。在晚宴上，我又认识了一位内莉·王小姐，她是位药商，算是这个行业的先驱，目前在北京经营着一家美国药店。

王小姐谦逊文雅，极富魅力。她出生在中国，父母也都是中国人，但她却是在火奴鲁鲁由一位英国监护人抚养下长大。她先在那里上完小学，又在加利福尼亚的帕萨迪纳读完中学，然后在拉萨尔神学院、塔夫斯医学院读预科，1920年，从哥伦比亚大学毕业，成为一名药剂师。因为喜欢家政，她还学过7年家政学，在波士顿丹尼森楼居住的那段时间，她主要从事社会服务等工作。回到中国后，她最初仍然打算从事她所学的与家政有关的工作，她将主要精力都用在改善国民的居住环境方面，但是并没有得到多少人的响应，再加上她不太适应中国的饮食，身体健康受到了影响，

西登夫人惠存

揄倩如赠

十一年十二月十六日

戴安娜·载抡
庆亲王家族里的小女士

这些都让她非常地气馁。她后来来到武昌，为一个外国使团工作，现在她又辞职来到北京，开了一家药店。

为了从参加晚宴的受过良好教育的女子身上找到中国女子脸上不长皱纹的秘密，我很自然地问起了王小姐的名字和经历。

王小姐的丈夫是一位著名的商人，主要在上海和纽约经商。他的英文水平要明显好过中文，这大概说明他是出生在纽约。王小姐告诉我，中国女人不长皱纹是因为她们不需要操心，也不需要担心，所以在任何情况下都能做到处乱不惊。

"你们知道'美颜球'是什么吗？"

"当然知道，还有香氛球！"几个人马上异口同声地回答。

"你想看看吗？"其中一个人问我。

听完她的话，我心中一阵狂喜，连忙问这些东西到底是怎么做的。很快，一位仆人从最近的杂货铺买来了这两样东西，每个人都兴高采烈地急着看袋子里装着的"球球"。当打开桌子上的袋子，我对于克里奥佩特拉①的想象一下消失了。第一个袋子里核桃大小的所谓的"美颜球"，实际上就是猪油经过提炼然后结晶而成的。第二个袋子里的散发出浓郁香气的棕色小球，据说可以让肌肤更加嫩滑。和它们相比，我梳妆台上的那六种油膏和润肤乳更滋润，更能抵御北京城那凶残的干燥和风沙。在这次晚宴上，我还了解到了另外一个名人"胡适"的一些情况。胡适是国立北京大学的教授，也是中国社会改革的重要领导者。他的父亲也是一位著名学者，在他3岁那年，就已经不在了。胡适的母亲担起了家庭的重担，虽然她不认识一个字，却把胡适培养成了一代大师。胡适曾对世界宣告，他所取得的一切成就都要归功于他的母亲。尽管没文化的母亲培养出了大师，但是对于女性普遍没有文化的状况，还是让人们非常地不满。

配着薄饼的北京烤鸭登场，我们的话题立即转到了味觉上来。接下来的一道菜叫"菊花汤"，女主人亲自给我们表演了制作过程。先将红白相间的花瓣放在两个盘子里，然后倒进事先准备好的沸腾的鱼锅里，花瓣很脆弱，在没有破碎之前，汤就被迅速地端上桌来。这道汤对东方女子来说非常珍贵，它完美地将珍馐与玉露调和到了一起。中国菜我享受不了的还有燕窝汤和松花蛋。燕窝汤喝起来一股咸咸的胶味，松花蛋又黑又硬，有种石灰味，因为有人告诉我松花蛋是放在石灰里制成的。据说中国人非常推崇这三道菜，它们也是宴会上必有的菜品，如果一道不上，客人会认为主人对他不尊重。至少我旁边的穿貂皮镶边蓝色锦缎长袍的女子是这么告诉我的。她告诉我，为了让女性能够得到和男性同等的参政权利，一些女教师们正在为此付出艰苦的努力，她们多次发出了要求参加议政会议的呼吁。"但是让女人们走出家门太困难了，"她说，"就像我一样，我要照顾丈夫和四个孩子，还有很多的朋友，非常地忙碌。很多女人跟我一样，对丈夫外出，自己待在家里感到

---

① 克里奥佩特拉（公元前69—前30年），即埃及艳后，她非常迷人，先后成为凯撒和安东尼的情人，是古埃及时期一位传奇女政治家。——译注

北京女子银行，女子商贸存款部
一位女性顾客、尼尔逊·陈夫人和四位银行职员

非常地满足。"

关于"妹仔"，尼尔逊·陈夫人给我的明确解读，让我对她们有了更深入的了解。那天上午，在她的银行里，和别的女子的旁敲侧击不同，她很直接地告诉我，"妹仔"就是被"领养"的女孩，女孩的父母把她卖出去，从而得到了一笔钱。至于女孩，地位跟以前的奴隶差不多，待遇完全取决于新主人的脾气和修养。

纯粹从理论上讲，只是在内室里做学徒，对一个两三岁大的孩子应该算是一种很好的照顾，而且她们还能学到女人今后应该会的一些技能。但是事实上，因为相关法律的缺失，包括衣食住行在内的一切生活都只能完全依靠主家。她们当中的大部分人，也许日子过得还不错，但是有一些却受到了虐待，甚至被虐待致死。她们的生命太廉价了！眼下，对于妹仔的这种境遇，在香港引起了人们的强烈不满，纷纷要求制定法律来防止虐待行为的发生。但是也有人支持维持现有的制度，他们认为，如果废除这一制度，这些女孩的境遇可能比现在更艰难，只能成为更没有权利、地位更加低下的奴仆，甚至只能靠出卖肉体为生。

陈夫人说："现在中国的底层民众还太穷，同时人数又特别多，妹仔的问题，我想随着中国民主建设的不断进步，最终会取代现有的家族制度，到那时妹仔也就不会存在了。"

当时在场的还有两位外国人，其中一位我猜是美国公使馆中文秘书威利斯·佩克夫人，她给我们讲了这样一个故事：

"有一天，我在天坛旁边的路上碰到一个男人，他手里牵着一个小女孩，两个人穿得破破烂烂，看上去很惨。见到我，男的冲我迎过来，对我说，要把那个女孩子以10块鹰洋的价格卖给我。哎！一个活生生的人，50磅重，现在可怜到每磅10分钱卖掉。"

陈夫人说："在你们的国家有照顾穷人的制度，所以这样的事情不会发生。而在我们这里，通常是靠家族来照顾比较穷的亲戚。我的银行就遇到过这样的麻烦事。有一个女客户，在我这存了一大笔钱，准备用来投资，结果还没有投，她家族的一个人就带着家族的指令把钱给取走了。那天还有一个女的来到国外部，哭着要见我。她问我能不能帮她把她的存款全部冻结，让她暂时取不出来。她说她有一个小叔子非常无赖，天天缺钱，家族就要求她把钱给小叔子，可是钱如果给了他，她的生活就要陷入贫困了。"

听着陈夫人的故事，我的思绪一下子被拉回到了几天前。那天，在北京第一城市银行，我按照引导来到了二楼女子部，那里窗明几净、设施齐备的办公桌后面坐了四位职员。一个穿着入时的女储户，脚蹬高跟鞋，露着脚踝，她不久前才存了一笔钱，是她出租北京房子所得的租金，现在她正要取出200元给她的一位亲戚。

就像一个高效而自信的成功美国女商人，陈夫人很麻利地就替这位女子办好了业务。然后，她很高兴地邀请我参观她专门为女性顾客准备的会客室。会客室里摆了几张写字台、一条长沙发、几张简易的椅子、一块中国风格的地毯、一张茶几，写字台上放着墨水、钢笔和信笺。窗户上挂着蓝色丝绸窗帘，墙上挂着几条横幅，上面写着祝愿公司及合作朋友好运的话语。整个房间布置得非常有生气。

　　一个收拾得很整洁的老妈子悄悄地从后面的办公室进到会客厅，端着两个盛满芬芳茶水的小杯，放在了茶几上。陈夫人今天穿了一件丝缎上衣，下面配了一条漂亮的裙子，胳膊上挎着一个法式丝绒包。我猜包里肯定装着如今最时兴的化妆品，如口红、镜子、粉、粉扑、眉笔、香水等。还有记事本和名片，在现在的中国社交场合，发名片是一个非常流行的举动。日本也是如此。此外，按照当下流行的做法，原来别在身上的一小方蕾丝边手帕，现在也都装在包里。陈夫人将头发别在耳后，这种发型两年前在美国年轻人中间很流行，还好，现在还不算过时。与她非常棒的英语相比，她的思想更加西化，我在北京遇到的所有女子当中，她应该算在去东方化道路上走得最远的了。陈夫人不仅是一个银行家，同时还管理着一家中国报纸，我记得应该是《晚报》。为了增加银行的资金，她专门聘用了一批推销员，让他们登门拜访那些有钱女人，向她们解释什么是银行，在银行存钱对她们有什么好处，告诉她们如何去管理钱财，或者至少能保护自己的钱财不受损失。通过这样的鼓动，很多有钱的女子真的开始思考如何理财了，银行的储户增长得很快。

　　下一步，陈夫人还打算针对收入较低的目标客户，开设存款部，这样既可以帮助这些姐妹们走上进步之路，同时她自己也可以盈利。

　　她曾经说过："吸引我这么去做的，不仅仅是出于商业目的，更主要的是可以有更多的机会帮助我的女性同胞们获得独立。"

　　陈夫人的丈夫是一家银行的董事长，她的事业得到了家庭的全力支持。陈夫人是女主人的至交，衣着得体的她在晚宴上看上去非常受欢迎，看着她在晚宴上谈笑风生，我觉得她可以算一类中国新女性的杰出代表。在家庭之外的社交活动中，我发现她的一举一动都完全符合她的社会身份和地位。

　　陈夫人向我介绍了目前银行业当中的女子从业情况：年尊聪小姐是上海商业储蓄银行女子部的负责人；凯瑟琳·丁小姐和宝琳·姜小姐负责上海孙达银行（Sun Dah Bank）女子储蓄部。

　　王夫人两年多前开办了中国第一家女子银行，就是位于北京的中国女子商业储蓄银行。这家银行共有23名女性职员，其中有4个人是董事会的成员，分别是：熊希龄夫人，她的丈夫担任过民国总理，还两度担任北京政府财政总长；前司法总长张耀曾的夫人；前财政部官员陆定的夫人；以及这家银行总经理的妻子王夫人。王夫人不仅是银行的董事，还是这家银行的出纳和经理助理。这家银行的储蓄部是由程蓓凤小姐负责。其他的女性都是一些从事银行日常业务的普通职员。

　　陈夫人作为女子银行业的先锋，所面临的困难之一就是接受过银行业培训的女性太少。所以她专门开办了一所学校，对未来的职员进行银行内部运营知识的培训，每天培训9个小时，一共培训3个月。因为马上要在天津开设一家分行，她除了在北京开办培训学校外，又在天津开办了一所，这样就方便她雇佣当地的女子。

　　我们的话题又转向了其他从事商业活动的女性身上。其中有两位给我留下了深刻的印象。一位是只有20岁的上海姑娘邱丽华（安妮·邱）。父亲去世之后，她勇敢地继承了父亲广告代理商的工作，虽然她之前只接受过几个月的训练。过去几年里，她每个月的收入都能达到300美金，尤其是在上海股市处于牛市的时候，她每个月的收入至少能够达到1000美金。她靠着这些收入养活

雪莉·周自齐（周顺勤）

着自己的五口之家，除了她自己外，还有她的祖母、继母、妹妹和弟弟。她把她的弟弟送到了一所中国学校，让她的妹妹上了墨梯女校，这样，毕业之后，她的妹妹就能跟她一样步入商界了。

邱小姐虽然从事着商业活动，但是她依然属于中国的守旧派，她没有沾染任何西式的风俗，更不会和男人一同在公共场合出现。

另一个女性从事的不寻常的职业是为幻灯片着色，美国人露西尔·道格拉斯小姐十分擅长这项工作。为了满足中国百年纪念运动的需要，她和其他中国女子着色师在 9 个月的时间里，完成了6000 张幻灯片，如今，这些中国女子都已经成了这一方面的行家里手。她们现在每个月都要为教育宣讲插图着色，有时还要到中国的内陆省份去帮助完成这些工作。为幻灯片着色为女子自力更生开辟了一条全新的道路。非常有趣的是，培养这些女孩子对色彩的感觉和着色的技巧，要远比让她们遵守工作规则容易得多。尊敬的阿尔弗雷德·施[1]先生的侄女荣夫人，就正在从事这样艰巨的工作，她正在教授那些职员如何更快地养成工作习惯。

晚宴上我还遇到了皇甫（Hwang-fu）夫人，她是一位作家，曾发表过有关义和团运动的一篇日记，以及几篇小故事，她还协助她的丈夫完成了《战后世界》和《未来中国》这两本书。革命期间，广州女性政权论者的领导者王卓（Wang Chok）小姐为了向政府宣示女性教育体系、财产权利等改革的必要性，向政府衙门扔了一颗炸弹。皇甫夫人则写了一些公开发表的信，她认为这种做法"可比扔炸弹好多了"。皇甫夫人穿着一件蓝缎上衣，上面绣着金龙图案。我在北京秀水街的一家店铺里见过这种布料，非常贵，大概值 100 美金。

皇甫夫人给我讲了秋瑾的故事。秋瑾是浙江人，一个著名的战斗女英雄，因为传播革命思想被清政府处死。她曾经在日本留过学，组织过慈善工作，为革命募过捐，培养过医护人员，在湖州女校教过书，她激励她的女学生们要积极投身共和事业。尽管她协助过在朝廷担任掌管财政高官度支部郎中的丈夫，却不妨碍她选择积极参与从事推翻清朝政权的各种活动。

此外，我还听说了另外几位女子的故事。宋维宗（Sung Wei-tsung）小姐是上海《申报》的记者，先后毕业于墨梯学校和马萨诸塞州的史密斯学院。1922 年 2 月，她作为中国代表参加了日内瓦女工代表大会；顾夫人，居住在北京的一位美术家；王美利小姐，在伯明翰医院和金世密学院进修医学，同时，她还是一位宣传家，在英国向人们介绍中国人的生活；冯林宗小姐，一位牙医，毕业于密歇根大学，现在在上海行医。

听完这些女子的事迹，我不禁为她们的远见卓识和聪明智慧所折服，同时，也不由得叹息，她们如此优秀，却不为世界所知，她们如此努力，却不能让西方人，甚至那些受过教育的西方人，改变他们对东方国家固有的落后的印象。

这真是一个不寻常的夜晚！虽然月色凄清，夜很冷，人力车夫拉着我穿过寂静的胡同回到宾馆，但是我的心中一直回荡着席间的温暖，还有那令人愉快的葡萄酒、女子和歌声。

---

[1] 阿尔弗雷德·施（1877—1958 年），即施肇基，中国首任驻美大使。——译注

第十六章
礼宾灯笼
北京的女主人

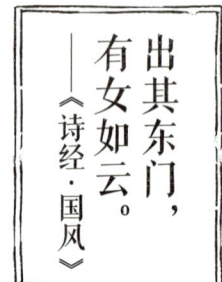

出其东门，
有女如云。
——《诗经·国风》

　　在弗雷德里克·史蒂文斯夫人举办的一场午宴上，她的丈夫，一家银行财团的首脑，对我说，中国的女子是中国社会的希望和救星。谈话期间，我给女主人讲了一件今天早上发生的事故。我们开车来的时候看到一位北京名人的汽车轧了一头驴，他并没有停车下来看看驴的伤势，而是直接把车开走了。女主人告诉我，这种事在中国太多了，在意大利和西班牙也是如此。为了避免她的司机开车的时候也轧到狗呀、鸡呀这一类动物，她和司机达成协议，每个月多给他 5 美金。

　　参加午宴的还有很多有名的中国女子。最让我高兴的是在这里我第一次见到了熊希龄夫人和她的女儿罗斯·熊。熊小姐年轻而富有朝气，短短的卷发，穿着一身非常雅致的法式礼服，气质灵动，她也是我在北京遇到的时髦女子的代表。因为接受过美国的教育，她的英语非常流利。她非常开放，在大宾馆的舞会这些公共场合上，经常能见到她和她妹妹的身影。她还经常与年轻的男子一起骑车、滑冰，这些行为对一个中国的未婚女子，尤其是来自上层社会的女子而言，是具有革命性的。虽然我们已经非常熟悉她整日穿梭忙碌的茶会和舞会生活，但是对那些守旧的中国人来说，她的行为是伤风败俗的。

　　那天出席午宴的都是中国妇女届的重要人物，如代表中国参加过华盛顿会议的陶云夫人（Tao Yuen）、皇甫夫人、梅荣·莱恩、露西·杨、金韵梅医生等。

　　坐在我身边一位衣着朴素的中国女子吸引了我。她是宋发祥夫人，表情看上去如明月一般的宁静，能从中体会出友好，她穿着一身淡褐色的棉衣，和其他来宾雍容华贵的服饰形成了鲜明的对比。后来，女主人告诉我，宋夫人其实有很多漂亮衣服，但是她正在为婆婆守丧，只能穿粗制的衣服，不能穿得太华丽。

　　宋夫人是一个非常能干的人，不仅是基督教女青年会的积极分子，同时也是一名社会福利工

午饭聚会合影 1922 年 10 月 24 日
政府高官的夫人们，新时期保守的上层太太们

西洋镜：一个美国女记者眼中的民国名流

作者，对北京的社会事务了如指掌。她的家宽敞明亮，和很多西式建筑的装修一样，没有中式的黑木、柚木和大理石家具，家具大多是美式的，并采用蒸汽取暖，既舒适又现代。

宋夫人是位虔诚的基督教徒，宴会上她展示了优雅的谈吐。在北京我一共参加了 32 场有中国人参加的宴会，今天这场是其中最美好的之一。宴会结束后，参会的来宾还一起演唱了英国的颂歌和美国校园歌曲。宴会上的两道菜，是我美食经历中最为难忘的两道，一道是葡萄糖浆中烹煮的白鲑鱼，另一道是加了香料的鸭肉。这两道菜做起来恐怕都需要几个小时的时间来准备，来自美国或英国的这些女性们性情冲动，让她们花这么长的时间来摆弄这些食物，我相信她们不会有这个耐心的。

格瑞斯·宋夫人是圣母玛利亚的善良的女儿，她向我展示的一些照片，记录了她的一些活动和人生经历，她对着照片讲给我听的，我都忠实地记录了下来。她告诉我，因为别人都不想做，所以她已经兢兢业业地做了好几年管理工作。她说：

"我 1885 年出生在北京。我的父亲叫陈大军（Chen Ta Jung），他是卫理公会事工，也是华北地区第一位中国事工。我的母亲没有上过学，在那个时代，女人是没有机会上学的。结婚后，虽然她跟着父亲学着读《新约》，唱赞美诗，但是她没有多少时间去学习。她有 6 男 4 女 10 个孩子，我是老九，下面还有一个妹妹。家里只有一个女仆可以帮她干活，再没有其他人能帮她。她要做针线活，照顾孩子，还要做饭，总之所有的家务都要她干。她把她的全部都奉献给了这个家庭，但是我们这么多孩子都没能来得及给她一个舒适的生活。1900 年，也就是我 15 岁那年，我的父亲母亲，还有我的一个哥哥和一个姐姐，一共 4 个人，在义和团运动中被杀害了。当时他们正住在乡下，离北京大约两天的路程。从那时起，我的生活全变了。"

宋夫人 9 岁的时候，进入北京的一所寄宿学校读书，学校以前叫卫理公会女中，现在改名叫玛丽·波特·盖姆威尔学校。她在这所学校生活了 11 年，直到 1905 年毕业。她摇了摇头，对我说：

"为了给自己缝衣服，也为帮母亲干活，我从小就开始学着做家务、做针线活，但是我从来都没有喜欢过这些。夏天天长，我经常缝得眼睛疼，闭眼休息几分钟后，还得继续干下去。我不止一次在心里发誓，如果可以，我永远也不要再干针线活了！"

她接着说："我没有学过中国的戏剧，也不会欣赏，也没有其他的娱乐活动，打扫房间和洗衣服就是我每天的锻炼项目。到现在为止，我几乎不会为娱乐花钱，当然为了一些善举而买票除外。这不光是钱的问题，主要是我也确实没有时间去娱乐。"

宋夫人有三个孩子，最小的女儿，现在跟男孩子一样，已经在学校读书了。这几年，她尽职尽责，一直在为孩子忙碌。特别是冬天，孩子们起得很早，她总是要在天亮前准备好吃的，并和他们一起共进早餐。

她说："他们下午一般 4 点放学回到家，然后我会检查或者辅导他们的功课。有机会我希望把他们都送到美国或者英国去读书。"

现在孩子大一点了，她也有了更多的时间做事情。她说："在我的记忆里，如果可以为民众做事，不管是什么事情，我都不会拒绝。过去 7 年，由于没有其他人愿意干，我 5 次当选北京基督教女青

左·北京宴会女主人和北京治安警卫队队长芒蒂将军的
签名。北京治安警卫队训练精良，负责保卫公使馆

右·一些北京的女性参政论者
（参见第十七章）

年会主席，其余时间我则在女青年会担任财务部长。同时，我还是中国国内布道社的创社成员之一，北京国内布道社的社长。"

"大概 13 年前，在北京的一些会讲英语的女子成立了北京女子读书俱乐部。这个俱乐部除了中国人，还有一些英国、美国、日本女子。当时北京没有像现在这么多的社交活动，女子们也都很少外出，所以我们成立这个俱乐部，大家每个月可以见两次面。同样是因为没人愿意，所以我在俱乐部当了 6 年部长。除此之外，我还在很多社交组织任职，在北京女子红十字会做会计，北京孤儿院负责人之一，这两个组织都与女权运动有关联。因为我相信中国现在最需要基督教，所以我也和所有的教会有联系。同时，我也很看重社会服务工作等其他工作。因为我的孩子都已经长大了，3 年前，我专门去美国住了一小段时间。这么多年来，我一直都想着能去国外旅行，可以去各个大城市转转，可以见见各种肤色的人，这比关在家里闷头学习收获要大得多。"

宋夫人这种助人为乐的精神让我感慨，如果这是基督教对她的影响，那么人们交给教会的每一分钱就算值了。这种精神，我在其他的人身上也有发现，特别是石美玉医生。虽然我存有强烈的怀疑，但是我相信她们不求回报的这种精神是由内而发的，也许她们天生注定就要在这乱世中熠熠

发光。

宋夫人的兴趣非常广泛。她拿给我一张照片，照片上是一群当前中国上层社会的守旧女子，她们的丈夫都是目前这个乱世中，有能力挺身而出重建新秩序的人。照片是在北京卫理公会事工林方先生家里拍摄的。

这群女子的丈夫们在中国的名气非常大，如果要完整地记述她们和她们丈夫的事业，那可以写整整一大章。因为篇幅有限，这里我只详细地介绍一下王正廷夫人玛丽·王，她的行为举止和家庭背景在这群社会女性当中是出类拔萃的。她的丈夫王正廷是民国政府当中的一名重要官员，他思想进步，正是他为山东权益的艰难谈判画上了一个圆满的句号。此外，他还担任了很多重要职务，其中一项是中俄谈判的主要负责人。

玛丽·王夫人气质稳重而又高贵。但是在面对外国人时，她温和的态度和淡淡的微笑背后，似乎隐藏着一种冷淡和一丝敌意。她对外国人的这种态度，也许是受她丈夫的影响。她的丈夫不管是在国内还是国外，每天都要和外国人打交道。和外国人交往的不愉快的经历，让他觉得中国人的价值、学识和人格都没有得到应有的尊重和评价。

王正廷先生可以说是非常了解外国人，这点和金韵梅医生一样。抛开私心，他们几乎可以猜透我们的内心，甚至对我们抱有民族或者种族的偏见。但是对于个人，他们还是持一种喜爱的态度，同时，他们把这种友好的态度，当作他们应对工作、生活的明智之举。王先生作为民国的外交总长，我写这篇文章的时候，他还担任总理，他每天的工作就如他的夫人所讲的那样"太忙了"。虽然他的英语不是非常好，但是他还是抽出时间回答了我提出的关于他夫人的几个问题。

王夫人出生于宁波，父亲叫司玉明（Yuih-ming Sze），母亲有一个教名，叫作菲比。她在上海墨梯女校读过书，之后去欧洲和美国旅行过。我曾经去她的家中拜访过她，她住的房子是中式建筑，但是里面的装修，如铺在地上的小垫子、家里的毛毯，还有画室里的法国家具等，都充满着西式风格。她穿着紫红色的厚锦上衣、黑色裙子、紫色的袜子，以及一双丝绒便鞋。她有7个孩子，都在学校里读书，最大的已经19岁，所有的孩子都是她亲自带大的。她不喜欢参加各类俱乐部，但是却非常喜欢电影。她一再强调她的丈夫"太忙了"。可以看出，她为她的丈夫感到自豪，对她现在的生活非常地满意。现在即使给她一枚许愿戒指，可以帮助她得到想要的生活，估计她也没有什么想要的了。我们没有更深入地聊下去，只是简单地谈论了一会儿当下有名的人和事。

之后不久，王夫人和她的妹妹一起来看我，我们聊起皇帝的大婚，我还向她们展示了我得到的纪念品。那天的谈话让我非常地感兴趣，我第一次真正从女性的角度，把她和她真正生活的世界联系到了一起。

在北京，我还遇到了两位女子，她们也可以作为北京女子参与社会生活的代表性人物。其中一位是顾维钧夫人。顾维钧先生是公认的卓越的年轻外交家，他担任过中国驻伦敦及华盛顿公使，以及北京政府的外交总长。顾夫人目前主要是帮助他的丈夫完成外交工作，并在这些场合让西方世界更多地了解中国女性。为此，她告诉我，她"几乎去过所有地方"。她有一个孩子，她希望儿子将来能够继承他父亲和外公的衣钵，不过现在他还太小，还没有上学。

顾夫人还告诉我，她非常佩服美国的女子，她们能够很好地保持自己的精力和活力，并积极融入到自己所处的社会生活当中。顾夫人对女子教育方面的事情非常感兴趣。此外，她还非常喜欢音乐、戏剧、户外运动，特别是去乡下远足。

另一位是伍连德夫人。伍连德夫人出生于福州，她的父亲黄乃裳曾任福建省交通部部长。她告诉我，她亲自做家务，同时也管理家务，另外，从小她就亲自教两个儿子说英语。她最初是跟家庭教师学习，后来进入福州卫理公会女子学校读书。她不喜欢参加娱乐活动。她和许多女性基督教徒一样，与基督教男、女青年会一道把大量的时间和精力放在了推动下一代教育、慈善和社会福利工作上了。她的丈夫伍连德先生是位举世闻名的科学家，在政府中主要负责卫生防疫工作。她们夫妇二人已经游遍了整个欧洲。

在宋夫人举办的那次晚宴上，伍连德夫人介绍了一群聪慧能干的新生代女教师给我认识，她们每个人都秀外慧中，都非常渴望能够为女性的解放和国家的未来贡献自己的力量。其中有三位留下了名字，叫许丹莹、陶玲、杨露丝。

还有一位给我留下深刻印象的是伊迪斯·庞（庞云香）小姐。她现在是北京玛丽·波特·盖姆威尔学校的系主任，她原本就是这所学校的学生，毕业后先后去了联邦女子学院、俄亥俄卫斯理大学（特拉华），并获得了文学学士学位。她的发型干净利落，也让她显得非常职业。她的父母都是满洲海城人，30年前她出生在那里。最令我欣喜的是，面对我连珠炮式的问题，她总能用简练的语言给出全面的答案。

当回顾这些我在中国遇到的年轻女子时，她们聪明的头脑、丰富的知识、友善的品格、坚定的态度，都让我对她们满怀敬佩，从她们的身上我看到了新时期中国女性表达自我的实践与勇气。虽然千百年来形成的男尊女卑的状况难以马上得到改变，但是至少她们已经向这种不公正的境况进行了宣战。

第十七章

女性参政论者

　　庞小姐告诉我，在北京，可以去西城区的北京女子师范学校去寻找女性参政论的源头。徐校长对这一进步思想持认可的态度。在女性同等权利协会会长爱丽丝·周小姐的领导下，学校里活跃着一个女性参政论者小组。我立即动身去往西城，很快就见到了爱丽丝·周小姐，她和学校的徐校长一起，在校长会客室接见了我。爱丽丝·周小姐穿着一件带有毛边的灰色绸缎长裙，外面套着黑色丝绸上衣，手放在羊毛围巾围成的手笼里。当我请她介绍下她为女性争取选举权和其他权利活动的情况时，她显得很羞涩，最后还是很有教养又很优雅地摆了摆她纤细的小手表示婉拒。最后，我还是通过另外一位学生宋小姐，才了解了一些这方面的事情。

　　两个月前，也就是1922年10月，周小姐和另外三位女士，勇敢地向国会递交了一份申请，要求国会为提高女性地位进行一系列改革。这份申请得到了来自社会各个阶层的500名女性的签名支持。她们为此举办了听证会，参会人员自由表达各自观点，在此基础上，最后形成并提交了以下7项要求：

　　1. 全国所有的教育机构对女性开放。

　　2. 采纳普遍女性参政论，宪法规定的一切权利和权益允许女性与男性同等拥有。

　　3. 依据平等原则，修改《中国民法》中适用于夫妻关系和母子关系、财产权、行为能力、女性继承权的相应条款。

　　4. 起草赋予女性在婚姻中平等权利的法规。

　　5. 禁止公娼、女奴、缠足。

　　6. 在《刑法》增加新条款，纳妾者将犯重婚罪。

　　7. 依据"同工同酬"和"在女性因生育而无法工作期间，工资应当全部照发"原则，颁布法律保护女性劳动者。

朱小姐
飞行员　广州地区军火商的女儿

胡素强女士
北京女性参政论领导者

出生在杭州的王曼晨小姐是第一位提出要求废除纳妾制度的女性参政论者。她提议："议会里很多高级官员都娶有妾室，所以现在唯一的方法就是将纳妾的官员全部开除出省级议会，当然也包括开除那些丑闻缠身的议员。"她们提出的上面的第六项要求，无疑是向议会扔了一颗炸弹。

除了试图通过立法的方式反对纳妾，她们还利用组织的形式对当妾和纳妾的行为说不。天津的中国女子爱国会就曾经宣布，该协会不允许妾身份的女子加入。她们的这一做法在中国社会引发了广泛的讨论，甚至还在女性社会中造成了一些负面的影响，因为一些协会成员的密友或者亲戚，很多现在都在当妾。不过，该协会还是打算坚持这一决定，即便她们可能因此失去成千上万的既富有又大方的妾们的支持。

1922年8月，一个名叫中国女子参政会的组织，在北京的一所中学成立。

我发现这些组织的领导者通常都是新式的年轻女子，她们聪明能干，机智勇敢，渴望能够深入地了解西方世界的女子境况。这个组织有三位女性领导者，其中肖英望小姐毕业于女子师范学校，另外两位是苏志诗小姐和周小姐。周小姐现在正和另外一位女子在北京法律学院学习法律，大概有1000名男同学在这个学院就读。

在提出"七项要求"后两个月，国会上下议院的大约60名议员到访学院，承诺将为女性参政做点事情。

这个女权协会刚刚成立，现在成员已经超过600人了。

在推动女性参政的工作中，周小姐很早就感到需要有人专门进行宣传工作，由于学校鼓励学生们参与即兴歌唱和诗朗诵，这些活动与公开演讲非常接近，于是周小姐组织成立了公开演讲俱乐部。我去过学校音乐系主任的课堂，他自己就是一位诗人。在他的课堂上，14位身穿蓝色工装短衫和黑色丝裙的年轻女子，正坐在冰冷教室里的小课桌前，听着一首用北京方言朗诵的原创诗歌，这些女子必须努力把诗词的内容记下来。中国的诗歌创作历史悠久，用直抒胸臆的诗歌形式辅助背诵行之有效。在这样的背景和传承下，公开演讲俱乐部的兴起可以说是必然的事情。

为了了解周小姐这位北京女权运动领导者的相关背景，我向她询问了一些关于她自己的信息。

周小姐是湖北人，今年24岁。她的父亲在某财政机构任职。她没有出过国，当然也就没有去过美国。她就是在现在任职的学校读的书，学的是化学和社会服务工作两个专业。她更喜欢后面这个专业，也喜欢在学生自治委员会里工作。如今她积极倡导的同等权利运动不是她提出的，而是随着中国民主思想的进步，在校园里自然发展起来的。她未来的志向是"帮助女性改善她们的工作环境，赋予她们更好的社会职能"。

关于周小姐，需要特别补充的大概只有一点，那就是她非常积极地参与那些争取女性权利的运动。新时期像她这样的女子有数十位，数百位，她们是理性发展中的中国新女性的代表，她们友善、高雅、务实，并且都接受过良好的教育，更接近西方的女性，她们渴望帮助自己的姐妹，更渴望帮助自己的国家。

正如我在《民主之灯》这一部分提到的那样，中国广大的女性还没有获得选举权，现在的民

乔治·许夫人
上海人，法学家、女性参政论者

国还没有进入正轨，还有很多事情需要去做。代表着进步的周小姐和她的姐妹们，已经为实现她们的理想而发出号召，与此同时，她们把更多的精力投入到了改善社会和工人阶级恶劣的劳动环境中。

北京女子师范学校是中国社会进步道路上的一个标志，学生来自全国各个省份，毕业之后，这些学生将回到她们各自所在的城市教学。周小姐简要介绍了这所学校的办学目的和基本情况。

北京女子师范学校的办学目的是："将在我们学校就读的所有年轻女子培养成师范学校和中学的教师。我们学校达到高等教学标准只有三年时间，在此之前，只以培养小学教师为目标。为了满足时代发展的需要，我们学校在没有得到政府任何援助和任何额外必要设施投入的情况下，通过自己的努力，终于达到了开办高等教育的标准。"

"学校的学制是 4 年，按照专业不同分为不同的组，组下面再划分系。目前全校共有 13 个系。分别是：1- 中文系，2- 英文系，3- 教育与哲学系，4- 历史系，5- 数学系，6- 化学系，7- 数学与物理系，8- 物理与化学系，9- 生物与地理系，10- 家务系，11- 家政系，12- 音乐系，13- 体育教学系。全校共有班级 15 个，在校的注册学生 246 人，学生来自除了新疆之外的各个省份。"

在学校的年刊上，我还发现了这样一段非常重要的话：

"我们承认不同性别之间因为基础不同而存在差异，所以我们正在制定计划，努力将学校发展成为女子大学，使得女性的独特能力在学校得到更加广阔的发展。学校未来的重点是培养学生在家庭、儿童及艺术方面的能力，让学生毕业后能够承担起做母亲和教师的责任。"

从这段话里可以看出，他们进一步发展的理念依然落后西方至少两代。现在在西方，人们认为男女之间存在的差异，对于职业选择不再起基础性的作用。只要机会均等，女性经过一两代人的训练，一样可以达到男人所能达到的高度。最近，就有一位女子在牛津数学优等考试中获得了第一。

此外，户外运动在日常生活中的影响也日益广泛。除了名声在外的乒乓球，健美操、篮球、网球、自行车等已经非常地流行。

周小姐告诉我，她们的活动取得了一些令人满意的成果。浙江一家企业集团不仅成立了女性同等权利协会，而且还在浙江省政府里获得了选举权和任职权。为了更好地维护女性权利，长沙女子协会派出了一名代表加入湖南省法律委员会，这样女性便可以参与到法律的修订当中了。虽然这件事受到了一些人的反对，但是女子协会还是在几场辩论中获得了胜利，王忠国（Wong Chong Kuo）夫人也最终得以成功入选湖南省立法部。

其实，十年之前，"为女性投票"就已经和其他共和口号一起在中国出现了。作为 700 名学生游行的结果，北京出现了一位女性立法委员，刘素志夫人也率先成为入选广州众议院的两名女士之一。学生们游行的目的就是为了要求女性获得和男性同等的选举权、受教育权和任职权。

几年前，浙江还出现了一些激进分子组建的"敢死队"，这一组织出现的时间甚至比俄罗斯著名的女子"死亡营"还要早。但是类似"敢死队"这样的零星运动的影响力只是一时的，和那些稳定、广泛的社团活动相比，价值要小。那些在社团工作的年轻聪慧的女子们，正在通过她们的工作，给所有的职业带来新的影响。

如今，北京、湖南、浙江、安徽的女学生们纷纷成立了社团，并通过社团活动不断发出要求女性参政的吁请。北京女子师范学校的积极分子们也创办了一个这样的社团，张学良少帅的妻子和张作霖大元帅的第五个小妾也加入其中。

事实上，世界各国追求男女平等的道路都不平坦。西欧和美国直到19世纪末才允许女子不受人数限制地进入各行各业，从这时起女子才真正开始实现经济独立。英国女子在世界大战后才获得了参政权力，在此之前，她们失败了13次。同一时期，德国、法国、挪威、丹麦和美国的女子也在为争取自己的权利而不懈地斗争。之后一两年，更多事先没有想到的国家，如捷克斯洛伐克、土耳其、埃及等，这些国家长期遭受压迫的女性们，也终于爆发了，她们也开始要求在经济、政治和教育上获得和男性同等的地位。所以，如果中国女子的追求之路漫长而坎坷，请不要气馁。

上海女权协会的主席乔治·朱夫人，是上海众多进步人士中，非常值得提起的一位。她的婚姻很幸福，有三个非常可爱的孩子，她温和开朗的性格让你无论如何都无法把她和一个革命斗士联系到一块。事实上，她不仅创办了一所女子法律学校，而且还对女权协会未来的发展产生了巨大而深远的影响。

朱夫人还是中国女子俱乐部的主要组织者，她告诉我："中国第一家女子俱乐部诞生在缝纫界，就在不久前刚刚创建。我们则是中国第一家在性质上完全等同美国的女子俱乐部。最近看到美国女子俱乐部同盟搞了很多吸引大家参与的项目和会议计划，我们非常激动，也在悄悄地开始谋划一些行动了。"

朱夫人是武汉人，毕业于韦尔斯利学院，是海外归国人员中的优秀代表。她是位杰出的管理人才，在多个部门担任职务。她是中国年轻女基督徒协会全国委员会的主席，这个协会与江苏教育协会关系密切；她还是上海女子社会联盟的秘书，这只是她全部工作活动的一部分，她为上海社会和教育工作作出了很大的贡献；她还是一位编辑，长期主办《女性杂志》；她还是中美商业银行文秘部主任。她告诉我："其实做预算和做家务一样，主要是管好仆人和采购。"她的工作时间是上午9点到12点，下午2点到5点，和那些美国女商人的作息一样。

朱夫人既要管理自己的家庭，又要照顾自己的孩子，但是并没有放弃任何社会事业，凭借着出众的口才、坚定的目标和优雅的举止，她受到了广泛的欢迎。

第十八章
女作家和她的预言

女同胞们，让我们以外国的先行者为向导，沿着她们走过的路，不怕牺牲，勇敢前行，解放自己。不自由，毋宁死。

——周小姐（C. R. Chow）

从中国年轻女子的文章中，你也许能够读出东西方之间的差距。在中国，社会学的话题已经得到了自由的讨论，从她们在杂志和报纸上发表的文章的摘录中，我们也许能更好地了解这些内容，以及她们最直接的态度。

盖小姐说，从社会和经济这两个立场来看，许多作家，无论男女，都认为当前以家庭为核心的社会体系的改革存在不足。安小姐在谈到"孔子对女性的看法"时也认为，孔圣人对于女性的认知，一定程度上对女性的命运产生了负面影响。

"如果我们将尼采的重新评价理论引入中国，那些善于思考的中国人也许会对他们现有的制度产生疑虑，甚至会转而采取批判的态度。在中国最受尊敬的圣人孔子，也将难逃最忠诚的追随者对他产生怀疑的命运，甚至有人会把中国科学和思想落后的原因都完全归咎到他的身上。"

"这样评价孔子也许不够公正。不可否认，孔子对中华文明做出了巨大的贡献，有些影响是永久性的，特别是在品行和道德方面。单讲他提出的'恕'这个理念，怎么赞美都不为过。用他自己的话说就是：'己所不欲，勿施于人。'"

"孔子这一教诲，流露出的思想令人钦佩，作为社会的道德标准也有着无法估量的价值。从这种美好的逻辑出发，你无法得出错误的结论。"

"可惜的是，孔子没有把他'恕'的理论移植到正确处理男女关系上来。他只强调男人要做到这些，其实女人也可以做到。正是他的这种错误，导致了四千年来中国女性被虐待，被漠视，被看不起。正是因为接受了他的教诲，中国社会对女性的根深蒂固的异样观念才成为实现男女平等的

尼尔逊 · 陈女士
银行家、作家　北京

一道又一道的障碍，延续至今。"

"孔子曾说过一句话：'唯女子与小人难养也。'这成了他轻视女子的最佳证据。也许他这种以对待小人的方法来对待女子的讲法，是在特定的环境下阐发的，但是接下来让我们再看看他的其他说法。"

"孔子还讲过：'近之则不逊，远之则怨。'这句话从另一个侧面证明了他对女性的不屑的态度。他的这种态度，从他所在的那个时代起，就得到了男性的支持。"

"还不止这些。孔子对女性参与公共事务的指责产生了更大的社会和政治意义。孔子在《论语·泰伯》中记载了这样一个故事：周武王统治时期，国内发生了一场叛乱，有十个人卷入其中，一女九男。虽然我们不知道这位女子叫什么，但是她肯定参与了密谋。但是孔子却说：'有妇人焉，九人而已。'在孔子看来，女性是没有资格参与政治活动的，所以她的行为必须予以禁止。"

"孔子在为《易经》作的传中说：'有男女然后有夫妇，有夫妇然后有父子，有父子然后有君臣。'从这句话中可以看出，孔子承认女性是社会的重要组成部分，但是他认为女性的唯一职责只是抚养孩子。他对于女性职责的看法太过狭隘了，把女性当成男性的奴仆，可以像商品一样自由买卖。事实上女人和男人在五感方面完全相同，如果他当初能把'恕'的理念从男人推及到女人，那么也许就能免去 2000 年来，女性在男性统治下所遭受的种种不幸。"

另外一位杂志的投稿人批判说："古人讲女子无才便是德，如果一个妻子犯了不孝顺父母、无子、淫、妒、有恶疾、口多言、窃盗这七种错误中的任何一种，都可以被男方抛弃。换句话说，就是任何一个可能让男人觉得难相处的小事，都可以成为男人休了女人的理由。"看到这里你可能会问，中国没有为受抛弃的人提供庇护的公共机构，如果这些女子真的得了恶疾，那该怎么办？通常最可能的结果是，这些生病的女子被送回娘家，成为娘家不受欢迎的客人。

但是，有人告诉我，事实上东方男人很少利用上面谈到的这些机会帮自己谋取利益。他们的婚姻是父母促成的，为了表达对父母的尊敬，又由于从小养成的、逆来顺受的性格，他们默默地接受既成事实。这两点原因，就会让他们在面对这些问题时，采取随遇而安的态度。

面对西方众多的离婚现象，中国人通常会提出这样的疑问：既然西方人说他们是因为爱情才结婚，为什么报纸上到处都是讲这是一场错误的婚姻的故事？在中国当了半个世纪海军督察长的罗伯特·哈特先生，将东西方的婚姻总结成了两种具有爱尔兰式幽默的形式："西方的婚姻就是将一壶沸水放在没有火的炉子上让它慢慢变凉；而中国的婚姻就是将一壶凉水放在有火的炉子上让它慢慢沸腾。"

最近一位叫陆希的小姐，发表了一篇关于"文明与独身"的文章，她对独身进行了这样的概括：

"通过分析我们发现，在现代文明社会里，独身并不是一种好的现象。作为一种社会疾病，就跟人得病一样，社会越进步，病情就越严重。要想根除这种疾病，就必须对社会进行变革，光靠呼吁、谴责和批判，都不能从本质上解决问题。"

"近年来，我认识了许多年轻的中国女孩，都声称要独身，同样的话，我几乎没有听年轻的男孩

简小姐
记者　上海

讲过。虽然最后可能很多人都放弃了自己的决定，但事实仍然非常清楚地说明，中国的女孩对现在所处的社会地位不满意。如果独身能够加速社会变革的进行，在这种情况下，也就有了积极的意义。"

这让我想到了殉道的精神。事实上，年轻的中国女子们已经在思考自己的地位，已经开始起来进行反抗。

还有一位周小姐，也对"中国女性的觉醒与独身主义"这一主题进行了探讨。

"近年来，越来越多的女性宣称自己要过独身的生活。可能很大程度上是因为在新的社会条件下，女性已经有更多的机会可以自己赚钱养活自己，同时，她们也对当前自己在社会和家庭中的生活感到不满意。独身是她们对长期受到男性压迫和对当前家庭制度不满而进行的反抗，这是思想和生活观念进步的一种表现。独身对一个人来说可能并不理想，但是在中国，这反映出女性对婚后生活的恐惧。如果不采取措施去改变现有的社会和家庭制度，那么防止独身所采取的一切措施都将是徒劳的……"

"我们的目标是想让每一个家庭都成为充满幸福充满爱的乐土，而不是成为让每一个女性都想逃离的恐怖牢笼……"

"我们与其将精力浪费在对男性和其他社会压迫无效的反抗上，不如采取独身这类更积极的活动，帮助女性走向这种斗争的最终胜利，让每个女子都能过上幸福的生活。"

在胡小姐写的《中国旧式女子：寻求幸福快乐之路》一文中，我们发现了另外一种声音。在探讨了关于幸福的各种观点后，她写道：

"实际上中国女子的全部生命都浪费掉了，非常可惜。快乐的少女时期，她们听从于自己的父母；忙于家务的中年时间，她们被自己的丈夫统治着；到了信仰宗教的晚年时期，她们又拜倒在了佛祖的脚下。她们的一生就是在从事着这种没有自我的活动，这难道不可惜吗？"

"现在是时候唤醒中国的女性了！要让她们不再漠视生活中的种种苦难，要让她们尽快认识到她们也是社会的核心，要让她们团结起来，去争取和男性同等的社会地位和福利。要做到这些，就只有通过传播新知识，提高她们的思想水平，启发她们的生活观念，才能让她们真正地觉醒，意识到属于自己的那份责任。"

设有女性专区的杂志有很多。上海商务印书馆的《英语学生》有英文的女性专区，每月大约发行 10000 册。中文的《女性杂志》是一个发表女性运动文学的稳定的媒体，每期都刊发了很多关于婚姻、爱情、节育的文章，每月的发行量大约是 7000 册。这个杂志上的很多话题都源自玛格丽特·桑格夫人，她两年前来过中国。

著名作家宗伟藏小姐也参与过这些话题的讨论。在上海报业众多的女从业人员中，《中华时代》的编辑沈英燕小姐热衷于在"任何与家庭和社会改善有关的出版物上发表我的观点"。不到 22 岁的作家谢婉莹小姐，也已经写了将近四年的短文参与讨论。众多有文采的人加入了这场女子解放运动。我相信，这些墨水文字将为今天的女性斗争史写下浓墨重彩的一笔。

第十九章
广州的礼宾灯笼

　　我在广州停留期间，那里正爆发着革命运动，每一天我都过得惊心动魄。只有在拜访广州基督教学院①的时候，我才觉得回归到了正常的生活。学院位于广州的城郊，宽广的校园里，坐落着几座现代建筑，就像美国的一角伸到了中国。这次拜访的经历非常特殊，在这里我第一次以中国的男子为听众进行演讲。演讲题目是世界女性解放运动，大约有 700 人听了我的演讲，看到他们听演讲时满是好奇的表情，我感觉怪怪的。

　　在学院的收获不仅如此，在院长莱尔德夫人的会客室里，我见到了三类广东现代女性。第一类代表是年轻的冼玉清小姐。冼小姐是一位令人敬佩的学生，她没有出国旅行过，却能够说一口流利的英语。她的家庭属于富有的中国上层社会，让人感到意外的是，这个家庭的思想观念非常开放，允许她在这样男女同校的学院上学。她可以算是当今中国社会发生巨大变动的鲜活例证。女子的教育，造就了中国聪慧且独立的新女性，也让一批又一批年轻的女子投身到中国政治改革的洪流之中。

　　第二类代表是韦梅凤英夫人。韦夫人出生在纽约，丈夫是学院的一名教授，在西方接受的教育，刚刚才回到广州。韦夫人算是彻头彻尾的美国人，回到中国，她不仅要学习中国的语言，还要学习中国的风俗习惯，保守的习俗给韦夫人解放的思想形成了巨大的压力。现在，韦夫人每天都要做大量的工作，去帮助新一代的中国女性。

　　第三类代表是广州基督教学院副院长钟荣光夫人。钟夫人在很多立志于改善教育和服务社会的组织中担任主席或者会长，在社会团体中具有很高的威望，而且对她丈夫的事业也有很大的帮助。钟夫人本人就住在学院里的一座西式建筑内，学院里每年都会有成百上千的学生来了又走，她有很多的时间和机会接触他们，对这些新人产生了积极的影响。

　　在广州，我还拜访过其他的女性，虽然在她们的住所我只是匆匆而过，但我还是留下了很多美丽的回忆。

---

① 广州基督教学院，香港岭南大学的前身，1888 年由美国长老会创建于广州。——译注

左·广州基督教学院副院长 | 右·潮汕学校校长、教育家、进步人士
钟荣光夫人 | 福柯（廖东恩）夫人

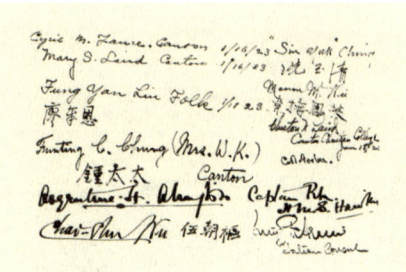

广州的一些进步人士的签名

　　我有幸参加了广州《时代》编辑王鑫先生在家里举办的午宴。午宴很丰盛，精心烹煮的粥里有汤、米、竹笋、蜜饯、鱼翅、鸡丝、茶等，它们分别装在高档的瓷碗里，摆在柚木和大理石桌子上，桌子四周摆放着条凳。午宴上，我还见到了他的家庭成员，包括他的三个姐妹。三姐妹面相、身材和穿着打扮，都是典型的广东人。她们三个人都在忙于社会服务工作，特别是多卡斯·王小姐把大量的精力花在了旨在改变女子思想和面貌的"希望之门"活动上。

　　回沙面岛的路程很远，一路上我发现广州的街道上依然是一片欢声笑语。离沙面岛越近，道路就越狭窄，只能容下一个轿子通行。快到街道的拐弯处时，传信的人看到轿子就开始大声地吆喝，好让别人都知道我的轿子过来了。此情此景，让我不由得想起威尼斯的水上生活，船长就是靠着吆喝声来引导一条条船顺利通过狭窄曲折的水道。

　　广州的街道通常由条石铺成，高低不平，非常脏，但是那些面朝街道的店铺，却是我无法忘记的，它们为我的回忆增添了更多的色彩。商店一个接一个，灯笼店挂满了灯笼，迎接着中国新年的到来；肉铺店摆满了肉；葡萄酒店里已经准备好了葡萄酒，装在四十大盗藏宝物的大缸里；蔬菜店里，一篮一篮的摆着水果、坚果、蛋、肉。在东方城市里，每一种商品都由一个专门的商店销售。街道上，一些女子把新买的布料装在袋里，背在身上，而更多的人，无论男女，每个人都手拿竹筐，里面放满了你能想象到的所有东西，一步一步吃力地走着。

　　在一户可能是官员官邸的门口，站着一位士兵。可能是一位婆婆带着两位儿媳，正从士兵的身边走过。

　　眼前的情景，让我心情复杂，并不全是愉快的感受。在经过码头的时候，人们正从船上往下卸猪，空气顿时变得令人作呕起来。这些猪每一头都被单独装在一个柳条编织的箱子里，腿伸在外面，然后跟柴火一样被堆在船上，有足足二三十尺高。等到了市场上，它们的命运就是等着称重，然后卖掉。为了运送它们，每头猪的前肢和后肢被捆在一起，然后用一根杆子从中间穿过，再把猪整个翻起来，然后抬走，猪的头只能倒悬着，痛苦地摇摆着，发出反抗的叫声，但是无济于事，它马上就会被新

王鑫先生的三个姐妹
广东

冼玉清小姐（左）和韦梅凤英夫人
广州基督教学院

主人宰杀。

　　那天下午稍晚的时候，基督教女青年会的一名工作人员安排我去她的 12 个朋友家中做客。她本人很谦逊，不想让我写出她的名字。12 个背景各异的主人，逐个请我喝茶，这是多么神奇的一段经历呀。第一个地方是一位年轻新娘的住所，她刚刚成功地摆脱了传统的束缚，从丈夫家里走了出来。从她的小小的房间开始，我们到访的主人的住所越来越舒适，最后这位高官住着漂亮的花园房。这个花园房里有一个人工湖，湖上有座驼峰桥，湖里荷花盛开，湖边还有人工的洞穴、假山、台地、格子茶棚，以及一座佛塔和一座装有彩色玻璃、雕梁画栋的凉亭，一条曲曲折折的砾石小路将它们自然地串联到了一起。在一个中式花园里，竹、水、鸭、巨石、小径、拱桥、茶间和涡纹这些元素是一个都不能少的。整个花园是主人按照下面的公式修建起来的：

> 他想坐了，
> 他想沉思了，
> 他想休息了，
> 便来到花园里了。

看到这样的花园，我惊呆了，被这迷人的景色深深吸引了。花园的四周是空无一物的高墙，从外面你看不到院内丝毫的富贵气象。如果从早到晚一直在中国城市沿着高墙中间的肮脏小路穿行，你绝对不会想到，梦中的繁华其实与你近在咫尺。

每个家庭各有各的不同，但是我却发现了三种相同的东西：开花的植物、供奉祖先灵位的神龛，以及主人的盛情款待。当我正在品尝着这第十二杯茶的时候，女主人告诉我，现在街上有很多士兵，她的丈夫不允许她上街。身处宁静花园的我，立即被拉回到了现实。墙外传来了激烈的嘈杂声，枪声、喊声混杂在一起，一切过去之后，接下来的是一片死寂。

太阳落山之时，沙面岛的大门就会关闭，现在天色渐渐暗下来，留给我们赶回岛上的时间已经不多了。这时路边三个抢夺商铺的士兵与商家发生了激烈的冲突，闻讯赶来的商团车撵跑了他们。我们的轿夫显然被吓到了，拒绝再抬我们前进。

我们现在离沙面岛还有好几公里，基督教女青年会的这位工作人员倒是非常镇静。她和面露愠色的两台轿子的八名轿夫反复商谈着，但是这几名轿夫铁了心不肯抬了，坚持要我们立即付钱。

现在天已经晚了，在这样的小巷子里，两个女子就这样走回去，实在太危险了，我们肯定会被劫持的。就我们两个弱女子，只要一只强壮的手伸过来，就能把我们拖到黑漆漆的门道里，也许就从这个世界上彻底消失了。这弯曲小巷的尽头和它旁边隐蔽的地窖都是掩埋我们尸体的最佳场所。我后悔今天出来忘记带钱、戴戒指，但更让我后悔的是没有让副官陪我。这是我第一次在没有副官陪同的情况下来到当地人的地盘。看着娇小可怜的基督教女青年会的这位工作人员还在跟这八个轿夫没玩没了地争论着，我只能走上前去，让这位工作人员给他们以金钱上的承诺。

"你告诉他们，如果他们送我们回去，我将会给他们很多的赏钱。否则领事一定会派人把他们都抓起来枪毙。尽你所能跟他们讨价还价，尽量满足他们钱财方面的要求，门马上就要关了，我们要给他们留回去的时间。"

对钱的欲望取得了最后的胜利。就这样，我们在石路上一路颠簸着，拐过一个个弯，穿过夕阳透过街巷留下的奇怪的影子，及时通过了最后一道关口。但是当我们20分钟后抵达沙面岛大门时，门已经关闭了。

好在，卫兵最后放我进去了。那天晚上之后，我冒险的勇气变得越来越小了。当我最终离开这些轿夫和广州这座城市时，没有一丝的留恋和遗憾。

第二十章
『新式学问』

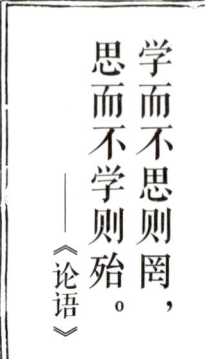

学而不思则罔，
思而不学则殆。
——《论语》

如今，中国和美国都各自面临着各自的新问题。中国国内加上国外，受过西式教育的学生人数达到几十万，而在美国出生的外国公民大概也有 900 万，这些未来的父亲和母亲，到底能给这两个国家带来什么样的影响呢？

在中国，这些人带来的影响已经显现出来了。和在美国出生的外国公民占美国总人口的十二分之一相比，尽管中国受过西式教育的人数量不多，在中国四亿总人口中只有二十万，但是这个群体都接受过进步的教育，每人都有各自的专长，当他们把这些嫁接到中国的家庭之树上，必然能够改变大树所结的果实。而美国的这一群体则普遍教育程度不高，缺乏凝聚力，也没有根基，他们没有想着去传播他们祖籍国的文化，而是希望能够融入居住国的习俗。最终，当他们被美国这个大熔炉同化后，就只剩下一些残渣，这将会给美国带来越来越多的麻烦。如果我们能对这些问题做进一步深入地探讨，也许会给中国这些渴望学习的女子带来一些"新学问"。

北京燕京大学的前系主任福瑞姆夫人给我讲过发生在一位女生身上非常有趣的一件事。燕京大学的女学生们打算排演《威尼斯商人》，排练效果非常好，很多人都展现出了惊人的戏剧天赋，带妆彩排的时候，她们邀请了很多女性亲朋好友前来观摩。当演到求婚者们聚集在一起挑选幸运宝盒这一幕时，令福瑞姆夫人吃惊的事情发生了。扮演鲍西亚的女学生突然跳到舞台的外面，对着现场观看的 500 位满族女士们发表了一场演说。她以她扮演的鲍西亚的身份，向她的长辈们说：

"尊敬的父亲、祖父，尽管你们强加给我深重的牺牲和耻辱，让我几乎无法忍受，我依然会遵从你们的命令。"

讲完之后，"鲍西亚"又回到舞台，继续她的演出。事后，当福瑞姆夫人问她为什么要擅自修改艾芬河的游吟诗人①的作品时，她回答说，在场的观众很多是中国的守旧派，她们不懂西方文学，对西方的生活也知之甚少。如果按照原著去演，这些观众会被鲍西亚的放肆吓住的。如果看到她的婚礼是在没有中间人，她本人又在场的情况下进行的，她们一定会讨厌这部戏。这位学生的判断是对的，福瑞姆夫人从观众的反应中，很快就发现这一改编非常有价值：在没有经过中间人的情况下，鲍西亚出于孝道的缘故，接受了这种可怕的羞辱，完成这场婚姻。她的这种牺牲精神，极具美德。

这个故事说明，东西方在礼节、习俗和观念上的差别非常巨大，同时也说明，教育帮助中国新的一代拓宽了她们原本狭隘的视野。如今，为了能够上燕京大学，很多女孩子付出了巨大的牺牲和艰苦的努力。福瑞姆夫人介绍我认识了一位女学生，她告诉我，虽然每个学期在付了伙食费和学费之后，只剩下了6个铜板，但是这个女孩子依然很开心。

在中国现在谈论最多的故事，都是关于教育工作者或者受过西式教育的学生的。在所有的布道所和中国的教育报道及相关出版物中，她们的故事都占据了主要的篇幅。因为她们的故事都充满了传奇，我将在《太太之灯》这章尽力去讲述她们的故事。本章我只讲述跟教育女性有关的内容。

第一件震撼人心的事是传教士已经遍布中国。他们在中国的分布方式很复杂，就像一张大网，从布道所、学校、医院、福利中心，一直延伸到中国最偏远的地方，甚至早在他们来到中国之前，他们所要传播的思想就已经住进了崇拜学问的中国人的大脑和心灵。

根据统计，1920年，在中国的254个城市中，共有教会医院约300所，正在建设当中的又接近40所。从外国来到中国的传教士有6204名，其中女性3919名。此外还有短期工作人员194名。中国本土的传教士有29396名，其中大约四分之一是女性。

各个教堂的领圣餐者分别由48个宗教协会管理，共有366524人。信仰基督教的人数达到806926人。

根据这一统计数字，在每500个中国人当中，就有1个是基督教徒。西方观念在中国已经建立了稳固的基础且保持着较快的增长势头，而四年前的统计数据仅为526108。如果保持这样的增速，未来无法想象。

自1900年起，中国教会学校的教师数量也在保持着平稳增长。其中男性教师从1915年的5941人，增长为1920年的9274人，女教师的人数则为3502人。除此之外，教会教师队伍中还有760名不信基督教的中国教师。

教会学校女学生所占比重也远远高于公立学校。在初等小学阶段，6012所学校中共有学生169146名，教师6629名，女性的比例约占30%。在高等小学阶段，这一比例与初等小学基本相当，总共29778名学生中，女生达到9410名。

---

① 艾芬河的游吟诗人，即莎士比亚（1564—1616年），《威尼斯商人》是其喜剧代表作之一。——译注

户外锻炼，北京公立师范学院
这里的女学生来自全国各地

但是到了高等中学和大学，女生的比例明显下降，只有大约 6%—7%。

根据中国教育部的调查数据，1916 年，在 1 万名中国人当中，有 94 名儿童在公立学校接受教育，其中女孩的比例在初等小学阶段为 4%，在高等小学阶段是 5%。据估算，包括满洲在内，中国全境的总人口为 438925853 人，其中初等和高等小学在校生的总人数达到 4112479 人。过去七年间，小学在校生的人数实现了飞速的增长，女孩在校生的比例，也明显增加。

除了国内的教育，在中国政府的赞助下，通过获得耶鲁、哈佛、韦尔斯利大学奖学金的方式，一批男女青年也构成了寻求新学问的一个重要群体。1907 年 7 月，这一制度开始施行，有 600 多名学生参加了第一次的考试，其中女生有 50 名。最终 12 名男生和 3 名女生从中脱颖而出。

也许没有人能理解，最初派到海外的这 3 名女学生，在异国他乡，将承受多么严重的思乡之情。当她们思念远方的亲人时，也许会唱起那首古老的歌谣：

我住长江头，
君住长江尾。
日日思君不见君，
共饮长江水。
此水几时休，
此恨何时已。
只愿君心似我心，
定不负相思意。

令人欣慰的是，凭借着对目标的坚持和强大的适应能力，她们全都光荣毕业了。

1908 年，美国政府慷慨地放弃了因义和团运动而得到的 1300 万美金的赔款，中国政府则把这笔钱全部用到了赴美留学生身上。1909 年，第一批留学生出国，1914 年第一批女生享受到了因美国放弃赔款而得到的优惠。从那以后，每年越来越来的女生被送出国读书。中国的海外留学生发起成立了中国学生协会，如今，这个协会已经成为一个强大的学生组织，他们当中的很多人会偶尔发起罢课，或者组织声援改革的行动。此外，在美国，另外一个学生组织中国学生联合会也在逐渐强大起来。面对不断发展的学生组织，中国驻美大使施肇基先生认为应当给予这些组织口头警告。在联合会最新一届大会上，他指出：

"对目标的热忱是我们老一代学者的美德，遗憾的是，今天的年轻学生已经丢弃了这种美德。我们很多海外学生都过着无忧无虑的生活，非常自满，这是他们现在的主要问题。所谓自满就是对只满足于表面、只满足于散漫生活的另一种说法。"

"全国国民教育促进会"是一个对普及性教育有很大帮助的组织，他们正在用基础国语（普通话）来编写书籍，供普通读者学习。在这个促进会里，我们见到了很多名人的身影。其中就有熊希龄夫人，这是她的慈善工作之一，关于她的内容可以参看其他章节。此外，我们还见到了西南大学的陶夫人和基督教女青年会的詹姆斯·袁先生。

初期，埃及教育水平的提升给这个国家带来了一系列就业方面的问题，等到整个国家适应了新形势，问题就不复存在了。对一个受过教育的人，如果继续让他从事父辈们收入菲薄的工作，他一定会犹豫不决。当前，就业竞争非常激烈。浙江省去年组织的一级官员竞聘考试，只设置了300个岗位，报考人数达到了1.5万人。现在越来越多的女性迫切地希望自己赚钱来养家糊口，如今，和女性相比，抛开自己想换工作的，男性就业受到的影响更大。

现在的女大学生们非常乐于从事各种体育运动。实际上中国的女子体育运动肇始于公元7世纪。诗人沈佺期"宛转萦香骑，飘飘拂画球"的诗句描写了唐人打马球的场景。唐代不仅皇帝喜欢"马球"，女性也喜欢打马球，有时还在晚上打球，场地上灯火辉煌。据德龄公主说，"老佛爷"也比较喜欢打球。

如今，体育在中国已经非常流行，不仅有女子网球队、篮球队，还有很大的体育协会。精武体育会女子部的一位成员告诉我，现在的新北京俱乐部里面有大约80名女会员，在最近组织的运动会开幕式上，有800多人前来观看。

"在最初参加体育活动的几个月，感觉自己就像干枯的竹子一样，僵硬得动都动不了。"

女性参加的项目有舞蹈、棍术和散打。其中散打包含了20种不同的自卫方式。现如今能够看到这些年轻的女子走出家门，发表演说，表演散打，这种场面简直太神奇了。

一位观众评论说：

"现在的女孩的确和20年前不一样，那会儿，没有女孩敢在公共场合露面。但是现在你看，这三个学校的舞蹈串烧跳得多热闹，特别是那些女孩子已经出来表演了两次了。她们还表演了西式训练和体操，非常惹人注意。"

"当然，今天最有特色的还是要算散打。表演的女子年龄都不大，从6岁到30岁不等。她们带着跟男人在战场上搏杀一样的勇气，用拳、脚、刀、剑、链、棍、棒和其他一些器械进行对打，她们不仅知道怎么用脚，而且还用得非常好，她们闪转腾挪，娇小的身躯轻易地把脚踢过头顶，这样的灵活即使是外国舞蹈家见了都会觉得相形见绌。她们在地上和空中翻的筋斗，跟男子一样利落，她们的'旋风跳'和'连环踢'干脆中透着优雅。你看，两个女子搏斗时，她们的那种全心投入，在某些方面，比男人做得还要好，她们甚至可以使出和男子同样的招式如'九天神力'。"

天津城的南门外，有一座中西女子学校，属于美以美会，从学校坐人力车到租界或者中国城都是不到20分钟的路程。这所学校的新学期一般从每年的9月中旬开始，持续9个月，中间偶尔会有假期，中国新年的时候会放上二三个星期的假。中国的新年通常会比我们的新年晚上个五六个星期。中西女子学校是一所寄宿制的学校，一个女学生一年的学费大约是75美金，服装和设备费大约是50美金。来这里上学的女子，一部分来自比较富有的商人家庭，大部分的家庭都不是特别有钱，但还是承担得起女儿接受教育的费用。

杭州一所私立学校的几位上层女子，注意她们的丝绒鞋和圆
铜小火炉，气温是零下二摄氏度，这所学校没有取暖设施

中西女子学校的规章制度中的有些内容，体现了东西方不同的社会习俗。比如关于已婚和结婚的规定。这两条规定的具体内容是："已婚女子接收为走读生，只有少数获特许的可以接收为寄宿生"；"在读期间学生禁止结婚，以免引起混乱"。

还有一条规定是关于服饰的："冬天校服上衣是灰色的'爱国服'（这是一种有淡蓝色边的灰色棉布衣服，里面填充棉花），夏天是白色上衣，黑色裤子。校服为棉布，不提倡丝绸锦缎，不提倡佩戴珠宝。"

杭州女子寄宿学校几位学生的照片是冬天拍的，从上面可以看到天冷时学校校服的式样。冬天，学校里是没有任何取暖设施的，学生们都是靠烧炭的黄铜小手炉取暖。

中西女子学校的全部课程包括初等小学、高等小学、中学三个阶段，每个阶段学制四年。1922—1923 年期间共有大约 200 名女孩入学。这所学校是众多中小学中比较典型的一所，所以下面我把这所学校的教学目标和教学方法做一简要介绍。

中西女子学校一共开始了六门课程：中文、科学、英文、历史、数学、《圣经》。因为中西女子学校是基督教学校的缘故，所以专门开设了《圣经》这门课程。开设这六门课程的目的：（1）助益于教育中国女性更好地服务于家庭和社会；（2）提供中文和英文课程以满足学生需求，是公立和教会学校普遍通行的做法。

初等小学阶段的中文课采用国学读物，一二年级教授四声和写字，三四年级加入造句。高等小学阶段的中文课教授作文、《孟子》、尺牍、《论语》和古文。中学预科部中文课教授《左传》、古文，最后一年在《书经》和《诗经》中任选其一。

科学课包括各类地理、卫生、自然故事、植物、生理、物理、化学、天文。

历史课包括国语、中国史与西方史、古代史、中古史、现代史。

英语课包括初级英语阅读、口语和书面语法、表演和创作戏剧、修辞、文学和教学法、心理、市政。

数学课包括古代算术，其中有一个学期的算盘课（由木档和木珠构成的中国计算工具）。高年级数学课为代数和几何。

《圣经》课包括《三字经》故事、耶稣一生、耶稣的故事和名言、《旧约》《新约》节选、使徒保罗的行为和信件、基督教的见证、教堂的历史和福音的和谐、先知、赞美诗和宗教比较。

此外，学校还安排有发声练习、合唱、绘画和体育课等课程。女生们已经在音乐等才艺方面表现出了自己的天赋。

学校还有一些学生组织，下面做一简单介绍。基督教女青年会学生分会，主要负责学校里的所有基督教活动，分会的管理者每年从学生中选出。

旗手：所有 14 岁以下的学生都是这个组织的成员，主要是培养学生对品行、卫生、自然科学等方面的兴趣，并对其进行锻炼。

管理委员会：主要职责是为所有学生的管理问题建言献策，其成员是从学生或者学校组织中选出的学生代表，以及一两名教师。

南京省立女子学校
（每班两位女生，后面的是老师）

合唱团：专门负责组织学生合唱训练和演出。

墨梯学校是我接触过的，最进步的女子寄宿制学校，如今已经发展成为上海一家现代化的大型教育机构。如果说桂树能够代表一个人的成就，那么能够顺利通过考试进入学校的优秀学生，就等于已经收获了桂树上的一根枝条。

如果我们继续使用刚才的比喻，进入墨梯学校学习的女孩子们，她们将会在这里收获更多更富色彩的现代桂树枝条。今天她们留短发，穿高跟鞋，不受传统习俗的约束，和南京考试厅陈旧的学业要求已经越行越远。那些接受传统教育的学生们已经习惯了背诵浩如烟海的古代典籍，而墨梯的女孩子们正不断地收获新知，从一个愚昧无知的鲤鱼，跃过龙门，化身为知识丰富的龙。当她们骄傲地取得毕业文凭之后，她们一样可以为官或者做一名教师。

对于海外归国学生的生活，有一点还没有人讨论过，那就是落后妻子的悲剧。丈夫出国接受了新思想，观念和出国前完全不一样了，他现在需要她更多地陪伴在他身边，但是她却无法做到。这些妻子们无力自救，因为她们不懂艺术，不会微笑，也就没有能够挽回丈夫的武器，她们只会奉献。

和这些不幸妻子默默地忍受不同，那些觉醒了的现代女子宁愿以自杀相威胁，也不愿意嫁给父亲为她选择的有钱的老头。满脑袋都是"新思想"的辛婉，今年21岁，和父母生活在一起，一家人在上海弯街开了一家小商店，生意不算景气。鉴于父亲身体每况愈下，于是家里为她订了一份婚约，男方是在政界有很高地位且已经有好几个夫人的林先生。辛婉对此进行了强烈的反抗。她向家人宣布："现在已经是新时代了，你们不能强迫我嫁给一个我没见过，不爱也绝不可能爱的老头。"她威胁要以自杀来反抗，林家忌讳自杀这种事情，于是取消了这桩婚事。

最后我还要提一点，就是那些打破了传统束缚的女孩子们，她们的自我意识似乎要比美国的女孩子弱。这点在参加过基督教女青年会工作的信仰基督教的中国女学生当中尤为普遍。北京基督教青年会的一位领导者告诉我，她曾经向一些由年轻女孩和男孩组成的布道队提出过这样一个建议，要他们在没有年长者陪同的情况下，自己到乡下去开展活动。他们当中有三支队伍是有统一领导的，每只队伍都有几个学习过《圣经》的年轻人。她建议他们可以白天旅行，在室外开会，在室内传播福音，晚上可以在路边的旅店休息。但是令她吃惊的是，他们以不太合适为借口拒绝了这个建议，似乎在"自由"和将上帝作为伙伴这个问题上，他们的见解和我们不同。

总之，当我回想起这些女学生和她们的母亲，她们代表着中国社团和中国的未来，给我留下聪明、能干、明智的印象，她们总能取得令人满意的成就。现在她们已经挣脱了旧的束缚，做着马大和马利亚①两个人的工作，正在新的道路上艰难前行。

---

① 马大和马利亚，《圣经》中伯大尼村的一对姐妹，她们在家中接待耶稣，但是马大忙于理家无法听取耶稣布道；马利亚放下所有事情全心全意听取耶稣的教诲。——译注

第二十一章

现代俄诺涅①与中药

当前，在中国所有从事专业工作的女子中，内外科医生是最忙碌的。通过教育和培训，中国女子已经不再是家庭的囚徒和奴隶，她们已经获得了社会的认可和经济上的独立，不用再去补其他人及她们自己的袜子。她们每年可以挣到 1500 到 25000 元不等，很快，她们就能去挑战西方世界的女子了。

据我所知，有大约 15000 名女子已经取得了从事外科、内科和牙科医生或者护理工作的从业资格。这一数字同 30 年前相比，已经取得了巨大的进步。不过令人感到有些奇怪的是，中国女子从事医疗工作，并没有像美国女子那样，为争取同等地位和认可进行过艰苦的努力。

全世界的女性都在为提高自己的经济实力而努力。在这个过程中，受过教育的中国女性全身心地去帮助自己尚未开化的姐妹最能吸引人。

她们利用她们学习得来的全新能力帮助自己的姐妹。她们成为医生，通过个人服务或者创办医院、医校、诊所，去减轻姐妹们身体上的痛苦；通过成为教师、教育家，或进入商界，开化姐妹们那些迟钝的头脑，为她们指明通往独立的道路；通过提供社会服务、组织慈善和救济，唤醒姐妹们那被践踏过的灵魂，帮助她们过上幸福的生活。

中国城市之间的差别巨大，如果用其他城市与中国北方的北京、中部的上海、南方的广州进

---

① 俄诺涅，古希腊神话中帕里斯的妻子，精通艺术，后被帕里斯抛弃。帕里斯中毒箭后曾求救于她而不得，最终中毒而死。——译注

石美玉医生
上海

行类比，这三个城市之间的差异绝对不同于波士顿、费城、杰克逊维尔，而与蒙特利尔、纽约和墨西哥城的水平更接近，城市与城市之间人们智力的差距有多大，就决定了城市与城市之间自我利益的差别有多彻底。按照我们西方人的理解，爱国精神跟国际精神是相差不大的。正如我在前面讲过的一样，因为祖先崇拜，对中国人而言，家庭比国家重要得多。由于没有铁路和电话线，省与省之间的沟通，不管是物质上还是精神上都非常困难，这就造成了区域性的相互隔离，那些"不胫而走的小道消息"，如果不是特别重要，其他省份也就不会受到任何影响。

如果我们能在中国的这三座大城市里发现相似的东西，那么我们就可以说这种状况已经发展为全国性的了。

在所有从事专业工作的女子当中，内外科医生最引人注目。女性结合自身优势可以选择去做的第一件事，就是学习如何从肉体上去解除姐妹们所受的痛苦。中医，包括由洛克菲勒基金会创办的北京协和医院，尽管出人意料地治愈了很多人，但是它的具体治疗方法还是充满了迷信和非科学的成分。

下面是一个有关梁智（Chi Liang）生病的小故事。故事发生在公元前 300 年左右的杨朱时期，那也是战国的黄金年代，故事的内容反映了三种不同类型的医生。

杨朱有一个好朋友叫梁智，得了严重的疾病，在还有不到 7 天的时候，他的儿子们就站在床边哭泣。

梁智对杨朱说："我的孩子们他们用情过度了，说明他们的思想在严重退化。你能帮我开导一下他们吗？"于是杨朱讲了下面这段话：

"人怎么能知道连神都不知道的东西呢？人无法控制自己的命运，同时，也不能从神那里获取帮助。你们和我都知道这个道理，但是那些巫师和庸医们不知道。"

但是，梁智的孩子们不能理解杨朱的意思。于是梁智请来了三位大夫对他进行诊断，三位大夫分别姓乔、于和陆。乔大夫第一个发表意见："你生病的原因是体内热、冷两种因素，没有达到和谐统一，身体的平衡遭到了破坏。你生病的根源就在于因忧虑而造成的食欲不振、精力损耗。这既不能怪神仙，也不能怪妖魔，虽然你的病情很重，但是还是可以治愈的。"梁智说："你就是个普通人。"马上就把他赶走了。然后，于大夫上前说："你出生没费太大力气，吃母乳又很自由，所以你的病不是与生俱来的，而是随着成长而成长的，你这病治不了。"梁智说："你是位好大夫。"他让自己的孩子给他一些吃的。最后发言的是陆大夫，他说："你的病既不能归咎于神，也不能归咎于人，也不能归咎于精神。当上天赋予你这具躯体时，它就已经存在于天神的脑海里了。草药对你来说能有什么用呢？""你天生就是一位大夫呀！"梁智感叹。于是他让孩子们送给陆大夫很多礼物，把他送走了。

"没过多久，他的病自己好了。"①

---

① 引自《中国人的夜间娱乐活动》。

特别是对于女性的疾病，男性医生和患者之间必须被隔开，所以他就不能对病情做出准确的诊断。他给病人切脉时，就必须隔着帏帐；为了确定病人的疼痛位置，他要借助第三个人，让第三个人用长针扎在病人疼痛的部位上。这种针早期是用石头或者玉石制成，扎进病人身体上的疼痛部位，通过刺激穴位的原理治疗病人。这种方法被称为针灸，已经流行了数百年。针灸时，如果针扎到病人的重要器官导致病人死亡，会被认为是招惹了鬼魅，是一种凶兆。

对女性的疾病的治疗，就只能交给那些不懂科学的接生婆们了。即便如此，受过西式教育的女外科医生的行医之路却走得异常艰辛，除非是垂死的病人，否则，没人会请她们治病。另一方面，如果她们救治失败，她们还会因为使用"外国魔鬼的医术"而遭到谴责。尽管如此，一些伟大的女性仍然在从事着这项崇高的事业，西方教育和观念的不断传播，让她们的工作也变得越来越容易为人所接受。

从事医学和外科学的女性先驱有北京的金韵梅医生、上海的石美玉医生及其同学、九江的康爱德医生、贵州的胡金英医生等。她们目前仍然活跃在第一线。现在，她们的接班人队伍正在不断扩大，人数已经是她们那个时代的三四十倍。其中，典型的代表有广州的黄子墨医生、苏州的艾玛·道医生和福州的林谢清医生。

上面我已经介绍过，中国现在已经变得越来越基督教化。事实到底是不是这样，我现在还不敢断言，但是根据我的个人观察，中国新女性中的60%都是基督教徒，在专业人士队伍中，这个比例可能更高。你在使馆医院里，已经很难找到一位没有受过专业教育的内外科医生或者护士了。现在，甚至连那些中国女子自己创办的医院里都已经是专业从业人员了。一项调查显示，这些医院都或多或少地接受过外国公使提供的援助。教会在帮助人自救的道路上，确实做出了巨大的贡献。

这里我再举个例子。慈恩医院位于六合县，距离上海35公里，是基督复临安息日会支持的一家医院，1902年由伊利诺伊州皮奥里亚市的罗莎·帕尔姆堡医生和毕业于巴托克里克疗养院的海伦·苏小姐联合创办，医院旗下还有一所护士培训学校。

众多获得学习机会的中国女孩，对医学表现出了浓厚的兴趣。通过学习，她们掌握了非常实用的精神病、结核病及外科疾病等治疗方法，还熟悉了很多病例。

石美玉医生是深受传教士和西式教育影响的女医生的代表，她的人生经历，将在下面进行介绍。在上海，在一次"新中国，旧木发新芽"的主题午宴上，石医生发表了关于持久意象的精彩演讲。

石美玉医生出生在扬子江畔的九江，她和西奥多·罗斯福是私交非常好的朋友。当年她因为国籍原因被拒绝入境时，罗斯福先生专门发电报说："她是我的私人朋友，请让她入境。"诸如此类证明他们友谊的例子还有很多。当再回九江时，她带回了创办女子医院所需的全部仪器设备。就当一切准备就绪之时，公使团却因为她是中国人，而不同意她当院长。公使团接管了医院，打算让她担任低一级的职务。对石医生来说，这一切是不幸的，但是公使团的决定也可以理解，因为当时，确实没有一个中国女性可以证明自己能够胜任外科医生的职位。

基督教女青年会的工作人员
广州

从左至右——
1．李程晓波夫人。2．白小姐。3．黄夫人，学生舍监。4．海伦·王小姐，洛克菲勒基金会护士。
5．郝夫人，军人的妻子，会讲俄语和法语。6．金韵梅医生（坐着的）。
7．苏夫人，第一位进入中国公司做职员的女子。8．苏小姐，学过护理、医学，现与丈夫在南口行医，有三个孩子。
9．狄夫人，护士，嫁给一位基督教传教士。10．洛克菲勒基金会的护士。

伤心欲绝的石医生，最终选择离开，只身去了上海，她甚至连一张床都没有带走。几年之后，她在上海又创办了一所医院。医院的地址位于外交部一位部长的老房子里，那里因为长期"被鬼和老鼠占据"，没有人敢在那里居住。房子里面的池塘，曾经是花园的一部分，现在成了蚊子和瘟疫滋生的场所。不过，令石医生欣慰的是，她得到了很多女性患者的信赖，她们坐着舢板、坐在马上或者步行来医院请她看病。

为了增加设备，石医生又一次回到了美国。在圣路易斯，她订购了一批现代医院所需的外科装备和器械，但是她的身上已经没有一分钱了。作为一个虔诚的基督教徒，她回到家里去祈祷："钱会有的，主会赐予我们的。"第二天，果然有一位她的支持者送来了支票，她终于有钱付账了。她告诉我，其他需要的设备，也都是通过这种方式付的账。这是一个证明祈祷有效的多么有趣的例子呀！很快，她满载而归，她的医院终于开张了。如今，她的医院里，池塘中已经没了滋生瘟疫的蚊子，盛开的荷花取代了有毒的杂草，如画的医院里，又增添了一所教授西医的现代学校。

除此之外，石美玉医生在市中心还开办了一家女子诊所，她的妹妹石非比在那里协助她管理。

金韵梅医生是北京城内一位非比寻常的女子，她培养了一大批优秀的医学人才。她有一副天生的好口才。在燕京大学，我第一次听到她的演讲，她当时正在生动地向人们阐述电影的前身，也就是中国最流行的"影子图像"。金韵梅医生是浙江宁波人，在美国家庭长大，1885 年毕业于康奈尔大学，获医学博士学位，她是中国第一位接受西式教育的外科医生。她创办了一所护士学校，目前正在为美国政府研究大豆。金医生对外国人的观点，以及他们的自私与高傲有着自己的认识，她不总是赞美外国人，这让她看上去有些愤世嫉俗。她细长的眼睛和紧闭的嘴巴，让我想起"老佛爷"，她们的神情中都透着精明，透着喜欢掌控别人的欲望。

杭州有一家已知最古老的药店，我曾去那里参观过。店里出售着许多非常奇怪的草药，如东方的珍珠粉。在北京前门外大栅栏的同仁堂药铺，我见到了一个明代的罐子，它那么古老，现在仍在使用，但已是无价之宝。如今的同仁堂里，除了卖中药外，也卖欧洲和美国的药品，过去，他们还卖过龙涎香、狮乳、以及其他用有毒昆虫或爬行动物制成的粉。中国使用镇静剂的历史很早，可以追溯到公元前 230 年。在这之前 350 年，中国人已经开始用艾草的根来治病了。

在中国第二代从事医生行业的人当中，我首先想到的是广州的黄子墨医生。黄医生是一名外科医生，毕业于一家中国医院，她不会英语，且只有 27 岁，但已经拥有了一家大医院——格安女子医院。这家医院的服务对象主要是女性和孩子。她穿着羊驼长裙，上衣外面罩着外科医生的围裙，她的头发乌黑顺滑，有几颗牙镶过了金。她的这一身打扮漂亮、精干，很好地诠释了她对为之奋斗一生的事业的投入。

她说："中国的女性已经承受够长时间的苦难了，她们必须拥有权利，她们应该工作在法院，应该担任公职。她们必须接受教育，懂得为自己的权利而斗争。"黄医生嫁给了广州的一位进步人士，她的工作不仅得到了丈夫的支持，更赢得了公众的信任。

格安女子医院就是由吴定芬女士捐建的，吴女士在中国南方广受尊崇。

左 · 黄子墨医生　右 · 道净真医生
　　广州　　　　　苏州

林谢清小姐是文学硕士、医学硕士，同时也是福州一家医院的领导者。我在上海的一次社交活动上遇见了她，她目前正在红十字会总医院帮忙。她聪明的大眼睛直视着我，平静地说："我很想回到福州，那里需要我，但是因为革命，这座城市目前正处在混乱当中，离开那里是为了宁静，但是只有回到家人身边，我才能真的宁静。"上海刚刚开办了两家医院，一家主要针对暑病，一家主要面向传染病。林小姐对这两家医院的创办非常感兴趣。

苏州的艾玛·道医生是位宁静、优雅、迷人的女子，也是托克纪念医院的领导者。她是第一位参与美国红十字小组西伯利亚之行的中国女子，结束这次冒险之后，她去美国生活了一年，在那里学习英语。从她讲述的她在农村的经历中，我们能够体会到教育工作的必要性，要想打破迷信的樊笼，必须从物质和精神两个方面入手。她讲的故事，大都专业性很强，而她画的那幅《水中女子图》是个例外。这幅画尖锐的笔意与她善解人意、敢于奉献的性格形成了鲜明的对比。在苏州河旅行的时候，上海的一位朋友为我提供了一艘豪华游艇"飞毛腿"。作为我晚宴的客人，她就是在这艘船上，为我打开了她的丰富的记忆宝库。

"要想改变村民的偏见必须慢慢来，他们只有在尝试过所有可能的办法，直到病人快死的时候，才会去找西医。"

"你的意思是说，要等到中医已经没有希望的时候吗？"

"是的。如果能付得起诊费，他们都会请中医。有些旧式医生的医术是非常高的，他们对那些能治病的草药了如指掌。但是他是男人，所以很难亲眼见到女病人。对于女病人的病情，他需要通过病人的症状进行判断，而向他提供症状的既可能是躲在帘子后面的女病人，也可能是其他人。即便是这样，病人的病往往都可以治好，这太让人惊讶了。我猜想，这也许就是信仰疗法吧。"

"我给你讲一个病例，这也是我见过的最严重的病人。这个女人住在离我50里远的地方，分娩已经三天了。我从医院出发，前30里路我花了大约4个小时走完，又坐在牛车上花了3个小时走完了下一个10里，最后10里地我靠步行和独轮车才最终到达了病人家中。那是一间又脏又破的小屋，当我被引到后面的时候，我看到一个女人躺在一张木板搭成的床上，屋里的泥土地面上，到处扔着肮脏的东西。这女人穿着一件破棉衣，身上只盖了一床脏兮兮的被子。我原本以为她已经死了，当我走到床边，很快就明白，我现在唯一能为她做的就是为她打一针吗啡，让她安静地死去。接生婆就站在我的旁边，用满是敌意的眼光看着我，她实在太可怜了，一片好心却害死了胎儿和母亲。"说到这，道医生平静的脸上掠过了些许悲伤。

"那24个小时是无比艰难的，我得到的唯一感谢来自那家的主人。最后我能做的就是向他解释，为什么我要向那不幸的女人和孩子注射'外国魔鬼的药'，我送走了他们，但是我为什么不应该被起诉。"

道医生告诉我，公元前7世纪（2600年前）的管仲，在他的《管子》一书中阐述了当时人们对生理的认识："五藏已具，而后生肉。脾生隔，肺生骨，肾生脑，肝生革，心生肉。"

中国古代医术中还有一个有趣的催眠术，它将按摩和暗示结合到了一起，几百年前很流行。

因为被滥用，后来被皇帝下令禁止了。此外，古代中国人长期以来一直在努力寻找一样东西"贤者之石"，人们猜测可能是玉或者是明矾，认为这两样东西都具有"提升精力、延年益寿、防止机体衰老，甚至令人长生不老"的强大功效。

　　道医生的中文名是"净真"，也就是"纯净"的意思。她告诉我，她非常喜欢自己的工作，即便将来结婚了，她也不会放弃工作。道医生纯净的目光透过舷窗，投向远方，远方的佛塔罩上了一层永恒的光辉，老苏州花窗墙上的天灯发出不熄的光。

第二十二章

慈善家

三位不同寻常的女子

　　第一位是经常活动于上海和杭州的俪蕤·哈同夫人。不管在哪个国家，她都算得上是一位独特的女子。她出生在上海，母亲是中国人，父亲有法国血统。她没有出国旅行过，只会说少量的英语。她拥有巨额的财富和优秀的头脑，用前者来改善儿童福利，用后者来撰写或者翻译有关哲学、伦理学和佛经等方面的著作。哈同夫人作品数量之多，会让那些所谓多产的作家为自己区区 10 本、20 本、40 本书而感到羞愧和脸红。哈同夫人出版了一套有 440 卷的书，每一卷都是鸿篇巨制，必须要一个完整的书架才能放下整套书。

　　她花了 11 年才写成这套书，出版花了 2 万英镑，售价为 250 美金，书的名字我记得叫《华严经》。现在她正在翻译 300 多卷的《大藏经》。

　　她每天早上 5 点钟起床，上午进行文学创作，中午 1 点，会和丈夫一起吃中饭。她的丈夫哈同先生出生于巴格达，是位非常富有的犹太银行家、商人，两人 1886 年结婚。方便的时候，他们会邀请一些客人共进午餐。

　　下午的时间，她会去她的两所学校视察一圈，去看看学校的教师、课程、宿舍、餐饮和校风校纪。一所学校有 370 名男学生，另一所学校有 205 名女学生和 50 名音乐人。学校建在一个漂亮的公园里，她在上海住的公馆也正好位于公园的环抱之中。此外，在杭州的湖边，他们还有一套别墅。这组建筑群基本上都是西式的建筑加上中式的陈设，总督们都送来了精美的礼物，总统和官员们尤其对建筑之间的花园式公共区域赞不绝口。哈同夫人上海公馆里的家具大都是法式的，但是屋里的温度绝对是中国式的，温度很低，吃饭的时候大概在零摄氏度左右。哈同夫人脖子上戴着一条华贵的大珍珠项链，耳朵上戴着一对很大的钻石耳坠，手上同样是一个很大的钻戒，乌黑的头发上夹着一个镶满钻石和珍珠的大发卡，身上穿着一件毛边的缎"衫"。这样的衣服很适合她，比照片上的西式长裙漂亮多了。哈同夫妇对客人非常热情，他们的好客让衣衫单薄的我感到了些许温暖。

公馆主楼的二楼有一间哈同先生的橡木板书房和两间套房，一间是完全的法式装修，一间是纯正的中式风格。主楼院子的另一端有一间会客室，俪蕤·哈同就在这里办公。会客室的墙壁用带有刺绣花纹，并嵌有柚木和玉石的紫红色的锦缎装饰，非常漂亮。会客室旁边是秘书的办公室。透过这里的窗户，可以俯瞰整个花园。

公馆的建筑穿过了一个个院落，向花园里不断延伸。我大概数了下，那些装修豪华的大房间足足有 20 间，专门用于业务接待，经常会有中国的高级官员和随从人员在这里居住。

在公馆二楼的宿舍里，还住着哈同夫人收养的 100 多名婴幼儿，以及他们的护理人员和家庭教师。这一特别的举动，让我们看到了哈同夫人这位不同寻常女子的另一面！她做出这样的善举，也许跟她小时候的孤儿经历有关（她 7 岁时父亲去世，两年后母亲去世）。在所有收养的孩子中，有贝西和弗洛拉这样的女孩，所有的孩子都得到了这位"母亲"的关爱，他们跟其他富裕家庭的孩子一样幸福地成长。孩子很多，但是哈同夫人却不像那些"有很多孩子不知道该怎么办的古代女人"，她每天的时间和日程安排得非常合理，她能够化繁就简地以一种固定的程式来处理几百卷书和 100 多个孩子的问题。在这群孩子身上，她倾注了巨额的金钱、精力和爱心。

第二位是前总理熊希龄的夫人，黎元洪总统评价她是"中国最杰出的女子"。她是一位不知疲倦且善于管理时间的人，她的活动日程就等同于日历。她总是在行动，从不把时间浪费在冗长的委员会会议上，而且她拥有能够调动其他人一起行动的管理头脑。她是四个重要协会组织的会长，同时也是另外十几个协会的精神领袖。她直接管理位于北京的中国妇女红十字协会，仅仅介绍她从事的这一项工作，就可以写满满的一章。熊夫人同情所有被病痛折磨、被贫穷困扰、被男人欺压的女子，组织各项活动来帮助她们。

熊夫人的父亲叫朱泽梅，母亲姓姜，都是江苏人。熊夫人本人 40 年前出生于湖南，当时她的父亲正在湖南任职。

熊夫人名叫朱其慧，从小就在家中接受教育。她的爸爸和哥哥都是中国非常有名的学者。在学习方面，熊夫人可以随时得到他们的指点，她出色的中国文学和诗歌水平，都得益于他们的帮助。在她小的时候，中国还没有女子学校，私塾也只是向男孩开放，只有官员家庭的女孩才有机会通过私塾接受基础教育。

熊夫人作为丈夫的得力助手，得到了各界的一致赞同。在熊希龄担任总理的那段时间，熊夫人以她的智慧和才干，帮助她的丈夫一起指引着国家之船的航向。

我设计了一份调查问卷，希望熊夫人能够进行回复，她的英文秘书兼翻译给了我一份熊夫人的个人简历作为回应。熊夫人会说普通话、北京话，以及中国其他地方使用的非常复杂的方言，但是除了日语，她不会其他任何外语。下面是她的个人简史中的摘录：

俪蕤 · 哈同夫人 杰出的中国女性　外国装束照
事实上，她很少穿外国服饰

熊夫人现在正忙于社会福利、教育和商业等工作，以下是她的部门工作安排：

她现在是：

1. 中国妇女红十字会总负责人。

2. 中国妇女红十字会香山慈幼院负责人。

3. 中国妇女红十字会妇产医院负责人。

4. 北京中外女子慈善社主席。

5. 年长者之家、年长夫妇之家、贫困女子之家名誉主席。

6. 北京孤儿院负责人。

7. 香山儿童之家负责人。

8. 中外饥荒救济会会员，家庭运动队队长。

9. 女子商业学校负责人。

10. 北京第一幼儿园、第一小学负责人。

11. 上海天朝女子学校负责人。

12. 北京女子预备学校负责人。

13. 中国教育促进会会员。

14. 女子商业储蓄银行负责人。

15. 北京京华银行筹备委员会主席。

熊夫人从不做娱乐活动的奴隶，如果迫切需要消遣娱乐一下的话，她会去看戏，看电影，或者打打麻将。熊夫人有一个儿子、两个女儿。不幸的是，她的儿子从小就体弱多病。两个女儿现在都在美国读书，今年夏天会回国看望父母。

熊夫人曾带我去了一趟西山，那是非常美好的一天。汽车行驶在平坦的路面上，两旁奇怪的人和树不断地散落在身后，穿过北京外城墙的城门，越过为纪念贞洁女子而建的几座牌楼，路过慈禧太后的夏宫颐和园，最终我们来到了位于香山之中的儿童之家。这里的建筑非常牢固，并被用作了不同的用途，有的当宿舍，有的当学校，有的配合染色、织布、竹篮编织、木工、修补、机器铸造、花边制作、摄影、模型制造、丝绸文化等课程的需要而被当作厂房。厂房里的所有设备，都是熊希龄和他的得力助手们为教育实践需要而专门配备的，如今这些厂房里的所有设施都运转有序，在这里接受教育的1200名不同年龄的孩子们，看上去都非常幸福。

一位女巡查员吸引了我的注意，她穿着棉裤，站得笔直，严肃地看着四周。这里的男女宿舍是隔开的，所有的巡查员都是从这里的优等生中抽签选出来的。

在学生工厂里生产的物品会在合作商店里销售，收益将会存在制造者的银行账户里。

熊夫人解释说，来这里的孩子都很穷，当然也有家庭比较富裕的，这样做可以培养他们做一个更好的公民。每个月他们还能拿到一份补贴，可以拿来买书和必需品，以此来培养他们如何理财。

如果愿意，他们也可以把钱存到银行，这样可以培养他们的节约意识。这里的所有动物也都是由孩子们来照料，这样可以培养他们的爱心。

熊夫人最大的愿望是建立一所男女学生可以一起学习的高等学校，她的全部身心都投入到了工作中。由于小时候没有逃脱缠足的命运，熊夫人一路艰难地走着，但是始终面带着微笑，仔细检查着这里的一切，那些必须要改变的地方都无法逃过她的眼睛。

山顶坐落着一家现代化的红十字会医院，医院的后面是一座古代的寺庙，寺庙隐藏在一片绿树当中。医院由熊夫人筹款创办并管理，在这里病人可以接受免费治疗。光这里的眼科，就已经治好了八九百名病人。远处的另一座山上是结核病人之家，因为那里的空气清新，所以选择把结核病人放在那里，那里过去也是皇家的狩猎公园，风景非常迷人。香山上有很多清代的皇家遗迹，如漂亮的岩石花园和露天剧场，如今，它们已经和现代的社会事业融合在了一起。

熊希龄夫妇是为新中国奠基的旧中国人的典型代表。熊夫人建设了贸易学校、幼儿园、卫生、医疗、银行，她为发展福利事业做出了卓越的贡献。像她这样的女子还有很多，她们遵循着熊夫人的轨迹，做着各种各样的努力。当然，在赞美她们的同时，我们必须追溯那些支持过她们的传教士和使团，正是他们数百万美金的金钱投入和在教育方面不知疲倦的精力投入，才推动中国人民沿着现代化的方向不断前进。

第三位是夏福欣，夏维新医生的妻子。她属于另外一种类型的慈善家，也非常重要。她创办了一所针织学校，并实现了部分盈利，她建校的目的是为了帮助女孩们自食其力。

为了能够亲自管理这个学校，她和参加过北京中美母亲俱乐部组织的赴美交流活动的三位女孩一起，在她家院子的一个偏僻角落建设了一幢楼房，开始了她改善女子社会现状的努力。如今，她的学校已经有了20个女孩，年龄从14岁到25岁不等，她们在这里学习针织，直到完全掌握为止。当这些女孩的技能熟练之后，她会接一些针织品相关的订单，如婴儿鞋、毛衣、帽子等让孩子们来做，现在这些订单已经是源源不断了。所有的原材料都由她来提供，每天中午11点半，她还为孩子们提供一顿免费的午餐，包括羊肉、水果、蛋糕，营养非常丰盛。到了周六，她还亲自去培训这些孩子，不光教她们技能，连社交礼节这些细节都不放过。她用餐巾纸作为孩子们的手帕，让她们每个人时刻保持干净整洁。作为报酬，女孩们现在每个月可以拿到七块半到十一块半鹰洋，其他的利润将被用在学校发展上。

我第一次见到夏夫人是在一位外交家组织的茶会上。她工作非常地务实，性格也让人感到舒适，所有人都非常欢迎她，我也被她深深吸引了。她还有两个无忧无虑的孩子，在参观针织学校的时候，我见到了他们，他们正在现代精神的指引下自由地成长。她的小儿子穿着一身童子军制服，夏夫人抚摸着他，幸福地对我说："我的孩子喜欢用一些美国的方式来'指挥'我。"

夏福欣是福建人，30年前出生在厦门。她的父亲是一个小商人，母亲是一个勤俭持家的家庭主妇，没有受过任何社会培训。夏夫人的英语很好，但是她并没有在国外定居过。

　　"我 12 岁的时候被家人送到上海，在那里的一所小学接受初等教育。16 岁，因为家庭环境所迫，只能放弃学业回到厦门重新和父母生活在一起。18 岁时，我再次来到上海，这次是在一家办公室做学徒，主要学习速记和打字。就是在这里，我遇到了我的丈夫夏医生。第二年夏天，也就是 1905 年 7 月 8 日，我们就结婚了。我的丈夫家在福州。1896 年，他和他的一个哥哥一起自费去美国读书。毕业后，他又在丹佛大学从事了一段时期的药物、外科和口腔外科的学术研究工作。1902 年春天，他回到中国，已经是医学博士和牙科学博士了。我们结婚时，他在上海做私人医生，同时在海关和沪宁铁路担任医务官。1907 年秋天，政府在废除科举制度之后，举行了一场专门面向归国留学生的国家考试。作为最优秀的考生，经学部推荐后，他被光绪皇帝留在了学部，后来又转到外交部任职。他的专业也就被迫中止了。"

　　从她的这段介绍中，我们发现，中国正在不断地发展变化。这对年轻的夫妻打破传统，相遇、相亲、相爱，最后成为人生的伴侣的经历，证明了这种转变。他们两个人的行为举止、思想意识，他们的家庭生活、社会活动，以及体现出来的对人生、对彼此、对世界的态度，都使他们成为我北京记忆中浓墨重彩的一笔。这里我附的是在他们花园里拍摄的照片，相信大家从中能多少感受到这些。

　　在北京，夏夫人很快就结识了大多数的皇室格格们，并成为她们最亲密的朋友，但是这样的朋友圈并没有影响到她精神上的独立。1913—1919 年，她的丈夫出任北婆罗洲总领事，她跟随着自己的丈夫去了那里的荒野，但是她从来没有去过欧洲或者美国。

　　夏夫人评价自己："勤奋，最爱干净，不太像上流社会的女子，经常早起去监督佣人们的日常工作。"她还喜欢运动，特别是网球和户外运动，她也喜欢打桥牌和麻将，有时也去看看情感类的电影，如果有好的话剧，偶尔也会去剧院。夏夫人是个基督教徒，经常为教堂和基督教女青年会的福利部门工作。那些破碎的中国观察者们，有时会因为片面的认识而对中国绝望，夏夫人对他们来说，就是最好的解药。她自己，以及她点亮的那些女子们，将验证弗雷德里克·史蒂文斯在北京向我做出的预言："中国得救在于其女性。"

第二十三章 苏州河上的女船工及其他劳动者

　　和中国中部和北方省份的女性相比，更多的南方女性在公共场所劳动。在香港那长满鲜花的土地上，拉着牛轭辛苦劳作的女人随处可见。还有一些身材高大、消瘦但强壮的女子，她们可以扛动任何货物、沉重的皮箱以及大袋的食物、水泥、煤等。她们艰难地走着，棉布裤脚和光光的脚踝摩擦着，发出沙沙的声响，身上只穿着一件松松垮垮的粗布大衣。到夏天的时候，她们只有头上顶着又大又平的草帽来遮阳，脚上偶尔会穿一双草编成的凉鞋。

　　她们干着各种活，可以是碎石工，可以是造路工，也可以是修路工。在去浅水湾的路上，我看到在新铺的碎石路上，20 个女子和 10 个男子正用一根长锁链拉着蒸汽压路机往山上行进，机器的蒸汽动力完全被人力所取代了。

　　从山腰到山顶，人们用房屋、鲜花和植被把时尚之都香港打造成了人间天堂。一天，我看到一群女子正在用她们的小篮子为驻军医院供煤，跟蚂蚁一样，一点一点地把成吨的煤炭搬运到那里。我惊讶地站在那里看着，她们看上去很快乐。最终我不得不承认，在中国，女人的地位远不如男人，这一切太平常不过了。我还听说，这些女子她们根本不存在劳动过度，哪怕是做豆腐挣的那点可怜的钱，就足以满足她们的简单需求。

　　在西河上有一个地方，行人可以坐在椅子上，让几个年轻、魁梧的女子抬着走路。一位美国的年轻人慷慨地向我描述了他坐这种藤条椅子的感受。要在崎岖的乡间小路上走几里地，于是他找了四个年轻女子来抬椅子。当女子们抬着他欢快地小跑着出发时，他突然觉得这样做严重违背了他的教养，于是他让女子们停下来。女子们并没有停下脚步，一直抬着他，他只好自己从椅子上跳下来。领头的女子满心疑惑地问他，是不是对她们的服务不满意，如果他不再雇佣她们的话，不仅是看不起她们的服务，她们还会因此而丢掉这份工作。这些话激起了他豪迈的心理，他留下了椅子，却没坐上面，而是自己走完了剩下的大部分路程。他十分肯定地对我说，任何男人她们都会很开心地抬着走，但是无论如何，他都不能违背自己的教养。

事实上，在参观完工厂，以及丝绸女工的家之后，我不禁得出了这样一个结论：随着国家的发展，虽然产业女性的地位和条件要好于劳动女性，但是劳动女性反而更健康、更快乐，更享受她们所从事的工作。劳动女性虽然过着更普通的生活，但是她们能够呼吸到最新鲜的空气，与工厂呆板的规律生活相比，她们的生活反而更丰富多彩。在工厂里，女子们始终都是持续地与冰冷的机器进行着会话，毕竟太单调了。

船上人的生活让我特别着迷。沿着无边无际的水路行走，你会逐渐熟悉并且慢慢爱上这种雅致的中式生活。有一部分水上生活的内容，我会在《娱女》一章中单独描述。有一段时间，我曾经坐着游艇，一路从上海开到苏州，这样我就有机会近距离地观察苏州这个古老的江南小镇，体验它狭窄繁忙的街道，眺望那屹立千年的大佛塔。

在岁末的最后几天，我和一位迷人的英国女子一起，乘坐一艘豪华的游艇，开始了在上海到无锡之间内陆水域的旅行。游艇上一共四个人，另外两个是慷慨的游艇主人的二号厨师和四号侍从，游艇的主人因为生意太忙，被牢牢地拴在了上海。朋友们不仅举办了一场愉快的践行聚会，还为我们送来了旅行的各种必需品。一切准备停当，我们离开了海关码头，穿过各种各样的船只之后，我们的旅行开始了。河道上大多是男人划船，也有少部分女人。船尾的长桨是黑色的，并配一个弯曲的手柄，操作起来，它的作用就跟船夫使用的长篙一样。这些小船跟贡多拉船很像，只是船尾向上弯弯翘起，否则就更像那些精致的威尼斯小船了。

撑船的女子都穿着蓝色的棉布衣服，这也是中国普通劳动者的统一着装。她们要么跟男人一样划船，要么在船上做饭或者出售本地特产，做些小买卖。她们消瘦但是精干的身影，在河面上随处可见。每条船上，大人和孩子、狗、猫、鸟和鸡混杂着生活在一起，嘈杂的咒骂声混杂着各种难闻的味道不断地传向我们，这就是中国下层社会的生活。

这些船只在河面上悠闲地来来去去，我们的豪华游艇快速地穿过它们，因为河道太过拥挤，我们不得不时常停下来，等待清理出一条通道供我们通行。我就这样一路看着这些女人方式奇特、空间有限但是又丰富多样的水上生活。因为需要辛勤的劳作，她们除了一些年轻人看上去还非常丰满，绝大多数都瘦得皮包骨，满脸的皱纹让她们显得比实际的年龄苍老很多。我眼前的一位老妇人，正把她全部的重量压到船桨上。这是一项非常剧烈的活动，船桨又大又笨重，通常要几个人一起干。这个老妇人半分钟需要起桨一次，一个小时就要 120 次，她就是这样一小时一小时、一天一天，周而复始地劳作着。光想想都会觉得很累。我们的游艇是电动的，靠着高性能的马达驱动着螺旋桨，船上还配备了其他的旅行设施。我们的船不时地陷入泥潭，螺旋桨轰鸣着，船只也跟着不停地颤抖，不过几个小时之后，河面就开阔了。此时的河面上，一群女人们正在忙着捞蛤蜊，她们用一只绑在细竹竿上的圆锥形口袋，把蛤蜊和泥一起挖到驳船上。一艘艘满载着茶叶、棉花、草席和面粉的船从我们的身边驶过，偶尔会有船迎面撞上我们，好在他们的船的两边都装有厚厚的草席用来防撞。

左 · "受压迫者并不一定不快乐"　右 · 筑路工
山顶担水泥的妇女 香港　香港浅水湾

有些船被撞后，一些东西掉到了河里，但是船主人根本不想捡回它们，他们用长长的船钩把驳船稳定住，然后继续他们的行程。如果乐观点想，在几年当中，或许也会不断有别人的东西变成他的，那还有什么可担心呢？

每一艘驳船上都有很多根长竹竿和短的竹钳，竹竿既可以用来做挡板，又可以推动船前行，女人们会用竹钳夹河底的石头。苏州河是一条特别的河，有的地方十分狭窄，有的地方非常宽阔，河的两岸如今是富饶的三角洲。河岸的土地非常平坦，到处都是已经开垦的稻田，沿着河岸不断地向前延伸。稻田的取水方式非常原始，一个圆形的小木桶，中间缠上绳子，两名男子或者女子拉着绳子不停地用小木桶把河里的水舀到稻田旁的泥池里。人们就这样一个小时一个小时地舀着，每次舀的水很少，不会超过两夸脱，一分钟大概只能舀 6 次。我们可以想象下，这是多么辛苦的劳作，先将少量的水填满泥池，然后再注入稻田或者通过灌渠来浇灌作物，重复着劳动。稻田的旁边还有很多古老的坟墓，有的坟墓是木棺，有的是用砖头或者水泥做棺材，还有的就是一个圆土堆。过往船只的船头都挂着象征好运的红旗或者红色横幅，饭菜的味道不时从船上飘出。

离开宽阔的河面之后，我们的"汇丰"号因为河道上船只堵塞，不得不停了下来，我也有了机会去看看周边人神奇的生活。站在"汇丰"号的甲板上，环顾着四周如画的风景，我不由得感慨，即便我站的位置再有利，也无法一次看够这炫目的美景，在这 100 英里的旅程结束之前，我还有很多的机会去认识这个丰富多彩的东方。

在拥挤的河道上，所有的船都挤到了一块，有的船被迫停下来了。根据自然规律，吃水深的船一般都会走在河道的中间。不幸的是，我们的船和一艘满载着"夜土"的船现在并行到了一起，那种恶臭对运货船上的东方人似乎完全没有影响，但是对我们西方人来说简直就是一场灾难。我们从一艘船跳上另一艘船，在经过七八次跳跃之后，我们摆脱了那始终萦绕在我们身边的可怕的味道，终于上岸了！我们沿着拉船的路边走边看，观看着那世世代代都没有改变过的古老耕作方式。

当我们重新回到船上准备再出发时，一艘满载着木材的小船引起了我的注意，因为这艘船溅起的水花比我们的还要小。船上是三个女子，两个年轻而丰满的女子在船头用竹篙撑着船，她们显然是船尾那个女子的女儿。她们完全不需要男人来帮忙，船尾这位母亲不仅身材结实、能干，而且伶牙俐齿，与河上的其他船工相比毫不逊色。船工们的语言和手势快速而粗犷，单从这些来判断，大多数时候，你会觉得这些船工是要杀死对方。不过很快你就会发现，这只是他们之间的一种游戏。船工们非常地疼爱小孩，一个男子怀里抱着一个 3 岁左右的孩子，正悠闲地撑着船，身旁还有一群小孩围着他。对一条船上的家庭来说，也许会有十几个，甚至更多的孩子来到这个世界，并最终死在这条在苏州河上来来往往的 20 尺长的船上。

我们正前方一艘船的船尾是厨房，摆放着木炭炉和一个大大的陶罐，就跟四十大盗们的船一样。2000 年过去了，船上的一切都没有发生改变，露天厨房里的几个篮子里装着绿色的蔬菜，两只鸡不停地跳来跳去。三个女子此时正在那里准备粥，她们冲我们微笑着，对我们的游艇显示出了浓厚的兴趣。其中最年长的那位女子，穿着已经褪色的蓝色棉布上衣和已经破烂的深蓝色棉裤，头上戴着一顶毛线帽子，眼睛完全遮住了。此刻，她正把手藏在袖子里，悠闲地看着另一个女子在清洗沾满了污渍的亚麻布，装在小木桶里用来洗布的水也是肮脏的。突然一阵喊声传来，她的脸色立马变了，她像泼妇一样一边大声叫喊着，一边使劲做着手势。突然，她抄起一根长竹竿，一把将靠近的船推开，避免了一场碰撞。

　　船上的生活也有很温馨的时刻。一位年轻的母亲和她的丈夫坐在一起，沐浴着阳光，斜靠在米袋上小睡，她的孩子在船上自由地爬来爬去，当经过这里的小船或者游艇努力地在拥挤的河道上寻找出路的时候，她也许可以提供一些帮助。有时，她也可以静静地在船上坐上几个小时，呆呆地出神或者想事情。在她的脑海里，一个好天气、一个好丈夫、一个好孩子，他们能够愉快地在一起，她就已经非常开心、非常满足了。而她所有的分内工作，也非常好衡量，就是生孩子、照顾孩子、为孩子和老公做饭、用船桨或者竹竿来阻挡其他船只的撞击。

　　每当游艇快要撞倒别人的小船时，我们都被迫停下来，细心的船长会马上关上所有的窗户。显然他知道，这些船工们会用他们的敏捷的手指做出各种下流的手势。

　　现在我们和50艘船一起陷在了泥里，只能等着大潮来解救我们。一艘船上巨大的船桨旁，一个女子穿着破旧的浅蓝色棉衫和蓝色棉裤，正在照看着一个白白胖胖的婴儿，婴儿也穿着一件破棉袄。婴儿光着小脚，当妈妈把晚饭喂到他的嘴边时，他的粗短的小脚就开始高兴地摆动。婴儿看上去可能刚满2岁，妈妈则大概有20岁。她微笑地看着自己的孩子，妈妈的笑容全世界都是一样的。不久，年轻的丈夫也来到这里，夫妻两个人显然是刚刚结婚，这是他们的第一个孩子。

　　另外一艘船上，一位母亲正带着她的5个孩子。这位母亲大概只有30岁，因为饱经风霜，脸上已经布满了皱纹。中国很少有女子在意自己脸上的皱纹，即便是上层社会的女子，也很少有人去在意这些。因为在中国，人们往往会尊重那些年长的人。不过令人惊奇的是，虽然不在意，但是中国女性的脸上却总是很光滑。天很冷，这位看上去老实际上还年轻的母亲头上戴一块黑色的棉布头巾。当地的风俗不戴帽子，如果天冷，她们会戴上这种黑色的头巾来遮住额头和耳朵。船上的孩子们看上去都不干净，估计都可能有寄生虫。其中一个大约12岁的小女孩正在一个藤条编成的篮子里洗生菜，河水里有很多泥，小女孩还是拿着篮子在里面涮了很多次，细菌似乎对他们完全没有影响。

　　半个小时之后，拥堵终于慢慢解开了，我们又可以出发了。在前方，是一个富人的游艇，当船开动时，艇上的一位老妇人停止了洗菜，她拿起一根竹竿，站在厨房顶上，用力把我们的船推开了。从衣着上看，她肯定不是佣人，也许是家里的"三姨太"。船头，一个很瘦很脏的船夫站在那里抓自己身上的跳蚤，眼神里充满了悲伤。他的旁边站着一个壮实的年轻人，一身西式的打扮，白色毛衣加棕色灯芯绒裤子，英式长筒袜加中式拖鞋，袖口的纽扣掉了，白色的领口上系着领结。这时，一男一女两个人朝他走过来，男的也是一身西式装扮，女的是一个小脚女孩，穿着中式黑缎上衣、织锦裤子，一手拿着饭碗，一手拿着筷子，嘴里还含着竹笋。她很快就把饭吃完了，然后起身去看河道里堵着的船是不是已经可以开动了。

　　在这狭窄的河道上，各种各样的船三只、五只或者七只并行着拥堵在一起，有只能容纳两个人的小船，更有可以坐200多人的大型蒸汽船。潮水上来了，还没有大到让这几百艘船都动起来，船还都挤在这狭窄的苏州河上。最先动起来的是大型蒸汽船，它一边鸣着笛声，一边向前直行，在它后面，排成一长排的小船和游艇紧紧地跟着。就这样一点点挪动着，过了很长时间，很多船都找到了自己的合适位置，我们的游艇也可以缓慢前行了。在旁边，一艘小船正开足马力向前划行。划船的是一位像父亲的男子和三个年轻的女孩。一个大概是母亲的女子躺在草席搭成的篷子底下，她生病了。船上还有一位英俊的男子，一身古铜色的皮肤，笑的时候露出了白白的牙齿。年轻的女舵手和这位划桨的阿多尼斯①以前就应该认识，也许要不了多久，船上就会贴出各种各样的红双喜，她就会成为他的得力助手。

事实上，在农民当中也能够发现微笑的脸庞和健康的身躯。我见过一些漂亮的年轻女子，她们大都是富裕农民家的女儿和妻子，身材修长，眼睛有神，容光焕发，笑容甜美。在开放的农场和田地里，她们和男人一起干活；在与世隔绝的庭院里，则洋溢着她们的欢声笑语。庭院里，丰满的妇人一边和邻居扯着闲话，一边转动着石磨，把院子里堆积的已经脱壳的大米、小米、豆子磨成粉末。院子里不仅整齐地摆放着西式机械，同时还有粗糙的犁，以及其他老式的农场用具。这些传统工具的式样，甚至可以追溯到2000多年前。院子里还有一个木工台，主人的儿子是个木工，会在这里做一些家用的木工活。鸡和鸭在院子里大摇大摆地走着，随意吃着地上的食物，直到吃饱为止，而忠诚的狗，会在一旁保护着它们。庭院里最让人难忘的是用大陶罐装着的"夜土"，它会被当作肥料用在菜园里。在北京，每天有5000人从事着"夜土"收集工作，他们将从住家里收来的"夜土"运出城，然后晒干用作肥料。这种中国化肥非常盛行，构成了城市"垃圾处理系统"的一部分。一位西方的观察者认为："中国空气的味道大到足以令任何外来侵略远离。"

---

① 阿多尼斯，古希腊神话中每年死而复生、永远年轻、容颜不老的植物神。现代常被用来描写一个异常美丽、有吸引力的年轻男子。——译注

老妈子

第二十四章

通商口岸有这么一群令人感到好奇的人，她们被称作老妈子，也就是女佣。她们与欧洲人长期接触，但是看上去完全不受影响。作为苦力，她们的优点和缺点很快就完全暴露出来了。她们的优点是诚实可信（她们固有的勒索习惯除外），慢工出细活，凡是精通的工作，她们做起来都非常可靠。她们的缺点是没有主动性，一些人甚至透着愚蠢而又利己的狡猾。在掌握了"洋泾浜英语"和悟透了外国人的需要后，她们俨然成了为东西方结合的直接产物。

从这些老妈子身上，我对做苦工的女子有了更多的了解。北京的服务生罗给我找来一个会缝补的老妈子，但是她除了缝补，别的什么都不会做。如果我要做衣服，就只能再找一个男裁缝。我的瑞典女佣一个小时能干完的活，她需要整整一天，不过老妈子的活做得非常不错。老妈子干活就像是一台机器，如果给她的样板有瑕疵，或者交代的有问题，那么最后的成品上一定会出现一样的瑕疵。不过，一天下午，我在上海浦江饭店的时候，一位从事按摩的老妈子却带给我愉悦的心情和有益的指导。那天下午，她来敲我的门，我的服务生告诉她，这是唯一能找到我的时间。

她穿着一条很普通的裤子，身上的衣服也揉成一团，她站在门口笑着对我说："小姐，我这个老妈子知道怎么让你漂亮的脸蛋感到舒服，我给你按摩按摩？"看到我一脸困惑，她走上前在我的胳膊上试着给我按摩，我下意识地把胳膊缩回来，她竟然略带责备地对我说：

"小姐难道不想舒服一下吗？小姐您跑了一天，见了很多人，说了很多话，一定累了！难道你不想按摩一下？"

她马上递给我一张卡片，上面印着她的名字，还有几个很大的字"美容专家"。

"小姐是想洗脸、护甲，还是洗头发？只按摩？我觉得小姐您的指甲太长了，跟猫咪一样了，最好剪一下。没时间？我觉得小姐您时间记错了，现在天还很亮，您真的只按摩？好，很快的。"

老妈子一边给我做着专业的按摩，一边不停地跟我说着闲话。她讲的，听上去像英文，但是我理解起来还有点困难，一开始我感觉就像是在听一张已经坏了一部分的唱片。不过，我很快就猜出了一些不断重复出现的词的意思：savvy 是知道，chop-chop 是快，belong 是有，wanchee 是你想，用1代替r，动词的后面加 ee。我稀里糊涂地回答着她的问题，如果一个新来到中国的外国旅行者听到我俩的对话，一定会认为我俩是从疯人院里出来的。

这个老妈子靠着她的这份工作，生活过得不错，经常是坐着人力车东奔西走，衣服穿得也很得体，丝质的外衣、干净的亚麻工作服。她有两个孩子，都在上学，还有母亲需要她照顾。

"是的，我有丈夫。以前他人很好，现在他在一个宾馆工作，要么早上四点回家，要么不回家。我觉得他不是赌博、喝酒，就是外面又有别的女人了。"她笑着对我说，"没关系，我可以跟美国小姐一样，找律师，跟他离婚。"

我到过上海 5 次，经常因为说话多而感到很累，所以我也就能多次遇到这位老妈子。她也总是能通过客房的服务生知道我回来了。她的微笑和她的有力的手，是我旅行生涯中的一种享受。

我和老妈子越来越熟悉，这也让我对这个阶层的中国人的性格越来越惊奇。老妈子向我表达喜爱的方式是在我骨头的任何部位有力地拍一两下。我不敢反抗她，因为越反抗，她会以更疼的方式回应我。

"小姐不喜欢老妈子拍你？小姐你人很好，又漂亮，老妈子捏捏小姐，拍拍小姐，都是爱的方式。"

从此以后，我慢慢接受了她这种粗暴的表达爱的方式，也许就像一只小狗去撕咬另一只小狗一样。老妈子有着与生俱来的精明，但是她的所有聪明劲都离不开"物质"这两个字，这让她的智力看上去只相当于 12 岁的美国孩子。不过，对于怎么做好生意，她十分在行。

"小姐不想让指甲闪闪亮？很快的，小姐的手非常漂亮，指甲一弄更漂亮。小姐不想洗脸？上海很脏的，让老妈子给你多弄点热水，给你洗洗，拍拍。以后小姐的脸嫩得都跟婴儿一样了。好吧，下次，没关系的。"

扯起闲话来，这位老妈子简直就是专家。她对每个主顾的滔滔不绝的评价，让你觉得所有的荣誉都不值一提了。下面这些内容是一位年轻美国记者的记录，她在上海待了一年：

老妈子最初为了让我有一个丈夫，还为我安排了一场"伊丽莎白·佩皮斯"[①]的机遇。"布朗小姐有丈夫了？你觉得这样很好？没关系。如果她喜欢。可以。他没看。不是代办。没有汽车。我觉得她最好不用去上班。她以后会有合适的丈夫的。小姐没有丈夫吗？小姐在上海很长时间了吧。等了一年。没有。我觉得现在没有。小姐懂得很多。小姐想要很多的朋友，不想要丈夫。"

老妈子很快把洗头发的工作准备好，她说："小姐的头发很漂亮。没有人的头发像史密斯小姐一样。是的，是的。您知道史密斯小姐？史密斯小姐身材娇小，看上去很修长。老妈子给她洗头发的时候，头发上的棕色全掉了，露出很多白头发。哦，不，老妈子说的都是真的，她的头发全白了，每次洗都是这样。小姐是想用鸡蛋清来洗头发吧？好的，可以。"

"史密斯小姐的丈夫很帅吗？你不觉得？不？很多小姐都这么想。老妈子给住在静安寺路的

---

① 伊丽莎白·佩皮斯（1640—1669 年），她的丈夫是塞缪尔·佩皮斯，《佩皮斯日记》的作者。——译注

小琼斯小姐洗脸的时候，看到她把史密斯先生的照片挂在她的梳妆台上。是的，是的，老妈子说的是真的。要加点热水？小姐头发很多，很漂亮，洗的时间会长一点。老妈子洗得很干净。"

我从老妈子那里学到了一些习惯，被认为不好客，这让我觉得很尴尬。一天，她来的时候给我带了礼物——一些绣花，是从中式外套上剪下来的。我的桌子上放着一盘水果，她的眼睛停在了上面不肯离开。

"小姐要吃桔子吗？"她问。

"现在不要，谢谢。你想吃桔子是吗？"我回答道。

"老妈子很喜欢吃桔子。没关系。小姐这一直都有桔子，从来不给老妈子。老妈子就是看看，没关系。不可以这样，小姐不可以说老妈子想要吃桔子！"从那以后，老妈子每次来都会吃着桔子来，但是如果不是我特意邀请她吃，她从来不会拿我盘子里的桔子。

当我要准备离开上海，和她告别的时候，老妈子给了我一沓子她的名片："小姐有很多优秀的美国朋友。小姐告诉朋友老妈子是美容专家。可以。可以。小姐您会回来？老妈子觉得很有面子，非常高兴。谢谢小姐！再见小姐！"

第二十五章 纺织女工
关于工人及吸引每个女人的发网

为了梳起凌乱的头发，每年人们都要消耗数百万个发网，可是你想过这些发网从哪里来，是谁把一根根细线整齐地打成结，制成这精致的饰品吗？在遥远的中国，我找到了问题的答案。款式丰富多样的美丽发网，是一个个人用巧手一点点编成的。

住在芝罘的美国公使和天津大学的一名化学教授都非常了解发网。1921年发网行业出现暴跌的时候，教授破产了。一个美国的女孩只是剪短了她的头发，但世界另一端的人却失去了她整个的生活来源。在中国山东和吉林，很多家庭都是全家上阵做发网，这种工作家庭妇女做起来非常方便。甚至连四岁的孩子，都要和大人一起做工。事实上，使用童工，已经成为发网这个行业的污点。

当一个女人将她飘逸的长发卷入发网时，不知道她会如何去认识发网的制造过程，如何去对待这一过程中付出的时间和劳动。当然，最重要的是，她们如何去看待在这一过程中制作、分类、修补、包装发网的，那些遥远的不知道姓名的女工们？发网的故事是惊人的，但是下面我只会讲其中一个方面，那就是这个产业给中国没有受过教育的女性所带来的机会。

在中国，发网产业最早产生于1912年，也就是民国诞生的那一年，一个德国人在中国开办了最早的发网厂。这位德国人在济南拥有特伦德尔旅馆，还兼任邮政局长。很小的时候，他就已经学会了这门手艺，很快便教会了很多的中国女人。他的生意做得很好，在战争期间狠狠地赚了一笔，同时，也给中国的女性提供了一项新的就业途径。

统计数字证明了发网行业的繁荣。1914年，芝罘的出口额大约为1万鹰洋，此后逐年增长。1920年，芝罘出口最辉煌的时期，这一数据增加到了750万鹰洋。

做发网工作时间短、挣钱多，每个工人每月可以挣到12—15美金，而那些做仆人的中国人，每天起早贪黑做家务，一个月只能赚2—3美金。做发网的工人，做得好的，每天可以挣到6个铜板，也就是要做出来 6 个发网，技术差的工人，一天也可以做 3—4 个。

对于那些家庭主妇，尤其是小脚女人而言，做发网能够有效增加家庭收入。每天如果能做 4 个，每个能挣 3—4 分钱，把所有的时间都用来做发网，那一个月就可以挣不少钱了。

在山东省的内陆区域，包括男子、女子和孩子在内的家庭成员，总会有几个人专门从事编发网的工作。其中双层发网是用双股头发做成的，而刘海发网则不太流行。刘海发网的制作要先用一块 18×12 寸的木板，然后用钢针从外面将发网固定成月牙形，再将头发绕着钢针一点点连接，编成网状，每股头发的末端都需要打一个结。

所有工序中，专门从事修补和分类工作的年轻女子每月挣的钱会多一些。光在上海，从事修补发网工作的女子和儿童就有 1 万—1.5 万人。检查工每月的工资是 25 美金，修补工每月的工资是 9—22 美金，因为修补破损发网的工作，要用穿上新头发的针进行缝补，所以工人必须都是这个行业的能手。修补时还要区分头发的纹理，也就是将色度不同的头发去掉，然后用适当颜色的头发来填补。

在发网产业最鼎盛的时候，有报告称，中国的港口，主要是芝罘、天津和上海港，每年出口的发网价值超过数百万美金，具体数字有的说 700 万，有的说 3000 万。从业人员有成年男子和女子，也有未成年的男孩和女孩，总人数大约有 35 万。

虽然现在劳动力成本已经上涨，但是这种跨洋的发网贸易依然有利可图。商人们先在中国内陆把做好的发网收集到一起，然后用马车运到港口，再用船运到欧洲或者美国对发网进行清洗、处理、上色，最后再运回中国根据需要做成帽子或者刘海式的发网。

发网产业链是工厂只负责分类、修补和包装，然后由各地的买办将各家的发网汇集到一起，再转卖给更大的买办，最后将产品运到大的出口公司。每一个环节都需要对产品进行仔细检查。由于粗制滥造，这个行业已经遭受了多次的打击，现在发货合格率必须要达到 90% 这一标准。发网的包装标准是一串 12 个，12 串一包，每包大约重 2 盎司。

1920—1922 年，为了让自己的头发变得整洁，美国女性开始大量使用发网这类辅助物，因此，进口商也大量进货。但是由于发网的合格率只有 40% 到 50%，纽约市场上价值数百万美金的发网卖不出去，只能堆在那里。销售商只能花费数百万美金进行产品宣传，希望通过宣传来引领时尚，抵制短发，以此来增加需求，挽救行业。一位从业人员告诉我：“不知道是哪个傻子引进了双层发网，因为它更耐用，所以现在没有人再买单层发网了。”

有趣的是，我发现美国人和欧洲人对发网的喜好明显不同。美国人大都喜欢帽网，网眼大小多为 38×8、38×10、38×12，而欧洲人偏好刘海发网，网眼大小为 38×40。我们女性的头发的颜色多数为浅黑色，而选择的发网的颜色却有着不小的差别。每 100 个人当中，有 30 人选择深棕色，25 人选择棕色，20 人选择浅棕色，9 人选择黑色，而选择赤褐色和金色的分别有 8 人。一般情况下，灰白头发的女性会选择金色的发网，因为大部分中国人在头发由黑变灰白之前就已经去世了，所以，灰色发网的数量就非常少，必须进行漂白处理。

和西方人的头发相比，中国人的头发更硬更粗糙，在显微镜下截面是圆形的，而西方人则是

烟台芝罘
一家发网出口公司的分类间

椭圆形。不过这些区别经过欧洲方法处理过之后，除了专家，就很难区分出来了。

发网行业的最大优点是，提升了与之联系的成千上万的人的生活水平，特别是在芝罘地区。在 1921 年芝罘海关的官员的报告中有这样的话："去年夏天，我在内陆进行了多日的旅行，看到很多女孩在屋子外面做发网。和做其他工作的人形成鲜明对比，做发网的女孩看上去更加干净漂亮。"在芝罘，因为发网修理工的工作简单容易，工资水平高，工人需求量大，这导致各行各业的劳动者转向发网行业。

发网，这个不起眼的东西，尽管和它相关的人都不曾想到，随着西方世界的使用量越来越大，这种经济学上的供求平衡，需要东西方那些从未同时见到太阳的女子们无意中去实现。

除了发网，山东省的其他产业中同样需要大量的工人，如稻草编织。在芜湖、洛阳、北京、天津、丹东和吉林的几家大火柴厂里，也同样雇佣着女工。

上海和北京新近成立的几家丝袜厂，也雇佣了一些成年女子和女童工。葵扇是广东新会的特产，年产值超过了 500 万，葵扇工厂里也雇佣了很多女工，最优秀的工人一天可以挣 1 美金。以前人们只会制作单叶葵扇，大约 10 年前，有人发明了新工艺，开始将几片叶子缝合到一起做成一把扇子，这种扇子很快流行起来，价格也越来越高。还有一些在扇柄上做文章，装有雕刻或者烧烤图案的象牙柄扇子，几年前还在巴拿马工业博览会上得过奖。

我在旅行中有一次愉快的经历。一天中午，我先后参观了上海的商务印书馆、棉纺厂和制丝厂，并有机会对纺丝工、织布工进行了访谈。这几个行业都雇佣了一些女工和童工。

1896 年，三位信奉基督教的务实的出版家夏瑞芳、鲍咸恩、鲍咸昌先生创建了商务印书馆，现任经理兼编译所所长是王云五先生。王先生的女儿 14 岁，喜欢跳舞，正在墨梯学校接受现代教育。出版行业的快速发展，促成了一大批现代产业的出现，用于印刷、出版的设备逐渐齐备，编辑和教育部门不断涌现。出版社的业务中，很大一部分是学校的教材，这广泛地满足了人们对新学问的需求。从 1914 年开始，公司的实收资本已经达到了 500 万鹰洋，员工几乎都是中国人，仅有一名外国员工，还是女员工。这名外国员工是负责英文校对兼编辑的罗伯特小姐。公司现在拥有分支机构 30 家，代理处 1000 多家，在北京还有一家分厂，承担了大量的印刷任务。

商务印书馆管理优秀，为其他工厂树立了好的榜样。公司实行 9 小时工作制，建有一个可以容纳 300 名员工就餐的员工餐厅，为少数员工提供免费的住宿。公司在屋顶建了个花园，供员工放松消遣，花园的一角设有医院和药房。公司还设有更吸引人的各项福利制度，如女员工不会因生育而被辞退，在分娩前后的两个月还有假期，如果还在哺乳期，妈妈可以带着婴儿一起工作。当时在上海，大部分工厂都会解雇那些准妈妈，更不会允许妈妈在工作时间给婴儿喂奶，商务印书馆的这种做法非常人性化。此外，公司还从公司利润中专门拨出专款，为员工提供退休金、抚恤金、丧葬费，以及其他帮助职工的应急资金。公司还花费 5000 美金建设了员工俱乐部，里面设有讲座厅、阅览室、游戏厅、浴室、教室、合作商店和图书室。1922 年，公司甚至拨出 10 万美金为公司附属的尚公小学的 1000 名学生建了宿舍楼。

　　商务印书馆的工作环境宽敞明亮，通风也非常好，在这里工作的几百名女性不仅可以做到身体健康，心情愉悦，还能精心打扮一番。公司从事装订工作的男女工人在一起干活，这种做法虽然和中国的传统风俗相抵触，但是实际效果还是非常令人满意的。公司还有一项保护女工的规定："女性可以比男性早五分钟下班。"

　　商务印书馆不仅出版教科书，还生产包括照片、影片、教育玩具、学校和实验室所用的物理和化学设备，甚至幼儿园用的物品在内的各种教育用品。过去十年，这家大型出版公司已经成为中国最有价值的公司之一，同时也是这十年中国巨变的最好证明。公司的创始人把他们的成功归结于公司所践行的传教士精神和良好的管理。用他们的话说："我们始终牢记，我们公司是中国出版业的先锋，要始终走在行业的前列，其他的出版社可以借鉴我们的经验。我们要出版可以改变中国人观念的书籍，就像在公司发展初期，我们从美华书馆获得启迪一样，只有这样，我们的影响才会更加深远。"桑格夫人来中国时，她的《计划生育与离婚》一书正在这里进行大规模印刷和销售。

　　和商务印书馆相比，尽管已经付出了很大的努力争取改善工作条件，但是在棉纺厂和丝厂工作的女工仍处在黑暗面。工人阶级已经慢慢学会反抗不公正，1922 年 8 月，上海爆发了第一次丝厂女工大罢工，涉及 70 家丝厂的 6 万名女工，目的是为了提高工资和缩短工作时间。她们以"女工工业进德会"的名义组织活动，虽然遭到了雇主的反对，但是在一些具有开放精神的国会议员的帮助下，这一协会最终得以成立。这次罢工的起因是丝厂的生产力已经达到了极限，但美国人对丝绸的需求量还在增加，工厂主决定延长工人的工作时间，这引起了工人的不满，在协会创始人莫子英（Tze Yin Moh）的领导下，一场大罢工爆发了。这次罢工也开启了中国女工运动的浪潮。

　　1922 年 8 月 5 日，丝厂女工们举着"世界民主""男女平等""提高女性福利""还我权利"的旗帜，在各个工厂里游行。很快，罢工得到了所有女工的响应，她们纷纷加入罢工队伍。罢工女工提出了如下四个条件：

1. 工厂主不得干涉女工工业进德会的组建。
2. 每天最多工作 10 小时。
3. 日工资增加 5 分。
4. 每两周休息 1 天。

　　在美国或者英国，劳动者也经历过如此艰难的岁月，最终掌握了生产的主动权。工厂主马上进行应对，他们关闭了工厂，切断了工人的所有经济来源，直到工人收回要求并且复工。对于罢工，工厂主非常气愤，他们认为自己对工人已经够好了。"为了提高产量，为了争取更多的订单，我们已经在很多方面提高了工人的待遇。比如，按照规定，工人应该 5 点半上工，但是我们已经替他们考虑，允许他们迟到 15 分钟，现在甚至默许他们 6 点才开始工作。工人的工资也从以前的每天 32 分增加到 40 多分，每周或者每月我们还会给工人分红，还能做什么呢？"

而事实上呢，工人们依然在肮脏的环境里每周工作 7 天，每天工作 14 个小时，而得到的工资却很难维持不断增加的生活成本。

罢工最终失败了，但是产生了巨大的道德影响力。工人们也通过罢工积累了经验教训。因为生活所迫，工人最终还是回到了岗位上，参与罢工的这些女工既没有存款，也没有领导权去和工厂主抗争。但不管怎样，资本家和劳动者之间的斗争已经正式轰轰烈烈地开始了。

丝绸的历史与女性密切相关。传说，一个女孩在桑树下用几只蚕茧玩抓石子的过程中，偶然发现了抽丝的现象。大约 4000 年前，中国的一名著名的皇后在原来的基础上改良了丝绸生产技术。中国人一直小心翼翼地保守着丝绸的秘密。直到唐代时，一位嫁给于阗国王子的中国公主，利用她的头巾偷运了一些蚕卵和桑树种子，这个秘密才大白于天下。

丝绸既是制造浪漫的珍品，又是最有价值的商品。从养蚕开始，到最后完成刺绣织锦，女性的巧手在其中发挥了关键的作用。在介绍丝绸的历史之前，先简单介绍下我所见到的棉纺厂。

中国人对棉花和纺织的认识大概开始于 13 世纪。过去 20 年间，中国的棉纺厂发展非常迅速，几乎每个村子都可以看到手摇纺织机。我曾经坐在当地唯一可用的交通工具独轮手推车上进行了一段长达 9 里的神奇旅行。手推车慢悠悠地走在狭窄的乡村小道上，我坐在车上透过门窗可以看见每家每户的院落。几乎每一户人家肮脏的地面上都摆着一架纺织机，它们和猪、羊放在一块，多数情况下被用来纺织粗糙的劳动布和床单，有时也会用来纺丝。中国每年对布的需求量多达 7000 万码，这种当地生产的土布在当地就卖掉了。

我沿着运河走了一段，最后走到了宽阔的纤道上。太阳要落山了，余晖照在广阔的大地上，也照亮了吉斯菲尔路两旁的农田和菜园。我现在是在上海的郊区，需要赶到 8 里之外的某处参加一场晚宴，我急着找一台电话，而周围唯一能看到的就是这家坐落在洪久路上的巨大的松兴棉纺厂。天虽然已经暗了，但是每天运转 23 个小时的棉纺厂，还在拼命地工作，给人一种随时都会爆炸的感觉。这家工厂是新建的，雇佣了几百名女工，厂里有很多现代化的机械，有电力卡车和成千上万的纺锤。每个纺织车间的面积都至少有半亩地，虽然巨大的弧光灯很亮，但是我刚进去的时候，还是什么都看不清。车间里水蒸汽夹杂着棉粒形成了白色的薄雾，透过薄雾只能隐隐约约看到运转的机器、模糊的纺锤，以及工人劳作的身影。

这些薄雾会被人吸到肺里，对健康不利。纺织工人的工作时间很长，工资却少得可怜。虽然很多工厂没有剥夺女工的睡眠时间，但是这些疲惫的女工，也只能蜷缩着挤在工厂拥挤的床垫上睡会儿。和那些工厂相比，这家工厂看上去要好得多，不仅干净，而且井然有序。

据统计，1918 年，北京女性的自杀率为 33%，远高于美国的 26%。这一结果并不出人意料，造成女性自杀的主因是家庭困难。与之形成对比的是，男性自杀的主因是疾病。最常见的自杀方式是服毒，只要吃掉一两盒火柴头就可以办到。在中国，每年的 5 月和 12 月，是这种命运抗争方式最多发的时期。

在松兴棉纺厂，我见识到了粗鲁、无知，还带有一点恶意的下层社会的女孩。事情的经过是这样的：当我穿过走廊时，一个女孩拽了拽我的裙子，一个女孩拉了拉我的帽子，一个女孩弹了弹我的胳膊，还有几个跟在我身后模仿我。更令人气愤的是一群人围了过来，她们摸摸我的项链和衣服，说一些奇怪的话。我在那些受过良好教育的中国人那里从来没有受过这样的待遇，他们都是很有礼貌的。不过令人庆幸的是，领班工人及时赶到，赶走了这群女孩，这时我才又呼吸到周围新鲜、令人舒适的空气。朋友告诉我，这些下层社会的女孩大部分从来没有见过外国人，我本来应该等着经理带我去转一转，这样会免去很多麻烦。但是刚才的经历让我颇受启发，群众的行为并不总是如你所想象的那样美好。

老实说，当我看到豪华汽车停在工厂门外等我时，我的心情无比兴奋。我飞奔到汽车跟前，十分感激友善的主人提供的这份礼物。中国的 200 万只纺锤在不停地转着，5000 台织布机在轰轰地运行着，它们发出的巨大声响就像怪兽的嘶吼，年复一年地将 100 万吨棉花纺成一匹匹棉布，这项艰巨的任务冷酷地吞噬着工人们的身体。

第二十六章

丝绸史诗
一位中国公主献给世界的

在东方人的眼中，丝绸是女人的专属品，是女性生活的一部分，男人则是后来者，闯入了这个原本只属于女人的世界。丝绸的商业贸易要感谢男性，而它的发明发展要归功于女性。

丝绸业起源于中国，创始人是一位女性。4531 年前，中国历史上最著名的三位女性之一的西陵之女，也就是黄帝的妻子，就已经开始在她的花园里种植白桑树，这样家蚕的幼虫就可以吃着桑树的汁液，从大头针大小，一点点长大，成为蚕茧，最后蚕蛾就像童谣中的小男孩一样"冲破外壳，孵化出来"，剩下的壳经过抽丝加工，变成了丝绸，装点着这位有着强烈事业心的爱美的皇后。

这位种植桑树的皇后，鼓励所有上层和下层的人，像她一样去种桑养蚕宝。她仔细研究着这个大自然的小织工，学习如何饲养它们，如何从茧中解丝。最后，她还发明了织机，推广这种神奇的布料的纺织技术。此后，丝绸大量流入印度、波斯，甚至更遥远的希腊皇宫。在那里，丝绸被人们视作无价之宝。

数千年来，养蚕从皇后最初的休闲活动，发展成为皇家的产业，养蚕的活动完全为皇家所垄断，这些为皇后所精心照料的蚕的幼虫也被视作了珍宝，甚至被人们当作神灵来敬奉。

数千年来，只有中国人才掌握养蚕技艺，不仅是皇后、贵族女子，甚至连乡下的农妇都非常清楚，养蚕的技术要严格保密，禁止外传。直到唐代时，一位中国公主嫁到西域，才第一次将蚕种和桑籽偷偷带出了中国。

数千年来，丝绸作为中国的传统工艺，其精美的丝线不仅能做成漂亮的华服，同时也成为贯穿中国历史的主线。丝绸的历史，尤其在汉文化独居的时代，它神秘、险恶，各种时运交织在一起，很多人甚至为它而献身。丝绸随着人们的流动到处传播，产生了一个个或神秘、或浪漫的故事。

左·苏州，女人穿裤子、男人穿裙子的地方　　右·这位女领航员正在与邻近驳船上的一个年轻人打情骂俏
　　　一位"裹脚"纺纱工　　　　　　　　　　　毫无疑问，婚礼的钟声即将敲响

　　丝绸是为女性而生的。蚕喜欢女性身上的甜美香气，至今，人们还会在养蚕的房间里摆满鲜花，让花朵的香味滋润着它们，让干净漂亮的女孩照顾它们。蚕和女人一样挑剔，它们吃东西的时候，不能有人说话，不能有噪音，也不能有污浊的味道。蚕和女人一样，对温度敏感，女孩子穿得少，是为了方便感知温度，而最好的蚕，在成长的关键时期，需要把它们放在女照料者的胸部进行抚养。

　　蚕的成长充满了传奇色彩。

　　蚕卵是一种淡蓝色的小点，但是喂养它们必须要有足够大的空间。一盎司重的蚕卵大约有4万颗，最初需要1平方码的面积来喂养它们。蚕长得很快，到第四天的时候原来喂养它们的面积就明显不够了，需要扩大到2平方码。蚕越长越快，再过三天，喂养它们就需要8平方码的空间。蚕的幼虫起初非常柔软，每长到一个新阶段，就会蜕去一层皮，然后再长出新皮，这时幼虫也会变得更加有生命力。幼虫就这样蜕皮、长皮，一个阶段一个阶段地成长。

　　幼虫生长需要的空间越来越大，到第三阶段需要16平方码的空间，第四阶段需要33平方码，到最后的第五阶段，60平方码也不算大。

　　经历了几个阶段的成长后，蚕已经完全长大了，它们对桑叶不再感兴趣。从现在开始的四个星期内，它们基本不吃或者只吃很少的东西。蚕虫现在大约有3寸长，这个阶段它们的喙会慢慢退化变短，两个腺体会变得很大，正是这两个腺体，使它们闻名于世。两个腺体位于身体的两侧，两个吐丝器则位于嘴的两侧，丝最后将从吐丝器吐出。单股丝很细，两股丝合在一起才形成完整的一根，每根丝的长度一般在800—1200码之间。大约三天时间，蚕虫就这样边吐丝，边左右摇摆着身子，把自己包裹进最后的结实的家。现在开始，蚕虫进入休眠期，大约2—3个星期后，原来在地上爬行的蚕宝宝就会变成在空中飞舞的蚕蛾。在这个阶段，蚕的最佳生活温度是华氏75度，最佳湿度是65度。

　　雌性的蚕蛾会比雄性的大一些，一般能活4到6天。雌蛾在与雄蛾交配、产卵后死去。

　　雄蛾的生命更加短暂，在完成交配后便离开了这个世界。在第二年的四月中旬，蚕卵开始孵化，新生命的轮回又重新开始。

　　蝴蝶和飞蛾，它们生于天，死于地，又在地上经过了几个不同的生长阶段，最后藏在丝编成的茧中，一旦破茧，它们便又获得了重生。人们把它们看作苍穹的产物，当作永生的象征。

　　蚕虽然身材小小，但很神奇，人们可以利用它来赚钱。因为商业和生产，蚕与男人和女人发生了长时间的密切联系，最后导致蚕染上了6种严重影响其价值的疾病。其中一种病叫作僵化蚕病，致病因是幼虫体内的真菌感染。1847年，这种病对法国的丝绸产量造成了毁灭性的影响。这种病会传染，最初法国从意大利进口蚕卵，一段时间之后，意大利也被传染了，不得不再从多瑙河畔进口，然后一步步再到中国。最后，日本成为唯一一个没有受到感染的国家。还有另外一种细菌性的蚕孢子虫病，不仅会传染，还能遗传，同样给丝绸业带来了巨大损失。

　　丝绸产业可以分为三个阶段。第一阶段是丝的生产，通过喂养家蚕，等到蚕茧，得到加工丝绸最珍贵的原料。第二阶段是丝绸的加工，通过复杂繁琐的程序，将蚕丝加工成美丽的丝绸产品。第三个阶段是丝绸的贸易，丝绸品凭借它的光彩和舒适，换回黄灿灿的金子。

左·陈先生（右）
　　解松解方缫丝厂经理　无锡

右·司步宗
　　广济医院外科医生

1921—1922 年，全球生丝贸易总量达到 4500 万磅，其中亚洲的出口达到了 3500 万磅。中国的出口大约为 700 万磅，日本的出口量是中国的两倍多。而中日两国的生丝实际总产量分别达到了 2250 万磅和 3700 万磅。如此惊人的产量的背后，是巨量桑叶的消耗，是喂养蚕虫付出的耐心，是丝织工人缫丝付出的辛劳。想到这里，我的眼前又仿佛出现了在那充满蒸汽的工厂里若隐若现的影子和童工，这一幕就像是一部恐怖片。

11 月底的一天，天很冷，我来到了上海的一家缫丝厂。上海是中国丝绸业的中心，每年这里的生丝产量可以达到 650 万磅。缫丝厂是生产生丝的地方，目睹这里的生产场面，就像经历了一场噩梦。

在一间跟土耳其蒸汽浴热气房一样的大房子里，透过蒸汽依稀可以看到坐成一长排一长排的女工。她们的工作就是把细丝抽出，然后把它们卷成不断的线。在每个人面前都有一个装着沸水的金属碗，里面放有 50 个蚕茧，一起上下翻滚着，等组成蚕茧的细丝自己慢慢松开，把这些脆弱的几乎看不到的细丝抽出，聚集在一块，缠绕到一个距离她们 18 寸高的大线轴上。在这些女工的对面，还摆着一个比碗小一些的金属盆，由一群年龄非常小的女孩子负责。在我们的国家，这个年龄段的女孩子此刻应该还在玩积木或者洋娃娃。这些小孩衣衫褴褛，其中还有一个上身没有穿衣服，有两三个特别小的，因为不够高，只好站在一个凳子上干活。她们的工作是把蚕茧放到沸水里，然后用一个头部分叉的木棍把它们浸透，直到松开，然后从中找到可以抽出整根丝的线头。

一个小时一个小时艰难地走着，一天 12 到 14 个小时的工作时间里，这些小姑娘们就这么一直站着，不停地翻动着蚕茧，稍微不小心就会碰到沸水或者金属容器的外壁，纤细的小手上到处都是烫伤。

在这些纺纱工背后的地面上，还有两三个婴儿在肮脏的被褥里滚来滚去。工厂每天早上 6 点开工，晚上 7 点收工，有时甚至更晚，婴儿的妈妈们既要照顾他们，又没有合适地方去安放他们，只能在经过允许后，把他们放在地上。工厂里没有休息室，没有午餐室，没有卫生间，在连续的工作期间，不允许做任何事情放松一下。

此时，想起了我在无锡的所见所闻。在古老城墙环抱下的秀美的无锡，据说很多的现代化工厂已经取代了传统的生产方式。我离开上海，坐了几个小时的火车来到那里，想看看中国"迄今为止最好的"缫丝厂是个什么样。在这座有着 2000 年历史的古城里，我坐了半个小时的轿子到达了一所很小但是很现代的医院——广济医院。轿子这种交通工具在几百年前就已经被我们欧洲的祖先抛弃了，但在这里，这仍然是最奢华的交通方式之一。广济医院的外科主治大夫司步宗医生，非常热情，答应和我一起去工厂。我们要去的这个工厂占地有好几亩，是解松解方缫丝厂的一部分。这家缫丝厂由 18 家工厂组成，里面有超过 1000 名的女工和童工。穿过一条条狭窄的街道后，我们到了那里。面容和善的工厂经理陈先生接待了我们，他身穿紫缎毛边长衫，脚穿天鹅绒鞋。在他的带领下，我们参观了一部分纺纱车间，这样的纺纱车间，他们有 500 间。在这里，我见到了和上海几乎一样的情景，只是通风好一些。旁边还有一家新的工厂正在建设，厂房有两层高，混凝土结构，宽敞明亮，它未来或许能成为典范工厂。

无锡的丝织厂　这里的女工罕见地整洁干净
蒸汽也少，所以可以拍摄清晰的照片

缫丝女工每天的工资是 50 分鹰洋，童工只有 25 分鹰洋，相当于 13 分美金，但她们工时一样，每天要连续工作 12 个小时。陈经理告诉我们："中国女工的劳动力非常低廉，她们每天只需要花10 分钱喝粥，15 分钱买衣服和其他用品就可以了。"

我在想，这些女工和童工的家庭生活是什么样的呢？于是，我对一位女工的生活进行了跟踪。这位女工家里有年迈的母亲，有身患疾病的弟弟，她自己还有一个或者两个年龄很小的孩子。她家在这座大城市的一个小角落里，一家人挤在一间只有数尺大的房间里。在辛苦劳作十几个小时之后，每天晚上，她都拖着沉重的身躯回到家里。家里空荡荡的，有一个摆放着祖先牌位的架子，只有几张桌子、几把直背方椅、一些盘子、一两口锅，角落里还有一个炭火盆，一些不新鲜的蔬菜靠在上面。几口把一小碗米饭扒拉干净，再喝口茶后，一家人就躺在了炕上。炕一般用砖砌成，一家人都挤在这个炕上，冬天暖和，夏天凉爽。女工家的炕上只有一床被子，这对他们来说足够用了。炭火盆发出刺鼻的烟气，令人窒息，这并不妨碍疲惫的他们很快坠入梦乡。为了能挣更多的钱去买茶和米，米太贵，也许会去买更多的豆腐，第二天天还没亮，女工就和她的母亲起床上工了。漫长而又单调的一天就这样开始了。

中国家庭里，丈夫或者父亲往往会在省城里做工，妻子跟着照顾他。而乡下老家的生活则由他的母亲、姐妹、女儿，或者家里其他的一个或几个女性成员共同来维持。在中国，农民的生活本身就非常辛苦，人数众多的女人就更加廉价。中国人口有四亿三千万，有几千个女人被无情地压榨又有什么要紧呢？光叹息惋惜是没有用的，人不能靠感情活下去，必须要吃饭才能活下去。

走在城市狭窄拥挤的街道上，生存的压力时刻提醒着每一个下层的民众，要吃饭，就要工作，而且现在每一样东西都还需要手工制作。面向街道开门的商店，叫卖着各种各样的商品，这些商品都是由每个男工、女工甚至童工生产出来。虽然他们很苦，但是从他们脸上的神情我可以看出，与世界其他地方受到更残酷压迫的人相比，他们还是幸运的。

在上海，像孙逸仙夫人和她的妹妹宋美龄小姐这样的进步女子，也曾带我参观过缫丝厂，她们并不是过客，领导着人们为改善女工和童工的工作环境进行不懈的斗争。

在无锡的缫丝厂里，我最后参观的是分类车间。分类车间里堆放着成堆和成筐的蚕茧，在这里蚕茧不再是蚕虫美丽的房子，而成了它的棺材。分类车间的主要工作是按照质量等级，把蚕茧分为差、好、优等不同的级别。

在另外一间房间里，还有一排女工在回收那些达不到一等品要求的生丝团。

上面就是制作蚕丝的全部过程。小小的桑蚕，在人的摆布下，按照自然规律生长，却因为人的需要，无法完成它的生命轮回；人发明了商业，左手是商品，右手是需求，左手日复一日地辛勤工作，才能满足右手年复一年增长的需求。在商业面前，蚕和人，哪怕有几百万，都已经无关紧要了，谁让这世上的人都喜欢丝绸的质感和光泽呢。

丝绸如今已经遍布全球，它和它的姊妹棉花一样，已经成为一种世界性的需求，只要是太阳升起和落下的地方，就有人穿着丝绸。

左 · 纺织机旁的丝织女工　　右 · 有着惊人丝织技艺的小姑娘
　　南京　　　　　　　　　　　苏州

中国有句俗话，"吃在广州，住在苏州，死在杭州"。讲的是在中国广州的美食最棒，苏州的女子最美，杭州的棺材最好，能够实现这三点，人生就非常圆满了。而无锡则以它的丝绸刺绣和陶器而闻名。

离开了缫丝厂，我们又回到了狭窄的街道上。远远望去，无锡的工厂基本都是两三层的小楼，还有六七个高高的烟囱，看上去要比苏州，甚至杭州的同样的工厂要现代化。无锡虽然是一个古城，风景如画，但是这座城市处处显示出欧洲的影响。如陶土制成的奇特的塑像，尤其是商铺中摆着的裸露着肢体的女性塑像，这在中国传统艺术中是见不到的。街道旁，一个穿着裤子的女子怀里抱着一个穿着漂亮小衣服的婴儿，她坦率地把自己的乳房露出来，漫不经心地斜靠在角落里，给孩子喂着奶。

无锡郊外，刺绣几乎是每家每户的产业，五彩的丝线在精美的布料上来回穿梭，让它变得更加华丽。令我惊讶的是，一个只有八九岁的小姑娘也在那里做着刺绣活儿。现在外面大约只有零摄氏度，她正坐在暖和的太阳底下，见到我要给她拍照，也许是第一次拍照，她露出了惊恐的表情，瞬间就逃掉了。

不久前去世的于松仁女士是中国刺绣艺术界最著名的人物，她的作品被中华民国作为国礼送给了意大利国王和王后。

在所有描写丝绸的古代诗篇中，有一首诗歌非常亮丽，就像一盏明亮的灯笼，照亮了纺织女工。在《昆明池织女石》一诗中：

苔作轻衣色，波为促杼声。

诗人童翰卿在1000多年前，就用这样的诗句歌颂了纺织女工。如今，在南京，辉煌的明王陵及神道上的石刻、中华民国惊心动魄的革命故事、古代的科举考场夫子庙、现代的大学和学校、传教士和基督教女青年会的圣诞晚会，以及刺绣者手中金色、银色的丝线，共同编织出了一幅绚丽多彩的画卷。

在这座古老的中国都城里，没有现代化的工厂，在农民用泥土、水泥或者石块搭建的房间里，一架、两架，甚至六架，沿用了几百年的老式织机，依然发出和几百年前一样的咔嗒咔嗒声。就在这些老式的织机上，诞生过用金线、银线织成的最精美的锦缎，上面绣满了狮子、大象、凤凰、龙、金鱼、塔等各式的图案。

我在一栋房子里见到了这些老式织机。房子里共有三个房间，房间很窄，每个房间放一架织机之后，周边就已经没有了走动的空间了。每个房间的最后面还有一个很窄的炕，家里的人干活累了可以在上面小憩一会儿，就这一会儿，对于他们来说已经非常难得。除此之外，房间里什么都没有，很多在我们西方人不管是富人还是穷人看来必需的物品，他们都不需要。一个男孩坐在织机的上面，配合着织工的脚踏板，有节奏地拉着线，织工则按照图案将线放在需要的位置。现场没有任何的说明材料，这些图案早就印在织工的头脑里了，他们只靠一把金属梭就能准确而又熟练地控制丝线。他们是如此地专业，但这也正好说明，在完全依靠人力劳动的国度里，人的价值却微乎其微。

南京刘广鑫缎厂的织机分布在好几栋楼里，他们的产品或者在南京城里沿街店铺销售，或者邮寄到国外。工厂里没有供游人自由挑选的商店，但是沿街的丝绸店铺里都有这家公司的产品。同一家庭的二三十人虽然都从事锦缎生意，但是他们的分工通常非常细致。在家庭式工厂里，一般的流程都是先蒸蚕茧，通过抽丝把宝贵的蚕丝一卷一卷地放在一个大竹筐里，然后晾干，等变松散后就可以染色了。染色晾干后，通过竹筐盘成卷轴，就可以用来纺织了。

东方的皇帝对皇家造办厂生产出来的东西向来都不满意。如果哪天哪位皇帝突发奇想想要一件与众不同的丝绸产品，他就会自己到生产丝绸的织工昏暗狭窄的家中去找，或者端坐在宫殿里，让王夫人或者她的姐妹带着最好的丝织品来觐见，这样得来的物品，往往出人意料的精美。

在基督教女青年会，好客的戴维斯小姐似乎受了巫师的魔法，变成了王夫人。在一间房间里的所有椅子上、每张桌子上、地上、壁炉台子上，她向我展示了那些美轮美奂的丝绸，让我大开眼界，终生难忘。

其中一件绣有鲤鱼和盛开的梅花的毛圈丝绒让人过目难忘。手艺达到了极致，每道丝线均匀细致，找不到一丝瑕疵，活灵活现的鱼儿就仿佛在丝绒中游泳，惟妙惟肖。

第二天，我去了趟王夫人家。经历过1911年的战争，如今的南京城里还有大片的荒地无人耕种，每个农民家的周围都种着一些蔬菜。我沿着菜地中间的一条小路往王夫人家走，为了拍些照片，我的注意力都在菜地里干活的一位女子身上，还好我的鼻子救了我一命。就在我的脚边，有一个和地面平齐、没有盖子的化粪池，太可怕了，再走一步，我就有可能要去洗个澡了。

王夫人的家是常见的江南民居，地面没有铺砖，凹凸不平，整个院落用石头墙隔出了好几进。每个房间里有一个年龄不大的小男孩悬在半空中操纵着一个特殊的机器。整个机器由绳子、圆轴、金属砝码和木制滑车组成，看上去很奇怪很笨拙，它一动起来，房间里立即充满了令人无法忍受的灰尘。然而，那些精美的丝织品正是在这样的机器上，在这些有条不紊的织工手上，一点点地呈现出来。

在第一间房子里，我给一位穿着条纹棉裤的女孩拍了张照片，屋里光线很暗，曝光需要三分钟，此时她正在那里织一个扎脚踝的窄丝带。和那些在磨坊里干活的姐妹们相比，她显得很有朝气，也很快乐。她有舒适的工作环境，过着正常的家庭生活，吃得饱，穿得暖，即使哪天结婚了，她仍然可能和她的母亲或者祖母一样，继续着这项传统的手工工作。

每年的农历七月初七这天，由于玉帝的恩典，因违反了天规而被处罚不能相见的牛郎和织女可以短暂地相见。在这几个小时里，凡是有人向织女祷告，快乐的织女就会很乐意满足她们的祈求。所以，这天小姑娘会对着天空向织女献祭，希望织女能够保佑她的纺织和刺绣技术再上一层楼。

娱女

第二十七章

春寒赐浴华清池，
温泉水滑洗凝脂，
侍儿扶起娇无力，
始是新承恩泽时。
云鬓花颜金步摇，
芙蓉帐暖度春宵。
春宵苦短日高起，
从此君王不早朝。
——白居易（772—846年）

虽然战乱不断，坟墓遍地，但是在中国这片土地上仍有成千上万的女孩子一年年长大，她们就像法国麦田里的红罂粟一样，美丽、脆弱，又很顽强。大部分的中国女孩非常依赖他人，她们没有办法养活自己。在她们还没到可以自由选择自己生活的时候，就沦落为花女群体中的一员。

这些花女不仅包括优雅的爱人，也包括可怜的流浪者，与世界上的其他地方一样。但在中国，事情处理起来更直接：有的甚至明文规定各个级别歌女、花女的收费标准。我曾在广州看到一本书，讲了这样一个故事——新年时顾客要送给一年以来给自己带来愉悦的花女礼物，书内还记载了礼物的数量和质量。还有一点，送礼物的时候不能忘记中间人，所谓的中间人一般是上了年纪的妇女。当顾客收到装有洗脸毛巾的盆时，他们就知道这是中间人想要礼物和钱了。

我在上海、杭州、苏州的一些欢愉场所见过这样的女孩，她们大概十四五岁，两人一组坐在人力车的单人座上，她们穿着紧身、短小的上衣，肥阔、较短的裤子，头发用丝带扎着。她们一般都很年轻，扑闪着黑亮的眼睛，她们大多没上过学，但是都极其精明。在上海，娱女这样打扮是明智的：带着一顶西式的男运动帽，穿着一件男式粗花呢外套，外面套上精致的马夹，短裙，脚上穿着高跟便鞋。她们穿着这身行头，嘴上叼着烟，穿行在人群中，她们认为这样很时髦。每一个娱女的身边都会跟着一个穿着传统中式上衣和裙子的女孩，而跟在她们身后的也都是一群欢乐的年轻人。

娱女中等级最高的是歌女，她们不用像日本艺伎和欧洲歌舞女郎那样出卖肉体，虽然她们当中的很多人会这么做。上海道德福利同盟最近想清理城镇中的娱女，市政府发布了一则法律条文，要求登记所有妓院的情况，包括住房及用户，限期取缔部分妓院。1922 年 11 月 23 日的上海市政公报详细说明了具体方案，条文如下：

特此通告，依据 1920 年 4 月 7 日纳税人年会通过的第十五项决议，为推行 1920 年 3 月 19 日发表于市政公报的特殊罪行委员会报告中的提议，经抽签决定，三分之一妓院执照将于 1923 年 4 月 1 日收回。公开抽签将于 12 月 5 日星期二下午 3 时在市政大厅举行，届时将决定所关闭的妓院。抽签将公开进行，所有民众均可到现场观看。

这一举措无疑是正确的，不过由于这是在西方的影响下完成的，所以歌女及其住所问题仍引发了一场风潮。

在中国，歌房就像西方的俱乐部，地位是很独特的。只有在特殊情况，比如葬礼或者婚礼时，歌房中很少设宴。很多人与朋友会面或者谈生意就在歌房或者茶楼中进行。即使是最好的歌房和歌女也被看作是不道德的，这就使那些体面的人陷于困境，道德福利同盟正力图把歌女与普通的妓女区别开来。

高等级的歌女犹如一位少女，衣袂飘香，在夜晚等着她的爱人。

从这个意义上讲，歌房对家庭而言是个威胁。因此对新女性的研究就离不开对娱女的研究，而且娱女还占了一定的比重。但是在中国，只要男女不平等的现象不改观，母亲、妻子、女儿得不到自由的社会生活，那么妓女这一群体就不可能消失。可喜的是，中国的新女性和新男性正致力于此项改革。

报纸上曾有这样一则新闻，歌女们组成了"歌女中国保护同盟"，抵抗日本侵略，保护自己，抵制日货。就连这些轻浮的女性也懂得团结就是力量，学会了用联盟来保护自己，这不得不说是一个意义重大的改变，最终会使她们受益。

歌女的职责就是取悦客人，人们雇她们来陪唱、跳舞和调情。虽然她们的中间人是从挣钱的角度出发，但我认为，这些女孩子只是为了取悦客人，并没有太高的智力含量。

在香港的一个晚宴上我见过这样一位娇小可人的姑娘，她乌黑的头发留着刘海儿，调皮地眨着黑亮的眼睛，露出习惯性的微笑。她穿着由桃红色的锦缎做成的上衣，浅蓝色缎面做成的裤子，脚上是中式的黑绒鞋。晚宴是在一家著名酒店的私人大房间里举行的，有一个欧洲人、一个法国人、一个英国人、一个美国人，还有三个有钱的中国人和这名女子。

晚宴的时候，这个歌女坐在我身后的座位上来取悦我。她一直给我夹菜，自己除了一点米糖，什么都不吃。她不时地做一些令我不快的动作，譬如拍我的脸，用食指和拇指夹我的鼻子，用力扯我的耳朵。面对这些调情的动作，我无动于衷。我对这种表达感情的方式略有了解，这是从上海老妈子那里学到的，于是我便强忍着，忍无可忍时，我反抗了，这使得中国人很高兴。我的反抗并没

左·老妈子"阿金"(黑色丝质裤子、白色亚麻衫和皮鞋) 　右·杭州歌女
关于老妈子——第二十四章

有能制止她，她反倒更加变本加厉了。我索性就不理睬她了。表面上她是在挑逗我，但我能觉察到她内心深处的敌意。

一阵喧闹声从街上传来，我来到阳台，看到了那在中国的大城市里很常见的一幕。路边停靠着一辆售货车，车上有一个炭火盆和几个大陶罐，陶罐里装着豆腐，一群苦力围在车旁，用几枚铜钱买些豆腐吃，他们一边吃，一边兴高采烈地聊着天。

这名歌女把我拉回到房间的炕边，炕是由大理石和柚木打制而成，炕上红色的靠垫可以供两三个人斜倚。歌女的面前有一整套吸食鸦片的装备，她一切都听命于我，不会主动做任何事情。她先是选取了一些豌豆大小的鸦片膏，用银筷子把膏团成球，之后在酒精灯上慢慢烤，最后把烤过的鸦片球放进长烟管的小金属碗里，然后把这套设备双手递给了我。

我认为一切都值得尝试，于是吸了一小口，等着人们说的那种极乐感觉的到来。现在我在考虑的是要不要把我这一"吸毒"史写进书里。事实是，一切安然无恙，就这么简单。

那个歌女又准备了另一支烟管，鉴于上次毫无反应，这次我多吸了几口。没有什么不适，比如眩晕或者虚弱，也没有愉悦或难过。实际上，我毫无感觉。

虽然有人一再劝我多吸几管，说那样就能体会到飘飘欲仙的感觉，但我还是喜欢站在阳台上看着那名歌女坐上人力车去赶赴下一场约会。看着她逐渐远去的背影，我意识到在她生活的这个世界里，她是多么受欢迎。

现在我将目光投向最低等的娱女，也就是那些出卖肉体的妓女，我之所以关注她们是为了证明传教士和女性社会工作者在这里发挥了自己的作用。

从"妓"字的结构来看，"支"有分支之意，可引申为"公开的"，由此"妓女"的意思即为公共女性。

等级较高的娱女衣着光鲜，得到悉心照顾，她们住在酒店里。虽然如此，她们依然无法摆脱自己的奴隶身份，不可以单独外出。她们可以赚取一点钱，但没有人身自由。广州政府通过了一项法令，规定想摆脱妓女生活的女孩们可以向法院提出申请，重获自由，被送往"希望之门"（"希望之门"是传教士和进步的中国人努力打开的，公众反响很好，很多年轻的中国女性都在这里做社会工作）。还有一项法令尚未通过，内容是打算将妓女的法定年龄定为 15 岁，这是因为现在社会上已经有 7 岁的孩子就被卖为女奴的现象了。

大部分亚欧混血儿都是"盐水女"（舢板女），也就是葡萄牙水手的后代。这是一个朋友告诉我的，他在中国生活了很长时间。当然这其中肯定也包括中西方社会中的那些受过教育的文雅的人结成的同盟，但这不在本书的讨论范围之内。

千百年来，中国女性都是男性的附庸。我们在广州花船上遇到的女性群体，与其说是她们在犯罪，不如说是别人对她们实施了犯罪。在中国，很多女孩被他们的监护人或者父母卖掉，这些原本应该保护她们的人使得她们在接下来的几年内不得不过着堕落的生活。

对于无知、迷信、狡诈又唯利是图的舢板女来说，男人既是她们的主人，也是她们的猎物。

左 · 珠江上的婚船，
　可以看到四艘船体的部分　｜　右 · 珠江船区诊所
　　　　　　　　　　　　　　　广州

等级较高的女孩一般都比较漂亮，她们举止优雅，衣着华丽，常穿着丝绸锦缎，有时候秀发上也会点缀着珍珠。她们有仆人，也学习唱歌、跳舞、弹奏乐器等技艺，大抵会一项，这决定着她能成为一等或者二等歌女。

船上社区的生活是比较有趣的，小船上的常住人口有二三十万人，其聚集程度之高是任何其他地区都无法比拟的，如果非要找一个的话，那可能只有现代纽约的公寓楼了。在这里居住很便宜，同时拥有两个房间和一间浴室只需要一块银元。

对小船来说，最大的危险是台风。每条帆船上都住着6—50人，一场风暴就能毁掉上千艘船，淹死6000多人。有时为了躲避风暴，需要用租来的小拖船将五六十艘船拴在一起，每四五艘为一列，头尾相接连成长串，好似漂浮着的小岛。罗伯特·多勒先生说，他在香港见过这样一个80多亩的港湾，被2000艘船、20000人挤得满满的，再也塞不下一条来此避难的船，而气象台播报台风即将到来。

我在广州的深刻感悟是，正在进行的革命对船上的生活影响巨大。某天晚上，一位副官陪同我去看珠江上的夜生活。走在码头上，四周一片漆黑，水中有数千条船，一艘挨着一艘。夜色下黑色的水在舢板、房船和沙船间流动，这里似乎变成了漂浮着的城市街区。

通常在晚上十点钟的时候，这里灯火通明，欢歌笑语。而今天，一切都笼罩在寂静中，偶尔能看到一只灯笼晃动着微弱的光。不过餐船和供给船是个例外，餐船和供给船上依旧灯光闪耀，它们的前部和侧面都被装扮成了店铺的样子。餐船的柜台上摆放着诱人的食物或者各式各样的饮品，食物是做好的，可以直接食用；肉类则是还没做好的。船上应有尽有，从肥皂到奶酪，你都可以买到。可以买的当然也包括歌女。他们在船上的生活被局限在舢板区域内，这些船民对我产生了莫名的巨大吸引力。

在黑暗中穿行了一段时间后，我们叫醒了一个船民，他说如果要把我们带到水上，我们必须加钱。很多船都被入侵的军队强行征用作为军官的住所，他们也不知道自己的邻居是敌是友，得采取很多预防措施。

这个船民叫上了自己的一个朋友，他们俩时不时窃窃私语，很显然将要发生的事情令他们很紧张。我感受过毛瑟枪弹在身边乱飞的感觉，所以，在这种环境下，他们更希望能安静地停靠在黑暗中。

我们在漆黑的夜里划行了一阵子，时不时会有舢板漂过，舢板上还会泻出一些琵琶声和欢声笑语，这在寂静黑暗的夜里显得有些古怪。原来在这千百艘看似空空荡荡的小船里，还是有心脏在跳动，有耳朵在聆听。

突然，一条小船从我们身边经过，近处有人低声说了句什么，船民作了回应。只见一名女子从小船里走了出来，船内还有低语声。从小船里搬出了很多罐头和篮子，装的都是食物，多得可以举办一场宴会。副官告诉我，这是一名歌女居住的船，她目前正在取悦一个有钱的客人。而我们看到的那位女子正是中间人，她会在盛宴结束后，给客人呈上"香巾"，提醒客人该给钱和礼物了。

第二天，我看到了船区布道所。布道所由两艘大驳船缚在一起而成，一艘作为诊所，一艘作为护士和传教士的教堂和休息区。传教士给这成千上万在水上出生、长大、死去的人们布道，传播福音。我的向导是广州最进步的女性之一，也是当地女性参政论的领导者。船上的传教士给我们讲了很多有趣的故事，其中就有舢板花女的事情。有一位舢板花女出了事故，被送到布道所来治疗，痊愈后，她皈依了基督教，在一位她之前的客人的慷慨资助下重获自由。

船上这些苦难的船民们受到了布道所的大力帮助。其中值得一提的是，孩子们背上扣着的圆圆的罐子。罐子的作用是当一个孩子落水后，罐子就可以充当救生员，让孩子们一直漂浮在水面上，直到被舢板上长长的船钩钩住，大人们将孩子救上船。

白天的生活比晚上要快乐。我注意到邻近的船上很热闹，副官告诉我，那是在举行婚礼。几艘驳船上贴满了红色的纸花，喜气洋洋。其中一艘船上有三位乐师，中间的船上站着新娘，另一艘船上是婆婆、新郎及宾客。在船上举行婚礼与陆地上不同，新娘不用坐轿子，直接从一艘船走到另一艘上，婆婆会在那条船上迎接她，两人交换了杯子后，就会举办一场宴会和舞会。传教士的心中十分欢喜，因为这位年轻的新娘是一名基督教徒，她是一个从良的花女，犹如一朵出淤泥而不染的莲花。

第四编　旅人之灯
酸甜苦辣

犬吠水声中，桃花带露浓。

树深时见鹿，溪午不闻钟。

野竹分青霭，飞泉挂碧峰。

无人知所去，愁倚两三松。

——李白《访戴天山道士不遇》

第二十八章
泰山，孔子的圣山
七千步朝圣之路

问余何意栖碧山，
笑而不答心自闲。
桃花流水窅然去，
别有天地非人间。
——李白《山中问答》

在中国旅行不能不去拜访一下中国伟大的思想家孔子。虽然我一直关注的是新时期的中国及其问题，但这件事情必须得去做。一个在中国居住了很多年、却常被我忽略的外国人陪我一起做了这件事情，这是我在北京和上海之间多次旅程中的一次。一般来说，人们会觉得山岭、哲学、历史等亘古不变，会一直等待着我们，于是总是会说等"下一次"再去，但"下一次"却很少真正能实现。

事实上，我们这两个被职责和经历束缚的人抽出一天时间去爬山，是一次非常难得的经历。

在中国坐火车极其不易，于是我把所有的事情全部抛在脑后。我在中国的大部分"扣人心弦的冒险活动"都是在黎明开始的。一般是这样：在天还没完全亮之前，我坐在车站旅店里就着烛光吃完早餐；然后我穿着皮毛外套，坐着小抬椅离开那些还在酣睡的人们（他们更喜欢观看稍晚一些的景色）。小抬椅是在一把椅子的两侧捆上两根杆子，由四个健壮的轿夫分别用肩抬着这两根杆子的前后。我们西方人有个习惯，一旦开始一项活动，就要尽快完成。所以我们还会再找四个人备用，登山很漫长，也很艰辛，这样他们可以替换着休息下，而不耽误前行。

到目前为止，我乘坐过很多种中国的交通工具，比如：北京马车、人力车、轿子。通常比较舒服的是小抬椅和简易的轿子。小抬椅由竹子和藤条编织而成，还有坐垫、靠背和搁脚的地方，最舒服的轿子莫过于长城和南口关上的轿子。坐在这些交通工具上，我和他们隔着一段距离，无法与前后的轿夫交流，他们抬着我就像抬着一块煤一样，不断前行，我经常会感到无助。轿子摇摇晃晃，轿夫抬着我走过坑坑洼洼的小路，穿过无边无际的田野，蹚过水流湍急的河流，爬上弯曲的河岸。

我无事可做时，会将记忆里一些杂乱无序的东西记下来，这些东西都是一些往常的片段，但

朝圣之路途中的圣殿

都与我有关。我目睹了当地的生活，这是一个被城墙环绕的村子，有一个很大的三层石建筑（方形的），就像一座屹立在田野中的塔，我感觉那应该是个藏有珠宝的仓库或者房子。我还看见很多狗、一些小孩和一些小脚的女人，小孩子的眼睛睁得大大的，那些小脚女人一副漠不关心的样子，有时候还带着敌意看着我。

我们终于到了泰山脚下，准备开始登泰山。

我又一次被轿夫抬了起来，无助的感觉再次袭来，但我的每个细胞都在激烈地跳动。沿着花岗岩台阶不停地向上走，这些台阶非常古老，它们被2500年来无数的朝圣者脚步磨得高低不平，台阶被冰雪覆盖着，很滑，很不安全。但攀登泰山这项朝圣之旅给予了我巨大的力量，使我不断地战胜胆小和畏惧。虽然我与轿夫们不仅无法交流，还得受这些淡漠的轿夫们的掌控，因为只有依靠他们，我才能继续进行我的环球旅行。在他们的眼里，我就像一堆没有生命的钱，这些钱是要作为"赏钱"给轿夫的，这是他们顺利完成任务的奖赏。

喀耳刻①（其实"喀耳刻"并不是他的名字，但周围的朋友们都这么叫他，因为他在签名的时候只签首字母，而从首字母中无法看出他的真实名字）是我的同伴，他对此也有同感。

我坐的小抬椅并不很安全，很多地方都没有受到保护，这使我一次次地陷入危险的境地。我在喀耳刻前面的台阶上回旋，他在后面看着，觉得很有趣。

每当轿夫把我抬起的时候，我就觉得自己腾空而起，犹如挂在1000多尺的深渊上，这个时候他们会说："在茶托里啪啦作响，在平底锅里翻来覆去"，并伴随着欢快的笑声。往前走了大约3000步，我们在圣殿前停下做暂时的休息，喝些保温瓶里的水。有人在这里建了一座牌楼，雅致的柱子和大理石横杆上刻着碑文，这是为了纪念已逝者。穿过拱门，一幅罕见的美景呈现在我们眼前，我们安静地凝望着眼前的仙境，屏住了呼吸。

我们现在在泰山上，这里很高，比村庄和平原要高，比远方的天府之城也要高出很多。泰山的深谷里，有零星点缀着的小雪花。白云从头顶飘过，在青绿色的天空下，是绿色深浅不一的松树和杨树。我身边有一块原始的石磨，石磨的下方是一块大圆石，上面是一块较小的圆石，两个女人在那一边推磨一边聊天。

四周洋溢着欢乐的气氛，伴着歌、诗和轻松的玩笑，我们又向上登了1000步，所到的地方就只有耐高寒的动物、矮松和矮栎，这些植物从岩石和砂砾中吸取着微薄的养分。

不久，我们看到了这样一个场景：无数参观者的评论，还有很多墓碑，评论都刻在岩石上，方便人们阅读。这些评论都用纯金装饰着，这样他们就可以体面地成仙，与西方的神并列。

轿夫抬着我们沉重的肉体和躯壳又一次出发了，他们气喘吁吁，向着更加高级的精神境界出发了。现在台阶都被雪覆盖住了，上面还有一层冰，所以每一步都很危险。这时我想到这句话："自

---

① 喀耳刻，希腊神话中的女巫。她是太阳神赫利乌斯和海神女儿珀耳塞之女。在古希腊文学作品中，她善于用药，并经常把她的敌人变成怪物。——译注

助者天助之。"所以不管怎样，我们克服别人无法想象的艰辛，朝向圣人的处所迈进。

大约走了 6000 步，我们停下来休息，我说："莫迪发曾说过，这里还有一位很有学问的泰山女神。她每年为想成仙的狐狸举行一次考试，然后赋予合格者相应资格。莫迪发说的这座山就叫作泰山，他是这么解释的——'山东西部的一座山'，所以我认为这是同一座山。"

喀耳刻听完我的话后说："那就祝你找到那个泰山女神。"然后就在雪地上走来走去，显然是在找什么东西。

我接着说："有趣的是，狐仙的故事已经传遍了全世界。英国最近有个离奇的小故事，名字叫《变成狐狸的女人》，这种故事在中国非常多，举不胜举。故事讲的是一个高官的儿子非常博学，他在独自赴任的途中，有天夜里走进一间废弃的房子，遇到了一个瘦弱的东西，这个东西慢慢变成了人形，'人形'求高官的儿子准许自己在泰山女神的指点下继续修行，因为 100 多年来，他都获得了前任官员们的准许。他说自己是个狐仙，问高官的儿子：'为何品格高尚的人却不常修仙？'

"'人形'悲叹一声，说道：'对于狐狸来说，修仙是件非常困难的事情。因为狐狸要先学会变成人形，然后学习人类的语言，并学习全世界所有鸟的叫声，这会花掉狐狸 500 年。但对于人类来说，这些都不用学习，可以节省很多时间。对于资质聪颖、造诣深厚的人来说，他们可以比普通人再节约 300 年，所以说品格高尚的人用 1000 年就可以成仙了。'"喀耳刻拿着他在暗淡的碎石堆中找到的两块闪着光泽的岩石，问："那个官员的儿子怎么说？"

我说："高官的儿子礼貌地退出房间，在很多年后，他对自己的儿子说，他唯一的遗憾就是当时没有向泰山女神询问狐狸提出的问题。"

现在，喀耳刻拿着其中一块石头，对我说："这块石头来自泰山之巅，我现在把它放进你的口袋，它可以为你带来好运。回头我会把这块石头和你从南京明代陵墓里拿来的黄砖一起放在柚木雕花小架上，我家的老女佣看到后一定会问：'主人，这是金子吗？'如果我说不是，她一定会不屑地摇摇头，默默走开，嘴里念叨着'主人都是傻子，洋鬼子更傻。'"

我们继续往上走，到达了最高处的牌楼，在小土堆上稍作休息，在乡间路上还买了些寺庙里祈福用的纸船。走到这里，我们大约走过了 7000 个台阶，登上山顶俯瞰山下，"七省"全景在眼前展开。寒冷的冬天天黑得格外早，在太阳落山之前，我们还得从山顶走下去，同样是 7000 个台阶，还得穿过崎岖不平的乡间小路。

时间已经过了中午，我们饥寒交迫，希望能吃点三明治。凛冽的寒风从山顶刮过，我们浑身冰冷，肌肉僵硬，手和脚也无法灵活运动。周围是一群饿狗，我们要与他们争夺午餐。我不想变成动物，但希望可以变作鸟，因为如果是鸟，我还可以出去吹吹风、透透气，还会有人为我写歌，也会获得很多的关爱。在泰山上，我还是要说一句，对待动物，中国人不怎么考虑动物是否舒适，他们总是虐待动物，对人也是如此。

至今，我在这座山上并没有感受到福佑，周围环境非常不好，我们很不适应。我们拖着所有的东西，没有发现我们正处在这个宽广寂静的地方。即使如此，我还是想在此处讲演，喀耳刻用轿

左 · 孔子圣山泰山顶上的寺庙 ｜ 右 · 满含敌意、"三寸金莲"的女人

夫们带来的沸水泡茶，沸水是装在一个肮脏的容器里。

我一边演讲，一边挽着保暖瓶，以防它从悬崖上滚下去。

"这就是泰山。在世界各地，山岭对思想者们总是有莫名的吸引力，所以全世界有很多赞美山岭的诗句。当人们拥挤在耶稣周围，有人触碰了他的衣角，他撤离到高处，说：'美德离我而去。'约翰说：'耶稣登上了山，'或许是以巴路山，或许是基利心山，'他与他的信徒坐在一起。'撒玛利亚妇人对耶稣说：'我们的祖宗在这座山上。'"

"古代的中国人将寺庙建在山里，李白有诗：'千峰争攒聚，万壑绝凌历。'"

我一边有节奏地跺着麻木的脚，一边说："不过，朝圣者、学者、学生、诗人、艺术家，所有脑力劳动者都寻访山间。"

"就像这座著名的孔子圣山。"喀耳刻礼貌地接了一句。

我说："是的，虽然人们爬泰山的热情比较温和、理智，他们不会像我们在寒冷的冬天来登泰山，但是通往山顶的 7000 个台阶，还是使泰山成了全中国最有名的地方。"

喀耳刻搬来四块石头，分别压在我们坐的海豹皮毯子的四角。"一定是像这样的地方，才使得与孔子相对的道家张志和拒绝回到朝廷，回到熙熙攘攘的尘世，他在回复皇帝的著名诗作中写道：'朝廷若觅元真子，不在云边则酒边。明月棹，夕阳船。'"

"道家认为，道法自然。庄子曾说：'圣人者，原天地之美而达万物之理。'他只能'原'山岭之美，不可能是其他地方。"

"我不认同你的看法，"喀耳刻礼貌地说，"我对老子及其'道'知之甚少，但我记得他的准则有'高下相倾'。"

既然喀耳刻对于这位伟大的哲学家仅仅是"知道"，我就不打算再在道家学说上与他争辩，于是说："至少他们两位都曾登上高山寻找灵感。"

"穆罕默德走向山，而不是山走向穆罕默德——我们就在这里。"喀耳刻继续说道，同时努力去搬一块很重的大石头。

"为什么像耶稣和孔子这样的圣人都会有意识地寻找高山，为什么那些想要提升自身思想境界的人，都会有意或无意识跟进了山中？对于那些研究过我们行为背后的共鸣自然法则的人，那些认可斯韦登伯格①全面描写过的、探索第四维的人所接近的心灵状态的人而言，答案十分简单。"

喀耳刻可能并没有听进去。然而作为一个传道者，职责就是传道，所以我继续对着空气和东风演讲。

"登上高处，比如山岭，意味着我们可以从压迫着我们这些凡人的物质中解脱出来，让我们真正与环境相联系。依赖着血、肉这些神奇的机制，我们得以活下来。这种机制代表着热与冷、供

---

① 斯韦登伯格（1688—1772 年），瑞典人，科学家、哲学家、基督教神秘主义者和神学家。——译注

与需，一旦建立，就能在矿中运作，也能在山中运作。但是如果没有了这种机制，会发生什么呢？

"如果没有这种机制，只能是一群没有生命力的人，只能是死亡！因此——"

我的话还没说完，就被喀耳刻打断了："来吃个三明治，这是个好东西。"

我不置可否。

喀耳刻开始活跃起来，他问我："你真的相信这个世上有人是靠思想活着？"

山巅的狂风猛烈地吹着，茶杯中的茶叶几欲被狂风吹了出来，我大声说："为什么没有呢？！法国科学家查尔斯·里歇宣称女人有第六感，他将其称为'潜在感觉'。他们的思想遵从于共鸣法则，他们经常通过潜意识发现很多东西。当然，所有的思想都产生于真实的物质表面，更高形式和等级的思想则要求更高。这样说来，如果一个人不够绝缘，他就会受到各方面物质存在的压制，但如果你站得较高，比如身处海平面两三千尺以上，就可以摆脱这种压制。可能执物质论的人并没有理解我说的话——"

喀耳刻依然自顾自地抽着烟管（经特殊批准）。

我接着说："那些可以用眼睛看、可以用耳朵听的人，以及那些用心灵甚至是心智去寻找真理的人，则是全然绝缘的，他们潜意识里的能力使他们可以继续探索，并接触到这些隐藏的力量。"

喀耳刻动了动。

他吸着烟管，回击道："比利牛斯山脉的巴斯克人面貌严厉，瑞士人也是。没人指控他们灵性过度。"我真怀疑他说的这些话完全没有经过大脑。他放下烟管，拿出一支雪茄，风太大，他只得用他的海豹皮手套遮挡着来点烟，代价是左手手套被烧了一个洞，这可以算作是对北风之神的永恒纪念了。

"跑题了，"我决定不再饶恕他，严肃地说，"'万年之主'，你知道的，人并不会因为只待在山上就变得灵醒，只有不断向山上探索才可以。500米高的山就可以将朝圣者带离地面的那些思想。在这个高度，人们可以思考，思想者会有更清醒的大脑和通透的心灵，这便于他们去安静地思考问题。孔子，这位伟大的哲学家、思想家、教育家，是位智者，正因他曾登过泰山，吸引了众多的人不畏惧那7000步来登泰山。"

喀耳刻这么说："我承认，这种高度和凛冽的狂风，作为一次经历的确很奇妙，令人难以忘怀，但是，如果此刻是在山下，我能吃到食物，周围是温暖的火苗，环境舒适，那么我会更高兴。"

我附和道："是这样的，我们喜欢好的、舒适的环境，而山上的环境恶劣，使得我们无法久留。"

喀耳刻接着我的话说："所以我要向那些登上高山并坚持下来的人脱帽致敬。"

"除此之外，还有那些神父和隐士——"我刚要开始说，喀耳刻的男高音飘了出来，以《我想成为天使》的愚蠢曲调——

他想做隐士，

站姿要相似，

额头抵着碗
手里拄着拐——

　　我觉得我和喀耳刻已经很难正常对话了，但我不死心，还是又做了一次努力，将话题又拉了回来："孔子和孟子，还有喜马拉雅静修的神秘学生——"

　　喀耳刻又一次强势地打断了我："好的，我希望你说的是对的，我不会再和你永无休止地争辩。争辩是我的工作，每年有350天的时间去做这些，我现在在度假，甚至不愿意去思考，我不想这些事情影响我的心情。我宁愿看着你在我前面的椅子里颠簸摇晃，虽然我时刻会有马上被你压扁的危险。如果你的一个轿夫不小心滑了一跤，你的身子还有毯子、午餐篮都会砸向我，但我却无需担心你的灵魂会砸过来。"紧接着，他唱起来《我的太阳》，那熟悉的男高音随风飘了起来："多么辉煌，那灿烂的阳光。"

　　我们停止了争辩，开始下山。

　　俗话说：上山难，下山更难。在下山的最初的三里路上，我们不敢坐在椅子上。喀耳刻和一号轿夫走在我的左右两侧，搀扶着我走完这段路。花岗岩的台阶上堆满了雪花，非常滑，我胆战心惊地走在上面。但我们不会同时打滑，这是解剖学告诉我们的，在我们体内隐藏着的神秘肌肉会出来帮助我们下山：当我们其中一个人侧滑的时候，其他人就会去救他。我们下山走了不到一半的路程，我已经将生死置之度外了，就让轿夫们抬着我来决定我的生死吧。因为走路是这些轿夫的命运。实际上，在这两天，我和轿夫们没有舒服地坐过或者站过。

　　在夕阳落山之前，我们到了山脚下。眼前的世界一片昏黄，我们走完了7000步冰冻的花岗岩台阶，而且毫发无损，这是我们登山的美好回忆。我把自己的幸运归功于喀耳刻给我的那块石头。我们从山巅捡了神圣的石头，并把这些石头给了那些凡人。

……在我心田闪光
这是我独处时的欢乐无限。[1]

---

[1] 引自华兹华斯的诗作《水仙花》。——译注

第二十九章
矿下第九层

不知乘月几人归，
落月摇情满江树。
——张若虚（约公元 700 年）

"去看中国的煤矿吧，这会令你感到震撼，但事实是你看不到。"

这是一位美国的绅士说的话，他是一个财团的领导者。他坚守在北京，是为了等"中央政府"偿还借他的几百万美元债务。他的生活中西融合，有简易的午餐、晚餐，也有中国的茶。

等待茶水慢慢变凉的过程中，我问："你说的煤矿在哪里？"

他回答道："开滦矿务局是中国最大的煤矿公司，但那里不允许女人进去，煤矿随时都会爆炸，这对女人来说太危险了。上周在唐山煤矿就发生了爆炸，死了 300 多个矿工和很多骡子。"

在此之前，对于我这个旅行者来说，地面上的旅行已经足够了。我现在脑子里想的是到开滦煤矿去看一看，那里一定很新奇，也充满了冒险。想到这里，我觉得自己的血液都沸腾起来了。这是一种应激反应，好比一匹拉消防车的马一听到火警的响声就会跳出来。而那位美国绅士话中的一些词，比如"危险""不可能"等都引起了我强烈的好奇心，驱使着我去看看中国最大的煤矿。

我想到了天津的一家报纸，它的所有者既有能力，又友善，为我这个"疯女人"的探索而忙碌，我想他对我此次出行一定会有所裨益。根据预定的行程，我从北京出发，出发那天天气非常冷，我的同伴是一位令人愉悦的外国殖民地的女子——帕特南·威尔的妻子，她年纪比我略长。普通女性对这种安排可能没什么兴趣，但我们兴致勃勃。在火车上只有在上下车的时候才能去洗手间，这似乎是为了满足夜晚的猫头鹰而设计的。外面满地积雪，只有几缕阳光洒在地上，寒风凛冽地吹着。在这样寒冷的天气里，我们本该在家舒服地睡觉，可我们却偏要坐在这冰冷的火车里去煤矿探险。这就意味着我们可能还要住在没有浴室的旅馆里，吃着简单的饭菜。冒险路上有同伴随行，所以我们一路上还是很开心的。玛丽·路易丝·莱罗克斯·辛普森将孤独的旅行变成共同冒险已经不是第一次了。还记得不久前去长城，我们坐的轿子没有顶，从南关口下来后还走了很远的路，当时北京正处于最冷的 12 月份，凛冽刺骨的寒风让我们对那次极地之旅记忆犹新。

第二天早上，我们在当地找到了一家旅馆，围绕着铸铁的炉子，在炉火周围烤着自己冻僵的身体，将水壶中已经结成冰块的水打碎、倒出，重新装上可以喝的沸水。我们刚缓过来劲，就又出发了，这次我们是坐着轿子去 30 里外的明代陵墓。昨天我们在长城瞭望塔吃着午餐的时候北风呼啸而过，我们感受着零度以下的纯净空气。今天我们的午餐是在寺庙里的一棵倒了的树上吃的，明代陵墓极为宏大，能够为我们挡挡风，温暖的太阳也照在我们身上。吃午餐的时候，周围有很多小乞丐和无赖，语言不通，我们只能用各种手势来驱赶他们，但不论我们怎么驱赶，他们都极其坚持，差点毁掉了我们的假期。

此次冒险没有令我们失望，给我们带来了很多意想不到的东西。我们在出发之前得到了很多新奇的事物。

离开北京之前，有很多朋友给我送别，一些中国朋友知道我要离开，给我送来了很多礼物。其中一些我觉得很新鲜：有照片，有很珍贵的茶叶，一位官太太给我送了一只古香炉和很鲜见的香。之所以说鲜见，是因为香被做成了"寿""福"等字样，香点燃的时候，香气袅袅升起，房间里瞬间会充满愉悦的气息。如此优雅的送礼艺术，我在别的国家是从来没有过的。

天津，中国重要的通商口岸，这里有80万人口，还有很多漂亮的房子，房子的主人都非常富有。在天津这一站，火车晚点了。但一位朋友为我们准备了美国中西部地区小乡镇的旅行者都非常熟悉的晚宴。

天刚蒙蒙亮，我们就起床了，沿京奉铁路向唐山进发。下午，火车到站了。我们活动了下僵硬的四肢，兴趣盎然地下了车。跟我们一起下车的还有很多苦力，他们扛着一个巨大的由衣物被褥卷成的卷儿，这便是他们全部的家当。开滦矿务局需要成千上万的劳动力，这吸引着全国各地的劳力奔赴至此。

离开了车站，我们也就摆脱了车站里的苦力大军。开滦矿务局的总经理给我们安排了两位热情的男士接待我们。这两位男士全程听候我们差遣，这才使得这次旅行得以实现。那天是个晴朗的冬日，地面上覆盖着一层薄薄的细雪。行李放在马车上，我们则坐着"劳斯·福特"穿过城镇。

汽车把我们带到了一家舒适的旅馆，迎接我们的是浴室和炉火。我们穿上了厚厚的衣服，看起来像爱斯基摩人一样。在土地部门的代理人的陪同下开始了视察。没走多远，我们就看到了融合中西建筑理念的漂亮楼房。

因为当地人觉得下井挖矿不吉利，会破坏风水，所以大部分矿工是外省人，以山东人居多，可能外省人不怎么关心是否会破坏当地的风水，也可能是他们不相信这些，所以他们来到了这里。

矿工每8个小时换一次班，劳动的报酬最少是36分，最多是45分。但有些人每天最多只能拿到30分。为了使大家对这些数字有个清晰的概念，我们先来看下矿工日常所需的花销：矿工每天要交付10—12分作为食宿的费用。矿山附近的矿区会建设一些住宅，未婚者就住在其中的石屋里，这些石屋占据了住宅很大的比例，我们称这些石屋为"单身宿舍"。有家室的人住着"已婚宿舍"，其实就是大一号的"单身宿舍"。但这种"已婚宿舍"很少，而且一般是为总部员工提供的，煤矿里不允许女人来工作。"已婚宿舍"一般是由石头砌成，有两三个房间，还有一个小院子，可以用来养鸡养鸭，院子里还有影壁，这可以阻挡外面的人看见里面的情况。

来自广东的女人拒绝我为她们拍照，但有的则不是这样。比如一个锅炉工的妻子在知道我可以为她拍照时，她穿上了最漂亮的衣服，头上戴着黑色的缎带，缎带上还绣有小花，她给她的两个孩子也穿上了干净美丽的衣服，但她拍照时候板着脸。院子外面，有一个身材高大、脏兮兮的可怜女人，一直摇摇晃晃地跟在我的后面，就像生病的动物一样，乞求着我施舍些钱给她。她看起来大概 30 岁的样子，不劳作并且抽鸦片，被家庭和公司抛弃了。公司严格禁止吸食任何形式的毒品，鸦片当然包括在内。

公司为改善社会做了许多规定，这包括对骡子们的福利。我曾参观过一个石头围起来的骡子医院。如果一头骡子在矿下受伤了，人们会把它升到地面上，让它在"医院"里休息一下，还能得到人们的照顾。但也有不幸发生，曾经有一头母骡在升往地面的过程中将头伸了出来，卡在了车外面，等到地面的时候就只剩下身体了。

矿骡会得风湿，再加上经常拉着满载的铁车而劳累过度，它的平均寿命只有两岁半左右。虽然规定是每头矿骡的载荷量是 5 吨，但实际上一头骡子通常要拉 6 吨。骡子很紧俏，供不应求。

在 1922 年 10 月罢工期间，公司的日子非常艰难。全公司里只有 6 个外国人和 2 个中国人坚守岗位。泵不能停止运转，一旦停 3 个小时，矿井就会被淹没。这段时期非常危急，这 8 个人一直坚守着让泵在运转。如果停电，一切都将停止。

罢工期间没有人切草料去喂井下的骡子，人们把矿井下的 400 多头骡子放开，让它们自己去饮水、吃草。当罢工停止、食物被送下来的时候，骡子一拥而上，这对救援工作的开展非常不利，有些骡子是在两三天后才被送上地面。

看到人类能够控制成列的锅炉、发电机和现代动力工厂里的所有庞然大物，我对人类的敬畏之情便油然而生。土地部门代理人向我介绍起了矿井的头等设备——起重机，并介绍了其运输和配备状况，他给我讲了两个与此有关的故事。

一位王夫人拒绝把土地卖给开滦矿务局，谁也劝服不了她。代理人说："在中国，奶奶们管着住所，没有一个男人会冒犯女人，尤其是家里的女性长辈。如果王夫人说'没门'，那谁也没有办法。"所以她成了钉子户，公司最终绕过了她的那片土地进行建设，她家被矿渣包围着，与邻居们也相隔甚远。

刘夫人的名字翻译过来是"飘扬的柳树"，她与王夫人不同，她将土地卖给了开滦矿务局。在双方进行谈判的那个月，她神速地在自己的土地上挖了一口井。她说因为公司挖矿导致地下水干涸，以此为借口，要求公司多支付 100 美元。一般情况下，公司会买下这块地，或者按比例赔偿。但这次代理人拒绝了这种赔偿，于是刘夫人就每天守候在代理人必经的路上，一直守了 6 个星期。其实，在第一个星期的时候，代理人就看到了她，但他拒绝对此事进行协商，于是这位刘夫人就一直坐在代理人的办公室里，并不时要杯茶。发现这招不管用后，刘夫人搬来了自己的被褥和食物，不眠不休地在代理人的门外守了三天，如果此时有人要进代理人的办公室，就必须从刘夫人的身上迈过去。代理人无奈之下求助警察，但警察也拿刘夫人没办法。最后，刘夫人家里的两个祖坟突然在一夜之间变大了，代理人只能妥协，于是按着中国的传统，按着每个坟墓 20 美元的标准，共支付了刘夫人 40 美元。这样，井的事情也就不了了之了。

在这场交易中，刘夫人赢得了面子，这对于中国人来说非常重要。

听完了土地部门代理人给我讲的故事后，我迫切地想去矿井下看看，看看煤的诞生之地。在

左·莱诺克斯·辛普森夫人与作者在长城　　右·长城上，帕特南·威尔的妻
瞭望塔上吃午饭，气温零摄氏度以下　　　子与一些我们使用的交通工具

下井之前，我要先去行政大楼看看，借机了解一下资本家及其收益。我们沿着小路走了大约半里地，来到了行政大楼，这里的取暖设施很齐全。行政大楼前耸立着一座由煤粉和矿区垃圾堆积而成的"大山"，这座"大山"有350尺高，上面有很多人，很大一部分是男孩子，他们像蚂蚁一样繁忙而有序地爬行着。在公司看来，这座"大山"就是一堆废物，14年来公司将自己认为没有价值的成千上万吨废物倾倒在这里，这些男孩子们就用筛子和篮子从这里筛拣着遗漏的煤块，他们可以用这些换来金钱，他们用自己的劳动换来了回报。

然而，在这座"大山"上，有一种奇特的景象——山顶会冒烟。最初我以为这是座活火山，但陪同的人员告诉我，在一个月前，山顶曾发生过火灾，火灾不断向下蔓延。因为"大山"中煤的含量不同，所以火苗忽高忽低，遇到煤少的时候，火苗几欲熄灭；遇到煤多的时候，火舌就快乐地舞动着。"大山"表面上的那些如蚂蚁一样的孩子们仍然在不停地筛着，有时候还能捡到很多煤渣。这些都是中国的苦力阶层，他们被自己无法控制的因素胁迫着，但还是不辞辛苦地劳作，可能获得的回报很少。

我与开滦煤矿总工程师会谈后，得到以下一些信息：开滦矿务局是外企开平公司与中企滦州煤矿公司联合而成，"开滦"即取了这两个公司的第一个字。开滦矿务局投资额约1100万美元，消费了30%，股东们需要依靠13.5%—21%的股息回报艰难生存。四大主要煤矿是唐山、马家沟、赵各庄、林西，其总产出在正常情况下是每年600万吨，但受到铁路罢工和动荡的环境的影响，1920—1921年度的产量是136万吨；正常情况下，每月产量是35万吨，而1922年5月的产量却不足5.1万吨。因为这一时期正值直奉战争，直系军阀吴佩孚和奉系军阀张作霖正打得火热。所有这些煤矿都位于直隶省，无论战前还是战后，奉系军阀张作霖利用京奉铁路来运送军队和军用物资。不仅如此，他还侵吞政府财产、干涉公众和个人权利，但却免于惩罚。我在中国这片土地上发现了很多这种令人无奈的事件，这只是其中之一。

开滦矿务局地底的矿工有2.8万名，另外还有1800头矿骡。在农闲的12月份，矿工人数最多，有3.3万人，矿工们希望能一直干到春节。每年矿上会放三周假，春节放两周，夏秋时放一周。春节时，骡子也会放假，可以到地面上尽情地呼吸外面的空气。除了这三周假期，矿井24小时不停运转。

唐山在1878年建立了现代技术的采矿业，但当地人开采露天煤矿的历史，则要追溯到1368—1644年的明代了。

总工程师就煤炭的运转、产出、运输等给我讲了约半个小时，而我更想接近煤矿，尤其是到井下去看看，而不是坐在这里听别人侃侃而谈。我向总工程师说明了自己的意思，他马上派人把我领到了一个更衣室，这里设备很先进，椅子上整齐地摆着矿工的工作服、外套、羊毛袜和光亮的靴子。桌子上有浴巾和皮制头盔，还有一些指示牌（是手写的），旁边角落里还有闪亮的瓷浴缸，以及肥皂和刷子。为了防止我们的衣服被刮坏，我需要脱掉自己贴身的丝绸般的衣物，穿上矿工们的衣服，娇嫩的皮肤第一次接触这种粗糙的布料，但也不觉得有什么不适。直到我站在等待的队伍中，看到玛丽·路易丝"穿着裤子"，才意识到自己在她眼中应该也是这么荒诞。

原本以为换了衣服之后就能马上下到矿井里，但是我们在暮色中走出院子，在小路上走了很久。在小路上，我的内心得到了极大满足，这来源于我对新感觉的追求。从中午换了衣服到现在的整个

影壁墙
唐山

下午，我都穿着厚重的工作服和毛外套，这是唯一能抗衡外界刺骨的寒风的东西。我低声对同行的人说想回去取件外套，他告诉我矿井里很暖和。于是我噤声，不再去想寒冷的问题，继续跟着他前进。矿井有严格的规定，出于安全考虑，女人是绝对禁止下井的，但是我们此次得到了很大的帮助和照顾，不过必须在指定的时间下去。

终于到了井口，两位同行者与我们贴身而行，他们在微弱的灯光和炭火跳动的火焰下为我们引路。

我们看到上升的笼子将一些带轮子的小煤桶卸下，桶里装满了煤，这些小煤桶要被装在卡车上，然后由浑身是灰尘的苦力运走，苦力将这些煤倒进等在下面的煤车里。在这寒冷的天气里，能清晰地看到苦力呼出的热气。

一个笼子正在等待着我们，笼子很黑，滴着水，侧面和顶部可以打开，由此可见，这是为了装煤，而不是为了让人乘坐。我们走进这个笼子，只听"叮当"一声，笼子便开始下降。我们足足向下坠落了1200尺，我的所有想法和感觉都停留在了地面上。但是当笼子的降落速度减慢、停在第七层的时候，我的大脑开始重新运转，我被眼前的景象惊呆了。首先映入眼帘的是骡棚，然后是长长的隧道和凹凸不平的地面，轨道很窄，大约有三尺宽。两侧的沟渠中流淌着水，从地面抽来的新鲜空气通过风扇涌了进来。很快，我们换了另一个笼子，这个笼子以非常倾斜的角度降到了第八层、第九层（最后一层），这时我们看到了不远处的煤。上面的各层都相对安全一些，但若想看到煤的真面目，仍然需要花几个小时走几里地才行。

在第九层，我们坐上了一小列由锁链连接着的大煤斗车，车的前端拴着一头骡子，它晃动着耳朵，好奇地看着我们。我们每人爬进一辆车，车内很脏，湿漉漉的。然后，这辆小列车就开始轰鸣着顺着一条走廊前行，与之相通的还有很多走廊。小列车转了个弯，我的身后升起了一条松散的轨道，把玛丽·路易丝的煤斗车撞得偏离了轨道。她的煤斗车颠簸着前进了一小段后，连接的锁链也断掉了，煤斗车侧翻了，玛丽·路易丝则倒在了一条污水沟里。我们先把她捞了出来，然后开始修车。车修好后，我们继续前行，好像我们习惯了在污水沟里洗澡似的！

走了大约两里地，我们终于到站了。当我们从各自的煤斗车里爬出来时，呈现在我们面前的就是闪闪发光的煤了。我们现在所处的位置是地下1600尺，满眼皆是镐。陪同我们来的人随手拿起一把镐，在煤上轻轻凿了一下，取下一些，于是就有大约一吨的煤倾泻而下，我们的脚边堆起了一座小山。我在一块平坦的地方坐下，心中思量着，虽然我的装束很荒诞，但是它真的很耐脏。

看着眼前闪闪发光的小山，我仿佛看到了其中的钻石。中国人认为钻石是不能融化的冰块，煤是不能扩散的光和热。所以人们要进到这黑暗的地下，将它升上高空，粉碎成片，然后将其运往遥远的地方，为人们的生活提供方便。

煤堆上还曾发生过别的事情，陪同者告诉了我事故的起因。他就着矿灯昏暗的光线，边在小笔记本上画图边给我讲"例证滑坡"：

他说："根据采矿的重力体系，往上升是会分岔的，从交叉的隧道（避难穴）向上，狭窄的通道把煤层弄得千疮百孔，当这些煤层被削减到一定程度的时候，上面的煤就会坍塌、下陷，如果是这样，从上面坍塌下来的煤就可以装卡车了，就能节省劳动力。

　　"但是，这种坍塌也会引起很多事故。一个有经验、受过良好训练的矿工能精确地知道挖到什么时候上面的煤能坍塌下来，他也可以撤离到安全的区域。但是普通的矿工不具备这种能力，即使煤层已经发出了坍塌的信号，他可能和同伴还在下面挖，这样他们就会被埋在煤层下。"

　　极为应景的是，他演讲的时候，我们周围不断有大煤块从头顶滑落下来。突然一块煤砸到了我的头盔上，这似乎是在暗示我们该撤退了，我们只好沿着原路返回。同行者继续给我们讲着，他说每年大概有 200 名矿工丧生，还特意向我们强调，必须确保自己的灯亮着，因为灯内的装置可以预警周围是否有沼气。他的这番话使我们一点也感受不到地底下的欢乐，我仿佛看到了地面上人们欢歌笑语，在乐队的伴奏下翩然起舞。此刻的我们羡慕他们那份安全。

　　我们默不作声，爬进了各自的煤斗车里，准备回避难穴，我们心里却在猜想还会经历什么。也许是我们惊扰了某条龙脉，所以我们在第九层的探险之旅的结尾非常惊险。也可能是我们破坏了风水，它给我们开了一个小小的玩笑。不管怎么说，我们很快意识到，我们还没有摆脱惊险。

　　2200 年前的哲学家杨朱曾说过："万物所异者生也，所同者死也。""且趣当生，奚遑死后？"当一个人舒适地生活在地面上，享受着大自然给予的一切的时候，一切都是那么美好；但是当一个人只能将宝贵的身躯蜷缩在一个侧开门的笼子里，而且这个笼子与地面的夹角为 45 度，笼子的顶部即将碰到头时；或者当一个人只能委屈地把自己填塞在一节潮湿、肮脏、使人寒意顿生的煤斗车里，那么他就是用生命在冒险，完全是个疯狂之举。如果此刻车在刁到　半的时候停住，然后开始不断下滑，那么这个人的哲学也就不复存在了。

　　我们目前就处在这种境地，我们四个人装在潮湿、肮脏的煤斗车里，车上的缆绳一直延伸到第八层的绞车。同行者告诉我们缆绳是由电控制的，电偶尔会断一两秒，断电的时候绞车上的挂钩会挂住车，等到再次来电的时候，车就可以继续上升了。过了一会儿，同行者说的果真发生了，载着我们的煤斗车重新开始沿着斜坡上升。但是我们在从第九层到第八层的斜坡上行进了大约四分之三时，车又一次停了下来！停下，然后嘎吱嘎吱地向下滑，接着再上升，令人心惊胆战。

　　我装作无所谓地说："当然，在安全装置开始运作之前，我们应该不会下滑太远。"

　　同行者说："尊敬的夫人，您说得对。您现在是在最下面一层，除了矿工，再无他人——"他离我较远，加上周围太黑，我看不清楚他脸上的表情。

　　"我想你们会经常检修这些车吧。"玛丽·路易丝问道。

　　同行者很快说道："是的，我们经常检修，"然后他又补充道，"在每次事故之后我们都会检修。"

　　他话音刚落，周围便陷入一片死一般的寂静，只有绞车发出的嘎吱嘎吱的声音。我们四个人的体重加起来，数字也很大，于是我们突然下降了几尺，最初较慢，然后就是闪电般下滑，我们目瞪口呆。

　　我们一边等待着即将降临的事情，一边聊天，借以缓解紧张情绪。这场拉锯般的游戏折磨着我们，似乎是要将我们摔成碎片。

　　同行者说："自从爆炸以来，我们已经好几个星期没有发生过事故了。"

　　我问："死了多少人？"

　　他答道："325 名矿工，还有 90 头骡子。"

唐山煤矿"第一锅炉工"的妻儿

我装作不在意地说："小事一桩嘛！"

我的这句反话却没有引起对方的注意。

他过了一会儿说道："还是有些麻烦的，我们清理现场耽误了不少时间。"

这时，我想起曾经有人告诉我，一个矿工的生命只值 100 美元，如果矿工不幸死在矿下，公司会将钱送到矿工的家里，并且答应为他的亲戚提供一份工作。此刻我在想，如果现在地面上有哪位矿工愿意与我互换位置，我可以付给他双倍的报酬。之前那种觉得自己是第一个下到第九层的女性的兴奋感和愉悦感已荡然无存。中国矿井的危险程度相当于比利时矿井的 2 倍，但它不比美国矿井更危险。

我们向死亡又逼近了 20 尺，突然被拉住了。如果不是我抓着顶上用于固定煤篮的铁钩，估计我就被甩到井下了。

同行者突然喊道："杰克，发生什么事情了？赶快去发信号，加大动力。"我想起了动力车间那些庞大的机器。

如果我真的要在这里死去，我希望有人会记得我不喜欢这种缓慢的、折磨人的结束方法，我喜欢热烈的、急剧的方式。

吉尔伯特·基思·切斯特顿[1]恰当地表达过这种情感，蒙德拉贡先生古灵精怪地跳着死亡之舞：

在此，我愉快地宣布：蒙德拉贡先生，这位百万富翁，死了；

在火葬场的小屋里，悄悄地为他举办了葬礼。

他躺在那儿，全身放松，表情柔和，虽说有点苍白，但依然温文儒雅；

或许在他身上能开出花朵，孕育出亚当和世界上的所有人。

又经过了一次死亡之舞后，煤斗车开始嘎吱嘎吱地往上升了，似乎很不情愿把我们从那可怕的掌控中释放出来。当终于达到了第八层的时候，我们迫不及待地跳出了煤斗车。

我们小心翼翼地沿着轨道往前行走，路上见到一些骡子和煤车，我们避开两侧的沟渠，躲开摇摇欲坠的柱子，到了另一个阴冷潮湿的地方——铁笼子，有人觉得这和刚才的煤斗车一样恐怖，但有的人在经历了刚才的惊险之后，对此并不发表任何看法。我在黄石大峡谷的一块四尺高的岩石上见过这样的口号"你当预备迎见你的神"。当我们默默无语地走进潮湿、肮脏的铁笼子时，杨朱的那句"十年亦死，百年亦死；仁圣亦死，凶愚亦死"浮现在了我的脑海里。

我的心里现在只有一个想法：不能这样死去，这样死去太没有尊严了，没有漂亮的服饰，也没有花朵装扮。如果死在了这里，那么我们被拉到地面上的时候，身上穿的是粗布外套和沾满污泥的衣服。我不喜欢这种臃肿的衣服，也不喜欢脚上穿的这双矿工鞋。鞋子太大了，似乎只有倒着走才能让它们前进。我的头上包着毛巾，外面戴着矿工帽，很实用，但是一点都不美观。这都要怪我

---

[1] 吉尔伯特·基思·切斯特顿（1874—1936 年），英国人，小说家、评论家、诗人、新闻记者、随笔作家、传记作家、剧作家和插图画家等。代表作有《雷邦多》（戏剧，1915 年）、《布朗神父》系列小说（1911—1935 年）等。——译注

之前太听话了，脱掉了自己所有的衣服，只穿了矿工的衣服。

这个铁笼子也是潮湿的，开口向上，三面有铁墙壁，另外一面是空的，人可以贴着铁墙壁站直。只听得一声信号响起，铁笼子开始慢慢上升，十尺，五十尺，一百尺，一千尺。铁笼子平稳地上升后，我们又一次体会到了静止，我们已经做好了心理准备，最坏的就是与它同归于尽。但是除了一次下滑之外，什么也没有发生。伴随着嘎吱嘎吱的声音，第七层到了。

穿过几条巷道，坐着铁笼子向上行了大约 1500 尺，我们抵达了地面。在中途的时候，我们奇怪地感觉到铁笼子正在下降，而不是上升。

同行者说这是一种错觉，这是因为车行进时产生的气流使竖井变成了半真空状态，接触到了从地面来的空气，气压重新调整了，从而感觉像是朝着相反方向运动。

寒风扑面而来，我不禁打了个哆嗦，我身上只有一层粗布与寒冬抗衡！玛丽·路易丝耍了个小聪明，她当时保留了很多内层的衣物，还找到了一双小一些的矿工靴子。黑暗笼罩着大地，我的心情与此相同，艰难地穿过铁轨和桥，回到了我当时换衣服的避难所，我终于可以穿上自己那温暖、舒适、合身的衣服了。

在这里，我的心情暂时获得了平静，对比外面的天寒地冻，沐浴显得尤为奢侈，温暖的更衣室也令我身心愉悦。我换上自己温暖舒适的毛外套，暂时忘却了潮湿、肮脏和惊险带来的不适。距离我们明早 4 点驶往天津的火车，还有 8 个小时。我们在这里举办了一场舞会，他们给了我一个封号"第一位参加乡村俱乐部舞会的女子"，我们欣然接受。

在这次舞会上，我扮作男士。身处一个非常热的舞厅，每个女人都穿着规定的晚礼服——蕾丝的，裸露着脖子，没有衣袖。而扮作男士的我则穿着毛衣和法兰绒裤。我满身大汗，穿梭在舞厅之中，尽力避免踩到舞伴的轻软舞鞋。玛丽·路易丝体现了她作为旅行者的优越性，她从自己随身背的小包里取出了一条背心和一双缎鞋。

在凌晨三点的时候，我们围着炉火，在公司休息室的屋顶下等着。为了一睹煤块的风采，我们在这里待了两天。我处理着脚上的水泡，听着玛丽·路易丝讲她在中国的生活，古老的儿歌回荡在我的脑海：

跷跷板，跷跷板，
时而上，
时而下——

我念叨着："在我小时候，保姆告诉我不要到很深的地方或者下到井里，因为一直往下走，会走到中国去。但是，到了中国后，我担心一直往下走，会走到我遥远的家乡——康涅狄格州。"

在颠簸的火车上，我们蜷缩在光滑的皮革座位上。玛丽·路易丝要去北京，而我则要坐汽船离开中国。我们认为，人类的聪明才智在开发大自然方面取得了许多成果，但开采煤这一伟大的黑能源无疑要算是最为神秘的了。

后　记

对民主及婚礼之灯的反思

六个月后

在《民主之灯》《婚礼之灯》所描述事件发生的第六个月后，我慢慢回想之前的事情，头脑中产生了一个清晰的印象：虽然当时中外外交和行政圈中的每个人，包括政治家、军事家、银行家、经济学家、教育学家，从各自的立场出发，都在说中国已经到了最糟糕的时候——军阀割据，内乱不止，匪患不断，政局动荡。但是，中国仍然在前进，数以百万的人民出生，也有人饿死或者寿终正寝，最终回归到养育他们的土壤里。

这段时间的中国得过且过，虽然曹锟的追随者们密谋成功，将黎元洪赶出了总统府，但是几个月已经过去了，他们仍没有办法拥立曹锟为总统。目前大多数人默不作声，但人们平静安稳的力量迫使那位军人和直隶军阀不敢胡作非为。

傀儡国会在一个接一个地消失，依靠他们的联系，在上海、天津或者广州互相密会。7月中旬，有将近250人在上海集会，他们希望剩下的人也可以去参加，因为至少要有437人参与集会，他们的程序才合法。他们期望完成正式宪法。来自广州的电讯说，北京国会的很多成员都在那里集会，在国民党（劳动党）的支持下，他们希望再次选举孙逸仙为总统。

以孙逸仙为首的共和派政府也正在努力发挥作用，他们任命伍廷芳先生（闻名于美国的伟大政治家，1922年6月22日去世）的儿子伍朝枢为外交部长，以继承其父的事业。6月26日，叶恭绰担任财政部长。

中国没有政府首领，也没有机构可以选举总统，因为原来的北京国会在6月6日黎元洪总统被驱逐前就已经解散了。这引发了 1923 年 6 月 9 日警察和宪兵的罢工。参与此次罢工的冯玉祥将军命令部队围困了总统，并宣称在黎元洪任职期间不允许组建新内阁。6 月 12 日，总统妥协了，他在逃往天津寓所的时候本打算带走官印，但是没能成功，不过还是带走了一些已经盖好印章的空表格。接下来的几天他以授权的形式做了告别演出，但是没有人关注他。

政治史正在发展，而稳定的政府尚未成型。

中国抛弃了 4000 年的帝王传统后，却迷失在了自我利益和军国主义的大海中，无法权衡，因为中国这艘共和的大船缺少正式宪法来做舵。于是出现了以下这种现象：各省的权力在不断增强，督军或各级军事首领将国库里的贡品转移到了各省和个人金库里，将国家这艘大船引向了足以令其破灭的礁石。在这种情况下，新秩序里的年轻人就显得至关重要，他们拥有成熟的经验，必定能将中国建成大家期望的中国。我们相信，这个人民和平有序生活的中国，将不断开发她广博的资源，保持优良的传统，成为一个统一的国家。

新秩序里的年轻人指的是那些真正的爱国者，他们和明智的、了解自己国家的老人一起，充当起了大船的舵手，迅速将民国这艘大船拉回到了各省都效忠拥护中央政府这片平静的水域，从而避免大船触礁。正如黎元洪总统所说，中国现在缺失两样东西，一是宪法所赋予的内聚力和中央集权，二是全民教育，这些也是威胁早期美国共和政体的因素，而这两者却是拯救国家于苦难的灵丹妙药。

现在我们来看看紫禁城，看看那里的情况怎么样。

在我离开中国之前，宣统皇帝的婚事为人们所津津乐道，成了茶馆里人们的有趣谈资。宣统帝认为他的小妾和正妻地位平等，他这么说，是将自己所受的民主教育和帝王传统结合了起来。但这种说法不可能得到正妻的赞同，同样也不会得到正在迅速壮大的进步女性的赞同。但是也有人认同这种观点，比如一位阿哥的小妾就很满意这种说法。

宣统帝说："为什么妻妾之间要有差异？她们都是妻子。"他的这一言语不但没有给自己带来和平，反而使得皇后和妃子之间产生了分歧，她们都关上了自己的门，皇帝只能孤单地徘徊在孤寂的走廊上——紫禁城真成了"禁城"呀。如果皇后想做什么，淑妃偏要和她对着干，皇帝一个也安抚不了。

宣统皇帝虽然是位绅士，但他曾反抗过皇太后，正如之前所说的，不尊重皇太后是件大事，反抗皇太后这件事情的起因源于一尊丢失的玉佛。那是一尊巨大且精巧的玉佛，号称价值 80 万元，之前放在北海团城里。30 年前，一位大臣的儿子在蒙古边境发现了一大块玉石，于是就将这块玉石进献给了慈禧太后。因为体积巨大，所以运到北京花了很多银子。慈禧太后找来能工巧匠，将其雕成了佛像，佛像头戴王冠，脖子上还挂着珍珠项链。当皇宫中这件极为珍贵的宝贝消失时，宣统帝勃然大怒，将罪责归到了太监的头上，一怒之下将所有没用的太监赶出了宫。

丢失的不仅仅是这一件玉佛，在佛像被偷之前，佛像上的王冠、珍珠项链和其他一些饰品早已经不知所踪，宫内的很多无价之宝也都没了踪迹。之后紫禁城发生了火灾，这是太监怕罪责落到自己身上，为了掩盖罪行，故意纵的火。

宣统皇帝大发雷霆，认为这是太监这项制度存在的弊端，于是解雇了所有的太监，有将近2000人。他们居然就此进行了一次大罢工，还得到了皇太后的支持。皇太后对于皇帝如此对待这些太监极度不满。宣统帝一气之下，带着自己的两名妻子离开了紫禁城，来到了父亲醇亲王的王府。皇帝此举令大家陷入了恐慌，他们生怕皇帝离开北京，而当时北京的共和政府已经完全崩塌。见此情景，皇太后马上派使者将皇帝劝回宫，皇太后做出了妥协，同意宣统皇帝解雇太监的做法，但是给其中1500名太监发放了遣散费，让他们三天内离开紫禁城。

现在是1923年8月，北京政府没有总统、总理，也没有钱，宣统帝和太监的财政问题可能已经放在了哈巴德大娘的橱柜①里。当初退位时双方商定的条件，即民国每年拨给皇帝400万两，估计这两年不太可能兑现了。

---

① 出自英语童谣《哈巴德大娘》。童谣中，哈巴德大娘去橱柜取食物的时候，发现橱柜空空如也，一无所有。——译注

附 录

《清国杂观》中的晚清贵族女性

　　《清国杂观》（1908 年）由日本东洋妇人会出版发行。1905 年 8 月 13 日—12 月 16 日，该会会员青藤秋子与河原虎子历时四个多月，足迹遍布天津、北京、武汉、长沙、杭州、上海等地，拍摄了大量的照片。作为女性，作者有机会进入达官显贵的内院，把镜头聚焦在很少抛头露面的上层贵族女性身上。受西方以及日本的影响，晚清上层贵族女性开始积极投身社会活动，比如创办女子学堂、社会福利机构等等。《清国杂观》记录下了这一变革时期珍贵的历史瞬间，为我们研究晚清女性提供了宝贵的资料。

　　《清国杂观》与《中国灯笼》两书的作者同为外国女性，她们的关注点一致：中国上层贵族女性。我们从《清国杂观》中选出部分照片，作为《中国灯笼》的补充。二者结合起来看，更有助于我们直观地感受百年前的社会变革对中国女性产生的影响。

载泽妃子

顺郡王讷勒赫王妃

肃亲王善耆王妃

溥伦贝子一家

庆亲王世嗣妃

那亲王妃

那亲王世继妃

内阁侍读学士兼礼部侍郎衔工巡局
副总办镇国将军毓朗夫人

内阁侍读学士兼礼部侍郎衔工巡局
副总办镇国将军毓朗女儿

外务大臣那桐与夫人

那桐女儿

溥伦贝子夫人

满洲贵妇的礼服

溥伦贝子府

溥伦贝子福晋客厅

北京女学堂学生

肃亲王府内的和育女学堂

肃亲王府内教室前

那桐夫人与女儿

那桐府邸客厅

张之洞的家眷

垫公爵夫人

贵妇人的马车

垫公爵府邸

天津吕氏女学堂

天津严氏女学堂

长沙第一家幼儿园：湖南官立蒙养院

长沙周氏家塾第二届毕业生合影

长沙周氏家塾

杭州女学堂

湖北提学使黄绍箕

黄绍箕夫人和子女

大清国驻日公使李家驹夫人

潘雪箴与子女

肇夫人

汪参赞夫人石护龄

福州女校

上海天足会女学堂校长，沈仲礼观察夫人沈章兰

溥伦贝勒在锅岛会长的欢迎会上